GRADED
FRENCH READER

D0449571

GRADED FRENCH READER

Première Étape

Fifth Edition

CAMILLE BAUER
Brown University

D. C. Heath and Company
Lexington, Massachusetts   Toronto

Copyright © 1992 by D. C. Heath and Company.

Previous editions copyright © 1987, 1978, 1961, 1941 by D. C. Heath and Company.

Published simultaneously in Canada.

Printed in the United States of America.

International Standard Book Number: 0-669-20462-5.

Library of Congress Catalog Number: 90-86301.

OPQR – EW – 05

PREFACE

Graded French Reader, Première Étape, Fifth Edition, offers students a solid, yet enjoyable method for learning the French language. Simplified selections from different periods of French literature provide successful reading experiences, while the varied learning activities promote communicative skills and reinforce basic structures and vocabulary.

ORGANIZATION

The text is divided into four parts. Part One contains a single story, *Dantès,* written almost entirely in the present tense. Although this selection has been edited and simplified to minimize linguistic problems, it still retains the flavor and authenticity of the original work.

Part Two consists of another single selection, *Les Chandeliers de l'Évêque,* which follows the original text within the framework imposed by structural and vocabulary limitations. This story further expands the study of structures and vocabulary usage.

Part Three contains *L'Anglais tel qu'on le parle.* This one-act play is designed to introduce students to everyday conversational French, while presenting no complex grammatical structures.

Part Four includes two stories, an African folk tale, and an excerpt from Jules Verne's *L'Île mystérieuse.* All are reprinted in their original version with very minor modifications. In these works, grammatical structures presented in previous selections are reviewed and the **passé simple** is introduced.

EXERCISES

The exercise section that accompanies each reading selection is an important feature of the *Première Étape.* Each exercise section begins with reading comprehension exercises. These in turn are followed by vocabulary-building exercises, which require students to use creatively all of the important words and expressions that have been presented in the selection.

Graded French Reader, Première Étape, is unique because in addition to structural exercises, brief grammatical explanations review the basic structures that appear in each reading selection. The book also contains two other important features: the *Communicative Activity* and the *Review Exercise.* The *Communicative Activity,* which appears at the end of each section, contains topics that students can discuss in small groups, permitting them to develop oral skills as well as confidence in speaking French. The *Review Exercise,* a cumulative exercise at the end of each Part, enables students to use the vocabulary and grammar previously learned in that Part.

ACKNOWLEDGMENTS

I would like to thank the following colleagues, whose suggestions were very valuable to the revision of *Graded French Reader:* Sandra Alfonsi, Fordham University; Richard Dixon, University of Missouri; Anita Henry, Indiana University of Pennsylvania; Alton Kim Robertson, University of Texas at Austin.

Camille Bauer

CONTENTS

PART ONE

Part I contains one selection, *Dantès*. It is an episode taken from the world-famous adventure classic *Le Comte de Monte-Cristo,* by Alexandre Dumas (1802–1870). Its universal appeal derives from the suspense of the narrative and the portrayal of imaginative and vibrant heroes. *Dantès* is the story of an innocent sea captain, thrown into the infamous prison of the Château d'If, off the harbor of Marseille. It describes the young man's despair turning into hope when he meets another prisoner who is trying to escape by digging a tunnel.

Many difficult words have been eliminated from the story and a great majority of the verbs appear in the present tense. New words and expressions appear as footnotes at the bottom of the page where they first occur. All new words and expressions appear in the story at least twice.

STUDY GUIDE

The following suggestions will help you in your reading of the selections and in preparing for class activities.

1. Glance over the vocabulary exercises before reading the story. The main purpose of the vocabulary section is to drill and reinforce new words and idiomatic expressions that may present difficulties. It will also help you to understand the meaning of a new word because it often appears in a cluster of other words to which it is thematically related, thus making it possible to do some intelligent guessing.

1

2. Be sure to review the following grammar points at the end of the selection: the use and position of pronouns and adverbs; the use of the imperative, the subjunctive, the present tense, the immediate past, and the **passé composé.**

   Exercises reinforcing these grammar points appear at the end of the selection. Irregular verb forms will be included in the end vocabulary.

3. Try to guess the general meaning of each sentence before you verify your understanding by means of the footnotes and vocabulary. Read the story a second time with the aid of the footnotes when necessary. Try to recall the main ideas in the selection.

4. The *Communicative Activity* will allow oral self-expression. In preparing for class discussion either in groups or individually, it will help to: a) write down your thoughts on the topic you have chosen for discussion; and b) practice aloud several times in order to improve your oral skills. If you own a cassette recorder, it would be an excellent idea to tape your oral presentation. In listening to yourself, you will be able to evaluate both the improvement of your spoken French, and your effectiveness in getting a message across.

Dantès

ALEXANDRE DUMAS
—◦◦◦◦◦—

1. M. L'inspecteur fait ses visites

Le 30 juillet 1816, M. l'inspecteur général des prisons de Sa Majesté Louis XVIII[1] visite, l'une après l'autre, les chambres du Château d'If.[2] Il demande aux prisonniers si la nourriture[3] est bonne, et s'il y a quelque chose qu'ils désirent.

5 L'un après l'autre, les prisonniers lui répondent que la nourriture est détestable et qu'ils désirent leur liberté.

L'inspecteur général leur demande s'ils n'ont pas autre chose à lui dire.

Ils ne répondent pas. Quand on est prisonnier, peut-on dé-
10 sirer autre chose que la liberté?

L'inspecteur se tourne et dit au gouverneur de la prison qui l'accompagne:

—Je ne sais pas pourquoi je fais ces visites, ni pourquoi je demande aux prisonniers s'il y a quelque chose qu'ils désirent.
15 C'est toujours la même chose. La nourriture est toujours détes-
table, et les prisonniers sont toujours innocents. Ce qu'ils désirent, c'est toujours la liberté. En avez-vous d'autres?

—Oui, nous avons des prisonniers qui sont dangereux ou fous,[4] que nous gardons dans les cachots.[5]
20 —Eh bien, descendons dans les cachots.

—Mais on ne descend pas dans les cachots du Château d'If sans gardiens. Ces prisonniers-là sont très dangereux.

—Eh bien, prenez des gardiens.

—Comme vous voulez, dit le gouveneur.

2. Les Cachots

25 Au bout de[6] quelques moments, deux gardiens arrivent, tenant des torches. Ils commencent à descendre un escalier humide et sans lumière. Une odeur désagréable fait hésiter l'inspecteur. C'est comme une odeur de mort.

---

[1]**Louis XVIII,** brother of Louis XVI, king of France from 1814 to 1824.   [2]**château** castle. The Château d'If was built on the little island of If, two kilometers from Marseille, and served as a state prison.   [3]**nourriture** food.   [4]**fou (fol, folle)** mad, insane.   [5]**cachot** dungeon, dark cell.   [6]**bout** end; **au bout de** after.

—Oh! dit-il, qui peut vivre là?

—Un prisonnier des plus dangereux, Edmond Dantès. C'est un homme capable de tout. Il a voulu tuer le porte-clefs[7] qui lui apporte sa nourriture.

—Il a voulu tuer le porte-clefs? 5

—Oui, monsieur, celui qui nous accompagne. Le désespoir a rendu[8] ce prisonnier presque fou. Voilà[9] pourquoi on le garde dans ce cachot.

—Il est préférable d'être complètement fou... on ne souffre plus... on ne désire plus la mort. 10

—Sans doute,[10] dit le gouverneur. Nous avons dans un autre cachot, dans lequel on descend par un autre escalier, un vieil[11] abbé,[12] un Italien. L'abbé est ici depuis[13] 1811. En 1813, le désespoir l'a rendu complètement fou. À présent, il désire vivre, il prend sa nourriture, il est content. Lequel de ces prisonniers 15 voulez-vous voir?

—Tous les deux. Commençons par Dantès.

—Très bien, répond le gouverneur, et il fait signe au porte-clefs d'ouvrir la porte du cachot.

3. Le Prisonnier dangereux...

La porte massive s'ouvre lentement. 20

À la lumière des torches, on voit dans un coin[14] du cachot une forme indistincte. La forme fait un mouvement, se tournant vers la lumière. C'est un homme. C'est Dantès.

Il s'approche lentement du gouverneur. Quand il voit l'inspecteur, accompagné par deux gardiens, et auquel le gouver- 25 neur parle avec respect, il n'hésite plus. Cet homme doit être une autorité supérieure... on peut l'implorer... on peut lui parler de ses injustices... Avec une éloquence touchante, il implore son visiteur d'avoir pitié de lui.

—Que demandez-vous? dit l'inspecteur. 30

---

[7]**porte-clefs** turnkey, jailer. [8]**rendre** to render, make. [9]**voilà** there is (are), here = that is. [10]**doute** doubt; **sans doute** no doubt; here = probably. [11]**vieil (vieux, vieille)** old. [12]**abbé** priest. [13]**depuis** since, for; **l'abbé est ici depuis 1811** the priest has been here since 1811. [14]**coin** corner.

—Je demande quel crime j'ai commis.[15] Je demande qu'on me donne des juges. Je demande qu'on me tue, si je ne suis pas innocent. Mais, si je suis innocent, je demande ma liberté.

—Votre nourriture est-elle bonne?

5 —Oui, je le crois... je n'en sais rien... cela n'a pas d'importance. Un homme innocent meurt[16] dans un cachot, victime d'une injustice... Voilà ce qui est important... à moi, prisonnier... à tous les juges qui rendent la justice... au roi[17] qui nous gouverne...

—Vous êtes très humble, à présent, dit le gouverneur. Vous

10 n'êtes pas toujours comme cela. Vous n'avez pas parlé de cette manière le jour où vous avez voulu tuer votre porte-clefs...

—Oui, je le sais, monsieur, et je demande pardon à cet homme qui m'apporte ma nourriture et qui est toujours bon pour moi... Mais que voulez-vous?[18] Le désespoir m'a rendu furieux.

15 —Et vous ne l'êtes plus?

—Non, monsieur. La captivité m'a rendu humble... je suis ici depuis si longtemps!

—Si longtemps? demande l'inspecteur.

—Oui, monsieur. Je suis ici depuis le 28 février 1815.

20 —Nous sommes le 30 juillet 1816. Cela fait dix-sept mois que vous êtes prisonnier au Château d'If... ce n'est pas long.

—Ah! monsieur, dix-sept mois de prison! Mais vous ne savez pas ce que c'est que d'être prisonnier[19] dans un cachot du Château d'If! Dix-sept mois, c'est dix-sept années!... et quand on meurt

25 lentement pour un crime qu'on n'a pas commis! Ayez pitié de moi, monsieur! Je demande des juges, monsieur... on ne peut pas refuser des juges à un homme accusé.

—C'est bien, dit l'inspecteur. On va voir.

La porte du cachot se referme.

4. On passe au nº 27

30 L'inspecteur général se tourne vers le gouverneur:

—De quels crimes cet homme est-il accusé? demande-t-il.

—De terribles crimes, je crois... Vous allez voir les notes dans

---

[15]**commis** (*p.p.* **commettre**) committed. [16]**meurt** (*pres. ind.* **mourir**) dies. [17]**roi** king. [18]**Mais que voulez-vous?** But what do you expect? [19]**ce que c'est que d'être prisonnier** what it is to be a prisoner.

le registre des prisonniers, en remontant... mais, à présent, voulez-vous passer au cachot de l'abbé?

—Je préfère remonter... mais, après tout, il est nécessaire de continuer ma mission.

—Ah! le vieil abbé n'est pas un prisonnier comme l'autre. Sa folie[20] n'est pas désagréable.

—Et quelle est sa folie?

—Oh! une folie étrange: il se croit possesseur d'un trésor[21] immense. La première année de sa captivité, il a voulu offrir au roi un million, en lui demandant sa liberté. La seconde année, deux millions; la troisième année, trois millions, etc., etc. L'abbé est à sa cinquième année de captivité; il va vous demander de vous parler en secret, et il va vous offrir cinq millions.

—Ah! ah! c'est curieux... et qui est ce millionnaire?

—Un Italien, l'abbé Faria.

—N° 27!

—C'est ici. Ouvrez, Antoine.

Le porte-clefs ouvre la porte du N° 27, et l'inspecteur regarde avec curiosité dans le cachot de l'*abbé fou*.

5. Le Prisonnier fou

L'abbé Faria se tourne et regarde avec surprise ces hommes qui viennent de descendre[22] dans son cachot.

—Que demandez-vous? dit l'inspecteur.

—Moi, monsieur? dit l'abbé. Je ne demande rien.

—Vous ne comprenez pas. Je suis agent du gouvernement. J'ai mission de descendre dans les prisons et de demander aux prisonniers si leur nourriture est bonne et s'il y a quelque chose qu'ils désirent.

—Je comprends, monsieur. La nourriture est la même que dans toutes les prisons; elle est mauvaise. Mon cachot est humide... l'air ici est mauvais... mais que voulez-vous? C'est une prison. Mais tout cela n'est pas important. J'ai des révélations de la plus grande importance à faire au gouvernement... voilà ce qui est important, monsieur. Pouvez-vous me parler en secret?

---

[20]**folie** madness, insanity. [21]**trésor** treasure. [22]**qui viennent de descendre** who have just descended.

—Monsieur, ce que vous me demandez est impossible.

—Mais, monsieur, s'il est question d'offrir au gouvernement une somme immense?... une somme de cinq millions?...

—Mon cher monsieur, dit le gouverneur, vous parlez de votre
5 trésor, n'est-ce pas?

Faria regarde le gouverneur un moment en silence.

—Sans doute, dit-il. De quoi voulez-vous que je parle?

—Mon cher monsieur, dit l'inspecteur, le gouvernement est riche. Il n'a pas besoin de[23] votre argent: Gardez-le pour le jour
10 où vous sortirez de prison.

—Mais si je ne sors pas de prison? Si on me garde dans ce cachot, et si j'y meurs sans avoir dit mon secret?... Ah! monsieur, un secret comme celui-là ne doit pas être perdu![24] J'offre six millions, monsieur; oui, j'offre six millions, si l'on[25] veut me rendre
15 la liberté.

—Je vous ai demandé si votre nourriture est bonne.

—Monsieur, vous ne me comprenez pas. Je ne suis pas fou. Je vous dis la vérité. Ce trésor dont je vous parle, existe. Voulez-vous me rendre[26] la liberté, si je vous dis où l'on peut trouver le
20 trésor?

—Vous ne répondez pas à ma question, dit l'inspecteur avec impatience.

—Ni vous à ma demande![27] Vous êtes comme les autres qui n'ont pas voulu me croire! Vous croyez tous que je ne dis pas la
25 vérité! Je vous maudis![28] Vous ne voulez pas accepter mon argent? Je le garde! Vous me refusez la liberté? Dieu me la donnera! Allez!... je n'ai plus rien à dire.[29]

Les hommes sortent. Le porte-clefs referme la porte.

6. Le Registre des prisonniers

—Je crois que l'abbé est possesseur de quelque trésor, dit
30 l'inspecteur, en remontant l'escalier.

—Ou il s'imagine qu'il en est possesseur, répond le gouverneur. Moi, je crois qu'il est fou.

---

[23]**a besoin de** needs. [24]**perdu** (*p.p.* **perdre**) lost. [25]**l'on: on** may be preceded by **l'** after **que, si, ou, où**, etc., to prevent hiatus; it has no vocabulary value.
[26]**rendre** to return, give back. [27]**demande** request. [28]**maudire** to curse. [29]**je n'ai plus rien à dire** I have nothing more to say.

Arrivé dans la chambre du gouverneur, l'inspecteur examine le registre des prisonniers.

Il y trouve cette note concernant Dantès:

EDMOND DANTÈS: *Bonapartiste*[30] *fanatique. A pris une part active au retour de l'île*[31] *d'Elbe. À tenir sous la plus stricte surveillance.*   5

L'accusation est très positive. Il n'y a pas de doute. L'inspecteur général n'hésite plus. Il écrit ces trois mots sur la page du registre:

Rien à faire.[32]

Il écrit les trois mots sans hésiter, et il referme le livre.   10
Rien à faire... rien à faire... trois mots qui signifient la même chose que *perdu!* Mais dans le cachot de Dantès, un homme prend un morceau[33] de plâtre[34] et écrit sur le mur une date:

30 JUILLET 1816

et après la date, chaque jour, il fait une marque.   15

7. Le Nº 34

Les jours passent, et les mois...

On change de gouverneur... on change de porte-clefs. Pour le nouveau gouverneur, un prisonnier n'est plus un homme, c'est un numéro.

On ne dit plus: Dantès. On dit: *le numéro 34.*   20
Dantès connaît toutes les formes du malheur.[35]
Il commence à douter de son innocence. Il prie,[36] non pas Dieu, mais les hommes.

---

[30]The Bonapartists were adherents of the imperial monarchy established by Napoleon Bonaparte in 1804. [31]**île** island. Following his abdication in April 1814, Napoleon was sent to the island of Elba, from which he escaped to France a year later. Waterloo (June 18, 1815) ended his reign and caused his exile to St. Helena. [32]**Rien à faire** Nothing to be done. [33]**morceau** piece. [34]**plâtre** plaster. [35]**malheur** unhappiness. [36]**prier** to pray, beseech, beg.

Il prie qu'on le tire[37] de son cachot pour le mettre dans un autre. Un autre cachot, c'est une distraction[38] de quelques jours. Il prie qu'on lui accorde[39] l'air, la lumière, des livres, des instruments... Rien de tout cela ne lui est accordé, mais il recommence
5 ses demandes.

Il parle à son porte-clefs... parler à un homme est un plaisir. Dantès parle pour le plaisir d'entendre sa propre[40] voix.[41] Mais il ne peut pas tirer un mot[42] du porte-clefs.

Un jour, il prie le porte-clefs de demander pour lui un com-
10 pagnon. Le porte-clefs transmet la demande du numéro 34 au nouveau gouverneur. Mais le gouverneur s'imagine que Dantès veut trouver quelqu'un pour l'aider à s'échapper[43] de prison. Et il refuse.

Le cercle des ressources humaines est complet. Dantès se
15 tourne vers Dieu.

8. La Rage

Les mois passent...

Toujours la même vie de prison... pas de lettre... pas de livres... pas de compagnon... pas un signe visible de Dieu en réponse à ses prières.[44] Seul[45] dans le silence profond de son
20 cachot, Dantès n'entend que la voix de son propre cœur. Dieu n'est plus là.

Dantès passe de la prière à la rage.

Il maudit le porte-clefs, le gouverneur, le roi. Il maudit les hommes qui l'ont mis où il est. Il se dit que c'est la haine[46] des
25 hommes, et non la vengeance de Dieu, qui est responsable de sa captivité au Château d'If. Il trouve que la mort est trop bonne pour ces hommes, car[47] la mort, c'est le repos.[48] Et lui, victime innocente de leur injustice, ne connaît pas le repos.

Efin, dans sa rage, il maudit Dieu.
30 Il ne veut plus vivre. S'il meurt, il peut échapper à la haine des hommes, à la vengeance de ses ennemis, à cette horrible vie

---

[37]**tirer** to take from (out of).   [38]**distraction** amusement.   [39]**accorder** to allow, grant.   [40]**propre** own.   [41]**voix** voice.   [42]**tirer un mot** get one word.
[43]**s'échapper** to escape.   [44]**prière** prayer, entreaty.   [45]**seul** alone.   [46]**haine** hatred.   [47]**car** for, because.   [48]**repos** rest, repose.

de prison. C'est dans la mort seule[49] qu'il peut trouver enfin le repos qu'il désire. Mais pourquoi cette mort n'arrive-t-elle pas? Veut-elle qu'il l'aide à venir?

Cette idée de suicide le rend plus calme.

La vie de prison, le malheur dans son cœur... il les trouve à 5 présent plus supportables,[50] car il sait enfin qu'il peut les laisser[51] là, quand il le veut.

La porte de sa prison s'ouvrira un jour.

9. La Mort par la faim

Quatre années passent lentement... lentement...

Dantès ne compte[52] plus les jours. Pour lui, le temps n'existe 10 pas. Il n'a qu'une seule idée: *mourir*.

Il y a deux façons[53] de mourir. L'une est très simple: se pendre.[54] L'autre consiste à se laisser[55] mourir de faim.

Le premier moyen, Dantès le trouve mauvais. On pend des pirates, des criminels. Il ne veut pas adopter pour lui-même une 15 mort si peu honorable.

Il adopte la deuxième façon, la mort par la faim.

Chaque jour, il jette son pain par la fenêtre barrée de son cachot. Les premiers jours, il le jette avec joie, puis avec réflexion,[56] enfin avec regret. 20

Il n'est pas facile de se laisser mourir de faim! Il n'est pas facile de refuser de vivre! Car le pain, c'est la vie!

Un jour, il prend le morceau de pain et le regarde longtemps. Il l'approche de sa bouche. Il ouvre la bouche. Puis, d'un mouvement violent, il jette le pain par la fenêtre. Mais ce n'est pas son 25 pain qu'il jette, c'est son existence! C'est la vie qu'il refuse là.

Les derniers instincts de la vie combattent sa résolution de mourir. C'est un combat terrible, sans pitié. Enfin, un jour, il n'a plus la force de jeter par la fenêtre le pain qu'on lui apporte. Il tombe sur son lit. 30

---

[49]**seul** only, alone. [50]**supportables** bearable. [51]**laisser** to leave. [52]**compter** to count. [53]**façons** ways. [54]**se pendre** to hang oneself. [55]**laisser** to let, allow. [56]**avec réflexion** deliberately.

10. Un Bruit[57] mystérieux

Le lendemain matin,[58] en ouvrant les yeux, Dantès ne voit plus, il entend avec difficulté. Quand il referme les yeux, il voit des lumières brillantes. C'est le dernier jour de son existence qui commence!

5   Le soir, vers neuf heures, il entend un bruit dans le mur au coin de son cachot.

Dantès croit que c'est un rat, car les rats sont ses seuls compagnons de tous les soirs. Il est indifférent au bruit qu'ils font.

Mais cette fois, ce n'est pas le bruit d'un rat. C'est comme le
10 grattement[59] d'un instrument sur une pierre.[60]

Dantès écoute. Le grattement continue toujours. Cette idée toujours présente à l'esprit[61] de tous les prisonniers, *la liberté*, frappe[62] l'esprit de Dantès. Ce bruit qui arrive au moment où il va mourir, n'est-ce pas le signe que Dieu a enfin pris pitié de lui?

15 Le bruit mystérieux continue trois heures. Puis Edmond entend un autre bruit comme celui d'une pierre qui tombe. Puis, le silence.

Quelques heures après, le grattement recommence.

À ce moment, le porte-clefs entre dans le cachot.

11. La Joie et le doute

20 Tous les soirs, quand le porte-clefs apporte la nourriture au prisonnier, il lui demande de quelle maladie il souffre. Dantès ne lui répond toujours pas. Puis le porte-clefs met la nourriture sur la table et regarde son prisonnier très attentivement. Edmond se tourne toujours vers le mur.

25 Mais ce soir, Dantès commence à parler sur tous les sujets possibles... de la mauvaise qualité de la nourriture... du froid dont il souffre dans ce misérable cachot... de son lit qu'il trouve dur[63] comme une pierre... Il parle de tout cela comme un homme qui a la fièvre.[64]

30 Le porte-clefs, croyant que son prisonnier est aussi fou que

---

[57]**bruit** noise, sound.   [58]**le lendemain matin** the next morning.   [59]**grattement** scraping, grating.   [60]**pierre** stone.   [61]**esprit** mind.   [62]**frapper** to strike, knock.   [63]**dur** hard.   [64]**fièvre** fever.

l'abbé Faria, met la soupe et le morceau de pain sur la table, et sort.

Dantès est fou, mais c'est une folie causée par la joie! Le porte-clefs n'a pas entendu le grattement dans le mur. Il n'a pas donné l'alarme. Et ce bruit qui est comme le compagnon de Dantès dans ses derniers moments, va continuer... 5

Dantès écoute.

Le bruit est si distinct que l'on peut l'entendre sans effort.

—Sans doute, se dit-il, c'est quelque prisonnier comme moi qui travaile à sa délivrance. Et moi qui ne peux rien faire pour venir à son aide! 10

Puis une idée sombre passe dans l'esprit de Dantès: ce bruit n'est-il pas causé par le travail d'un ouvrier[65] du château réparant la chambre voisine?[66]

Comment savoir si c'est un prisonnier ou un ouvrier du gouverneur? Comment?... 15

12. Les Trois coups[67]

Mais, c'est très simple!

On attend l'arrivée du porte-clefs, on lui fait écouter ce bruit, et on le regarde attentivement. Mais cette solution est dangereuse, car on risque tout. 20

Dantès est si faible que son esprit n'est pas capable de réfléchir[68] longtemps à ce qu'il doit faire. Ses idées sont confuses et indistinctes.

Enfin, il fait un effort suprême pour redevenir[69] fort[70] et lucide: il s'approche de la table, prend l'assiette[71] de soupe, et la mange. 25

Au bout de quelques moments, il sent revenir la force dans son corps. Toutes ses idées reprennent leur place dans sa tête.

Il se dit:

—Si celui qui travaille dans le cachot voisin est un ouvrier du gouverneur, je n'ai qu'à frapper contre le mur, et il cessera son travail un moment pour écouter, et puis il continuera. Mais si 30

---

[65]**ouvrier** workman. [66]**voisin** (*adj.*) next, neighboring. [67]**coup** blow, knock.
[68]**réfléchir** think. [69]**redevenir** to become again. [70]**fort** strong. [71]**assiette** plate;
here = bowl.

c'est un prisonnier, il cessera son travail, car il risque tout en continuant.

Dantès s'approche d'un mur, détache une pierre, et frappe contre le mur.

5　Il frappe trois coups.

Au premier coup, le bruit mystérieux cesse.

13. La Cent-deuxième fois

Edmond écoute.

Une heure passe... deux heures passent...

Pas un bruit ne se fait entendre.[72] Rien ne vient troubler le
10　silence de sa prison.

Trois heures... quatre heures...

Le temps passe si lentement quand on attend, seul, dans un cachot!

Edmond mange un morceau de pain et boit un peu d'eau. Il
15　se sent plus fort et plus optimiste.

Les heures passent, le silence continue toujours.

La nuit vient enfin, mais le bruit ne recommence pas. On n'entend que des rats dans la chambre.

—C'est un prisonnier, comme moi! se dit Edmond, avec une
20　immense joie. Et, avec l'espoir,[73] la vie lui revient active et violente.

La nuit se passe sans bruit, comme les autres... Mais Edmond ne ferme pas les yeux. Il écoute toujours.

Trois jours passent, soixante-douze mortelles heures comp-
25　tées minute par minute.

Enfin, un soir, après la dernière visite du porte-clefs, Dantès met l'oreille contre le mur et écoute. Pour la cent-unième fois, il lui semble[74] entendre quelque chose.

D'un mouvement violent, Dantès se jette sur son lit, la tête
30　entre les mains:

—Voilà la folie qui recommence! pense-t-il.

Quelquefois, la nuit, après des heures passées à écouter, il lui semble qu'il entend des coups indistincts... le grattement d'un instrument dur sur une pierre... une voix faible qui l'implore...

---

[72]**se faire entendre** to be heard. [73]**espoir** hope. [74]**sembler** to seem.

Et il voit, écrits en lettres de lumière sur le sombre mur de son cachot: *Justice... Délivrance... Vengeance.* Puis la lumière du jour entre par la petite fenêtre barrée... c'est le jour qui commence, et qui va passer... comme tous les autres! Et l'espoir se change en désespoir.   5

Eh bien, cette vibration dans sa tête? l'a-t-il imaginée, aussi? A-t-elle été causée par le mouvement trop rapide de son propre cœur? Ou le travail d'un homme dans le cachot voisin?

Il s'approche du mur, met l'oreille contre la même pierre et écoute attentivement.   10

C'est la cent-deuxième fois.

14. Une Cruche[75] cassée

Il n'y a plus de doute!

De l'autre côté[76] du mur, un homme, un prisonnier comme lui, travaille. Il travaille lentement, avec précaution. On n'a plus de difficulté à l'entendre.   15

Edmond est presque fou de joie. Il ne veut pas attendre une minute de plus pour venir en aide au travailleur inconnu.[77]

D'abord, il déplace[78] son lit, derrière lequel il lui semble que le travail de délivrance se fait.[79] Puis il examine les pierres du mur pour voir s'il est possible d'en détacher une, en creusant[80] dans 20 le plâtre humide.

Mais il est impossible de creuser sans un instrument tranchant.[81] Edmond n'a pas d'objet tranchant.

Les barreaux[82] de sa fenêtre sont en fer.[83] Mais Edmond sait bien qu'ils sont très solides et bien attachés.   25

Le lit et la table sont en bois. Le bois n'est pas tranchant.

La cruche?... ah! voilà pour Dantès la seule ressource: la cruche et, avec un des morceaux, creuser dans le plâtre...

Il laisse tomber[84] la cruche par terre.[85] La cruche se casse en cent morceaux.   30

---

[75]**cruche** jug.   [76]**de l'autre côté** on the other side.   [77]**inconnu**   unknown.
[78]**déplacer** to move, displace.   [79]**se fait** (*pres. ind.* **se faire**) is taking place.
[80]**creuser** to dig.   [81]**tranchant** sharp, cutting.   [82]**barreau** bar.   [83]**en fer** made of iron.   [84]**laisser tomber** to let fall, drop.   [85]**par terre** on the ground.

Dantès prend deux ou trois morceaux tranchants, les cache[86] dans son lit, et laisse les autres par terre. Pourquoi se soucier d'une[87] cruche cassée?... L'accident est tout à fait[88] naturel.

Edmond a toute la nuit pour travailler, mais dans l'obscurité
5 le travail n'avance pas vite. Finalement, il s'arrête de creuser, remet le lit à sa place et attend le jour.

Avec l'espoir, vient la patience.

1

READING COMPREHENSION

Answer the following questions.

1. Que visite l'inspecteur général?
2. Que demande-t-il aux prisonniers?
3. Quelle est la réponse des prisonniers?
4. Quelle sorte de prisonniers sont gardés dans les cachots?

VOCABULARY STUDY

Write sentences of your own with the following words, using one or more in each sentence.

le gardien	garder	l'inspecteur
le gouverneur	le cachot	la prison
le prisonnier	innocent	dangereux
fou		

STRUCTURES

A. Indirect Discourse

In indirect discourse, **si** is used to report questions.

«La chambre est-elle humide?» demande l'inspecteur.
Il demande **si** la chambre est humide.

---

[86]**cacher** to hide.   [87]**se soucier de** to worry about.   [88]**tout à fait** quite.

Rewrite the following sentences as indirect discourse, following the model and making the necessary changes.

EXAMPLE: «La nourriture est-elle bonne?» leur demande l'inspecteur.

L'inspecteur leur demande si la nourriture est bonne.

1. «Votre chambre est-elle bonne?» leur demande l'inspecteur.
2. «Désirez-vous autre chose?» leur demande l'inspecteur.
3. «Avez-vous autre chose à dire?» leur demande l'inspecteur.

B. Word Order in Interjected Remarks

In interjected remarks placed after direct discourse, the verb precedes the subject.

«C'est toujours la même chose» **dit l'inspecteur.**
"It's always the same thing," the inspector says.

Rewrite the following sentences as direct discourse, following the example and making the necessary changes.

EXAMPLE: L'inspecteur leur demande si la nourriture est bonne.

«La nourriture est-elle bonne?» leur demande l'inspecteur.

1. L'inspecteur dit qu'il ne sait pas pourquoi il fait ces visites.
2. L'inspecteur demande au gouverneur s'il a d'autres prisonniers.
3. Le gouverneur lui répond qu'il a des prisonniers dangereux.

C. The Use of the Indefinitive Article de

The indefinite article **des** becomes **de** when it introduces a plural noun preceded by an adjective.

des choses   *but:*   **d'**autres choses

Rewrite the following sentences, inserting the adjective so that is precedes the noun in italics.

EXAMPLE: Nous avons des *prisonniers.* **(autres)**

*Nous avons d'**autres** prisonniers.*

1. L'inspecteur visite des *cachots.* (autres)

2. Le gouverneur a des *chambres*. (bonnes)
3. Sa Majesté a des *prisons*. (vieilles)
4. Dantès est prisonnier depuis des *mois*. (longs)

2

READING COMPREHENSION

Answer the following questions.

1. Que tiennent à la main les deux gardiens?
2. Pourquoi l'inspecteur hésite-t-il à descendre?
3. Comment s'appelle le prisonnier dangereux?
4. Qui a-t-il voulu tuer?
5. Pourquoi est-il préférable d'être complètement fou?
6. Depuis combien d'années l'abbé italien est-il dans la prison?
7. Qu'est-ce qui l'a rendu complètement fou?

VOCABULARY STUDY

Write sentences of your own by combining in as many ways as possible the expressions from *Column A* with those from *Column B*.

A	B
faire	fou
commencer	signe
rendre	hésiter
désirer	content
	descendre
	vivre

STRUCTURES

A. The Imperative: First Person Plural

The first person plural of the imperative is formed by dropping the personal pronoun.

Nous demandons. → **Demandons.** (*Let's ask.*)

Rewrite the following sentences in the imperative.

EXAMPLE: Nous commençons.

Commençons.

1. Nous descendons dans les cachots.
2. Nous accompagnons le porte-clefs.
3. Nous visitons les prisonniers dangereux.
4. Nous ouvrons cette porte.

B. The Negative Adverb ne ... plus

With **ne ... plus,** the same pattern is used as with **ne ... pas.**

La porte **ne** s'ouvre **pas.**
The door does not open.

La porte **ne** s'ouvre **plus.**
The door does not open any longer.

Rewrite the following sentences according to the example.

EXAMPLE: Quand on est complètement fou, on souffre.

*Quand on est complètement fou, on **ne souffre plus**
(you do not suffer any longer).*

1. Quand on est complètement fou/on veut la mort.
2. Quand on est complètement fou/on est un homme.
3. Quand on est complètement fou/on répond aux questions.
4. Quand on est complètement fou/on voit les autres.

C. The Interrogative Pronoun lequel

Compare the forms of the interrogative adjectives and pronouns:

Quel gardien?	**Lequel?**
Quelle prison?	**Laquelle?**
Quels hommes?	**Lesquels?**
Quelles injustices?	**Lesquelles?**

The interrogative pronoun **lequel** agrees in gender and number
with the noun it replaces. It corresponds to the English *which
one(s).*

Rewrite the following sentences according to the example. Be sure the interrogative pronoun agrees with the noun it replaces.

EXAMPLE: Il veut voir **quel prisonnier?**

*Il veut voir **lequel?***

1. Il veut voir *quel trou?*
2. Il veut inspecter *quels cachots?*
3. Il veut casser *quelle cruche?*
4. Il veut prendre *quelles torches?*

3

READING COMPREHENSION

Answer the following questions.

1. Pourquoi la porte s'ouvre-t-elle lentement?
2. Pourquoi Dantès pense-t-il que l'homme qui accompagne le gouverneur est une autorité supérieure?
3. Que lui demande-t-il?
4. De quelle manière parle-t-il?
5. À qui demande-t-il pardon?
6. Depuis combien de temps est-il en prison?
7. Expliquez: Dix-sept mois, c'est dix-sept années.

VOCABULARY STUDY

Write sentences of your own with the following words, using one or more words in each sentence.

une autorité supérieure	gouverner
le gouverneur	rendre la justice
le juge	mourir
le roi	tuer
une injustice	être prisonnier
commettre un crime	la captivité
être innocent	demander pardon à quelqu'un
la prison	implorer quelqu'un de faire
avoir pitié de quelqu'un	quelque chose

STRUCTURES

A. *The Use of the Present Tense with* **depuis**

> One of the uses of the present tense is to describe actions that are going on or that have been going on for a certain amount of time, introduced by **depuis**
>
> Dantès **est** en prison **depuis** longtemps.
> *Dantès has been in prison for a long time.*

Translate the following sentences:

1. L'inspecteur visite les prisons depuis longtemps.
2. Les prisonniers désirent la liberté depuis longtemps.
3. Le vieil abbé est fou depuis 1813.
4. Dantès est prisonnier depuis 1815.

B. *The Use of the Present Tense with* **cela (ça) fait ... que**

> The phrase **cela (ça) fait ... que** is used at the beginning of a sentence to emphasize the length of time an action has been going on.
>
> Dantes **est** en prison **depuis** dix-sept mois.
> **Cela (ça) fait dix-sept mois que** Dantès est en prison.
> *Dantès has been in prison for seventeen months.*

In the following sentences, replace **depuis** with **cela (ça) fait ... que** and make the necessary changes.

EXAMPLE: Vous êtes prisonnier depuis dix-sept mois.
   Cela (ça) fait dix-sept mois que vous êtes prisonnier.

1. Je suis ici depuis longtemps.
2. Le gouverneur gouverne la prison depuis des années.
3. L'abbé italien est prisonnier depuis cinq ans.
4. Dantès meurt lentement depuis dix-sept mois.

C. *The Use of the Indefinite Pronoun* on

On is much more commonly used in French than *one* is in English and is best translated with the passive voice or a personal pronoun.

On voit une forme.
A shape can be seen.

Je demande qu'on me donne des juges.
I ask to be given judges.

Quand on est fou, on ne souffre plus.
When you are (one is) insane, you don't (one doesn't) suffer any longer.

Translate the following sentences.

1. On garde les prisonniers dangereux dans les cachots.
2. Quand on est prisonnier, peut-on désirer autre chose que la liberté?
3. Et quand on meurt lentement pour un crime qu'on n'a pas commis!
4. On referme la porte du cachot.

4

READING COMPREHENSION

Answer the following questions.

1. Où sont notés les crimes de Dantès?
2. Quelle est la folie de l'abbé?
3. Pourquoi l'abbé va-t-il offrir cinq millions et pas six?
4. Comment s'appelle le millionnaire?

VOCABULARY STUDY

Write sentences of your own with each of the following words and phrases.

préférer + *infinitive*
être accusé de quelque chose

il est nécessaire de + *infinitive*
se croire + *adjective* or *noun*

STRUCTURES

A. *The Immediate Future:* aller + *infinitive*

> The construction **aller** + *infinitive* is used to express the near future.
>
> Il **va** vous **offrir** des millions.
> *He's going to offer you millions.*

Rewrite the following sentences in the immediate future, following the example:

EXAMPLE: Vous voyez les notes.

   Vous allez voir les notes.

1. Je vois les notes.
2. Ils continuent leur mission.
3. Nous passons au cachot de l'abbé.
4. Le porte-clefs ouvre la porte.

B. *The Position of Pronouns with Verbs Followed by an Infinitive*

> Pronouns are inserted between the verb and the infinitive.
>
> Il va **vous** offrir cinq millions.
> *He is going to offer you five million.*

Rewrite the following sentences, inserting the pronouns in parentheses between the verb and the infinitive.

EXAMPLE: Il va demander sa liberté.   (lui)

   Il va lui demander sa liberté.

1. Il veut demander sa liberté.   (lui)
2. Il va demander des juges.   (vous)
3. Vous voulez parler?   (me)
4. Il va offrir cinq millions.   (nous)

C. *The Formation of Ordinal Numbers*

Ordinal numbers are derived from cardinal numbers.

Cardinal numbers	Ordinal numbers
un	$\longrightarrow$ **premier, première**
deux	$\longrightarrow$ **deuxième**
trois	$\longrightarrow$ **troisième**
quatre	$\longrightarrow$ **quatrième**
cinq	$\longrightarrow$ **cinquième**
six	$\longrightarrow$ **sixième**
neuf	$\longrightarrow$ **neuvième**
vingt-et-un	$\longrightarrow$ **vingt-et-unième**
cent	$\longrightarrow$ **centième**

Abbreviations of ordinal numbers are: **1er (1re), 2e, 3e**, etc.

Write out the abbreviated ordinal numbers in the following sentences.

1. La 1re fois, l'abbé a voulu offrir un million.
2. La 2e fois, l'abbé a voulu offrir deux millions.
3. La 3e fois, l'abbé a voulu offrir trois millions.
4. La 4e fois, l'abbé a voulu offrir quatre millions.
5. La 20e fois, l'abbé a voulu offrir vingt millions.
6. La 18e fois, l'abbé a voulu offrir dix-huit millions.

D. *The Use of* croire que *and* se croire

Instead of **croire que, se croire** may be used with adjectives and nouns. **Il croit qu'il est millionnaire** has the same meaning as **Il se croit millionnaire** (*He thinks that he is a millionaire.*).

Rewrite the following sentences, replacing **croire que** with **se croire**.

1. Il croit qu'il est possesseur d'un trésor.
2. Nous croyons que nous sommes capables de tout.
3. Je crois que je suis innocent.
4. Vous croyez que vous êtes fou.

5

READING COMPREHENSION

A. Answer the following questions.

    1. Qui vient de descendre dans le cachot de l'abbé Faria?
    2. Quelle est la mission de l'inspecteur?
    3. Que dit l'abbé de la prison?
    4. Pourquoi l'abbé veut-il parler à l'inspecteur en secret?
    5. Pourquoi l'inspecteur ne veut-il pas accepter?
    6. Combien d'argent l'abbé offre-t-il pour sortir de prison?
    7. Pourquoi l'abbé maudit-il l'inspecteur?

B. Rewrite the following passage to make it agree with the facts as presented in the story.

L'abbé Faria regarde les hommes qui viennent de monter dans son cachot. Il n'est pas surpris. L'inspecteur est un agent secret qui a mission de rendre la liberté aux prisonniers. L'abbé veut lui parler en public de révélations sans importance et offrir une petite somme au gouvernement. L'inspecteur répond que le gouvernement est pauvre et qu'il a besoin de cet argent. L'abbé ne demande pas la liberté mais un autre cachot plus humide. L'inspecteur refuse parce qu'il croit que l'abbé a dit la vérité.

VOCABULARY STUDY

Write sentences of your own by combining in as many ways as possible the expressions from *Column A* with those from *Column B*.

A	B
dire	mission
rendre	question
sortir	besoin
être	liberté
avoir	prison

STRUCTURES

A. The Immediate Past: venir de + infinitive

The construction **venir de** + *infinitive* is used to express the recent past.

Il **vient de comprendre.**
He has just understood.

Rewrite the following sentences using **venir de.**

EXAMPLE: Je dis la vérité.
              Je viens de dire la vérité.

1. Vous descendez.
2. L'inspecteur visite le cachot de Dantès.
3. Les porte-clefs ouvrent les portes.
4. Tu comprends pourquoi.

B. The Position of Indirect Object Pronouns

Indirect object pronouns are usually placed immediately before the verb.

Il offre six millions **à l'inspecteur.**
Il **lui** offre six millions.

Il n'a pas demandé cela **à l'inspecteur.**
Il ne **lui** a pas demandé cela.

Rewrite the following sentences, using the pronoun in parentheses.

1. Il offre six millions.   (leur)
2. Je n'ai pas demandé cela.   (vous)
3. Ils ne disent pas la vérité.   (lui)
4. Vous ne répondez pas.   (me)
5. Vous refusez la liberté.   (nous)

6

READING COMPREHENSION

Answer the following questions.

1. Que pensent l'inspecteur et le gouverneur de l'abbé Faria?
2. Que dit la note concernant Dantès?
3. Qu'est-ce que le retour de l'île d'Elbe?
4. Pourquoi l'inspecteur écrit-il: *Rien à faire?*
5. Que signifient ces trois mots pour Dantès?
6. Et Dantès, qu'écrit-il sur le mur?

VOCABULARY STUDY

Write a sentence of your own with each of the following words and phrases.

prendre part à quelque chose
concerner quelqu'un ou quelque chose
s'imaginer que
prendre une part active à quelque chose
remonter/descendre l'escalier

STRUCTURES

The Pronoun y

> **Y** is used to replace a noun introduced by a preposition of place
> (**à, dans, en, sous, sur**). It usually precedes the verb.
>
> Il écrit **sur le mur.** → Il **y** écrit.

Rewrite the following sentences by replacing the words in italics with y and putting y before the verb.

EXAMPLE: Il trouve une note *dans le registre.*

   Il y trouve une note.

1. Il examine le registre *dans la chambre.*
2. Il cache la cruche cassée *sous le lit.*
3. Dantès est prisonnier *au Château d'If* depuis dix-sept mois.
4. Dantès fait une marque *sur le mur.*

7

READING COMPREHENSION

Answer the following questions.

1. Le nouveau gouverneur connaît-il bien les prisonniers?
2. Pourquoi Dantès demande-t-il qu'on le mette dans un autre cachot?
3. Que veut-il qu'on lui accorde?
4. Comment se manifeste son besoin de parler avec quelqu'un?
5. Pourquoi le gouverneur refuse-t-il de donner un compagnon à Dantès?
6. Vers qui Dantès se tourne-t-il alors?

VOCABULARY STUDY

Write sentences of your own with each of the following words and phrases.

changer de + *noun*
le plaisir
aider quelqu'un à faire quelque chose
accorder quelque chose à quelqu'un
s'échapper de + *noun describing a place*

STRUCTURES

Direct and Indirect Objects in the Passive Construction

The indirect object can never become the subject of a passive construction. Be aware that verbs such as **parler à, demander à, accorder à, refuser à,** and **répondre à** always take indirect objects. Therefore, when using these verbs, it is necessary to remember not to use the indirect objects as the subject of a passive construction.

Il parle **à l'abbé.**   (**L'abbé** is the indirect object—the passive construction is not possible here.)

(continued)

> The direct object, however, may become the subject in a passive construction.
>
> Il **me** voit.   (**Me** is the direct object.)
>
> *Je suis vu par lui.*

The objects in the following sentences are in italics. Make a list of direct and indirect objects, distinguishing them with the letters D or I.

1. Il *me* regarde.
2. Dantès *lui* demande des instruments.
3. Il refuse *l'instrument à Dantès.*
4. On ne *le* met pas dans un autre cachot.
5. Dieu va *me la* donner, ma liberté!

Rewrite the following sentences in the passive construction only when possible. Make sure to discriminate between direct and indirect objects.

EXAMPLE: On donne l'instrument à Dantès.

   L'instrument est donné à Dantès.

1. Dantès écrit la date.
2. On ne parle pas à Dantès.
3. On lui refuse l'autre cachot.
4. On ne le tire pas de son cachot.
5. On ne lui accorde rien.
6. Le porte-clefs donne la demande au nouveau gouverneur.

8

READING COMPREHENSION

Answer the following questions.

1. Pourquoi Dantès passe-t-il de la prière à la rage?
2. Qui maudit-il?
3. Pourquoi ne veut-il plus vivre?
4. Est-ce l'idée de la mort naturelle qui le rend plus calme?

Vocabulary Study

Write sentences of your own with the following words, using one or more in each sentence.

la rage	rendre calme
la haine	rendre supportable
la vengeance	la vie de prison
le malheur	s'échapper de prison
le suicide	échapper à quelqu'un ou à
le repos	quelque chose
le calme	maudire
la mort	horrible

Structures

A. Reflexive Verbs

Reflexive verbs are very common in French and they do not always correspond to English reflexive verbs.

Il se **parle.**   *He talks to himself.*
La porte **s'ouvre.**   *The door opens.*

Translate the following sentences.

1. Faria se croit millionnaire.
2. Il s'imagine qu'il a un trésor.
3. Le prisonnier s'échappe de prison.
4. Le porte-clefs s'approche.
5. La porte se referme.
6. Dantès se tourne vers Dieu.
7. Il veut se tuer.
8. Il se dit qu'il est perdu.

B. Interrogative Constructions with Nouns

When the subject of an interrogative sentence is a noun, the question can be expressed in two ways:

1. With **est-ce que**

   Comment **est-ce que la mort arrive**?

2. With inversion of subject and verb

   Comment **la mort arrive-t-elle**?

(continued)

> Note that here the subject is expressed twice: once as a noun (**la mort**) and again as a pronoun (**elle**), because inversion is usually done with a pronoun subject and very rarely with a noun subject.

Rewrite the following sentences, replacing the **est-ce que** construction with the construction with inversion.

EXAMPLE: Est-ce que Dieu aide?

Dieu aide-t-il?

1. Pourquoi est-ce que Dantès a toujours la même vie?
2. Est-ce que les prières sont vaines?
3. Est-ce que la mort est trop bonne pour lui?
4. Est-ce que Dantès passe de la prière à la rage?
5. Comment est-ce que cette idée l'aide un peu?
6. Quand est-ce que la porte s'ouvrira?
7. Est-ce que les hommes sont responsables?
8. Est-ce que le prisonnier passe son temps à attendre?

9

READING COMPREHENSION

Answer the following questions.

1. À quoi pense Dantès pendant les quatre années?
2. Quelle est la première façon de mourir?
3. Pourquoi Dantès ne veut-il pas se pendre?
4. Quelle façon de mourir adopte-t-il?
5. Que fait-il de son pain?
6. Pourquoi ne meurt-il pas de faim?

VOCABULARY STUDY

Write sentences of your own with the following words, using one or more in each sentence.

trouver bon ou mauvais
façon de + *infinitive*
pendre quelqu'un
jeter/se jeter

se laisser + *infinitive*
par la fenêtre
avec regret
ouvrir la bouche

STRUCTURES

A. The Expression ne ... que

> **Ne ... que** is a limiting expression meaning *only*.
>
> Il y a deux façons.
> Il **n'**y a **que** deux façons. (*There are only two ways.*)

Rewrite the following sentences using **ne ... que** and then translate them.

EXAMPLE: Il a une seule idée.

*Il n'a **qu'**une seule idée.*

(*He has only one thought.*)

1. On pend les pirates.
2. Il pense à la liberté.
3. Il jette son pain.
4. Il a la force de tomber sur son lit.

B. The Use of c'est and il est + adjective

> The phrase **c'est** + *adjective* may be used at the beginning or at the end of a sentence whereas **il est** + *adjective* stands at the beginning of the sentence and must be followed by its complement.
>
> **C'est difficile de** refuser de vivre!
> Refuser de vivre **c'est difficile!**
>
> *but:*
>
> **Il est difficile de** refuser de vivre!
> (*There is no alternative structure.*)

Rewrite the following sentences, replacing **c'est** with **il est.**

EXAMPLE: Mourir, ce n'est pas facile. (*or:* Ce n'est pas facile de mourir)

Il n'est pas facile de mourir.

1. Parler de suicide, c'est fou.
2. Se tuer, ce n'est pas simple.

3. S'échapper de prison, c'est bon.
4. Avoir des idées noires, c'est mauvais.

C. *Reflexive and Nonreflexive Verbs*

Translate the following sentences to show the change in meaning between the reflexive and nonreflexive use of a verb.

1. Il se laisse mourir de faim.
   On le laisse mourir de faim.
2. Il se pend.
   On pend le prisonnier.
3. Il se jette par la fenêtre.
   Il jette son pain par la fenêtre.
4. Il s'approche du pain.
   Il approche le pain de sa bouche.

COMMUNICATIVE ACTIVITY

Prepare one of the topics listed below to be discussed in class, using the various points as guidelines. You should be ready to quote lines from the text in support of the views expressed.

A. La condition de Dantès en 1816.

Expliquez:

1. pourquoi Dantès est considéré comme dangereux
2. depuis combien de temps il est en prison
3. de quoi il a été accusé
4. son désir de justice
5. son besoin de parler à quelqu'un
6. pourquoi il est humble devant l'inspecteur
7. ce qu'il fait tous les jours
8. ses prières à Dieu, puis sa rage et sa décision de se tuer

B. La condition des prisonniers d'aujourd'hui.

1. Comment sont les cachots?
2. Comment est la nourriture?
3. Comment sont leurs gardiens?
4. Quelles sont leurs occupations?
5. Quels sont leurs sentiments (la solitude, la folie, le désespoir, la rage)?
6. Quels sont leurs désirs (de liberté, d'évasion, de suicide)?

10

READING COMPREHENSION

Answer the following questions.

1. Pourquoi Dantès croit-il que sa dernière heure est arrivée?
2. Quels sont ses compagnons tous les soirs?
3. Quelle sorte de bruit entend-il?
4. Quel autre bruit entend-il après?

VOCABULARY STUDY

A. Vocabulary Usage

Write sentences of your own with each of the following words or phrases.

le soir   le lendemain soir
tous les soirs   le matin
tous les jours   tous les matins
le lendemain matin

B. The Meaning of toujours

Toujours has two meanings: *always* and *still.*

Le grattement continue **toujours.**
The scraping still goes on.

Cette idée est **toujours** présente.
This thought is always present.

Translate the following sentences.

1. Le bruit continue toujours.
2. Un prisonnier désire toujours la liberté.
3. Dantès mange toujours le soir, pas le matin.

4. Après trois heures, Dantès entend toujours le bruit.
5. Les rats mangent toujours le pain de Dantès s'il y en a.

STRUCTURES

The Use of en with a Gerund

After the preposition **en,** the gerund (form of the present participle) expresses simultaneous actions.

En entendant le grattement, Dantès croit qu'il va mourir.
When (upon) hearing the scraping, Dantès thinks that he is going to die.

Rewrite the following sentences, replacing **quand** with **en** + *gerund* and making the necessary changes.

EXAMPLE: Quand il ouvre les yeux, il ne voit plus.
En ouvrant *les yeux, il ne voit plus.*

1. Quand il tombe sur le lit, il n'a plus de forces.
2. Quand il referme les yeux, il voit des points brillants.
3. Quand il arrive à l'heure de la mort, il pense à Dieu.
4. Quand il entend le bruit, il pense à la liberté.

11

READING COMPREHENSION

Answer the following questions.

1. Que fait le porte-clefs tous les soirs?
2. Que demande-t-il à Dantès?
3. De quels sujets Dantès parle-t-il ce soir-là?
4. Pourquoi Dantès est-il fou de joie?
5. Comment s'explique-t-il le bruit?
6. Pourquoi la deuxième explication le rend-elle sombre?

VOCABULARY STUDY

A. Vocabulary Usage

Write sentences of your own with each of the following words and phrases.

souffrir du froid/de la faim/d'une maladie
comment savoir si...
venir à l'aide de quelqu'un
avoir la fièvre
comment faire pour...

B. The Meaning of ne ... toujours pas and ne ... pas toujours

Rewrite the following sentences using **ne ... toujours pas** instead of **ne ... pas toujours** and translate the two sentences.

EXAMPLES: Dantès **ne** répond **pas toujours.**

   *(Dantès doesn't **always** answer.)*

   Dantès **ne** répond **toujours pas.**

   *(Dantès **still** does not answer.)*

1. Il ne parle pas toujours.
2. Il n'écoute pas toujours.
3. Il ne mange pas toujours.
4. Il n'entend pas toujours le bruit.
5. Il ne travaille pas toujours.

STRUCTURES

A. The Use of the Stress Pronoun for Emphasis

One of the uses of the stress pronoun is to put emphasis on the subject of the sentence. As a reminder, here is a list of the stress pronouns:

moi	nous
toi	vous
lui	eux
elle	elles

Rewrite the following sentences, putting emphasis on the subjects by replacing the personal pronouns with the appropriate *stress pronoun* + **qui**.

EXAMPLE: Et je ne peux rien faire!

　　　　　Et moi qui ne peux rien faire!

1. Et vous ne pouvez rien faire.
2. Et tu ne comprends rien.
3. Et il est en prison depuis si longtemps.
4. Et nous ne mangeons pas bien.
5. Et ils désirent la liberté.

B. *The Use of* si + *adjective* + que

Join the following sentences using **si** + *adjective* + **que**.

EXAMPLE: Le bruit est distinct. On l'entend sans effort.

　　　　　Le bruit est si distinct qu'on l'entend sans effort.

1. Dantès est seul. Il doute de son innocence.
2. Il est facile de mourir. Dantès n'hésite plus.
3. Le bruit est mystérieux. Dantès ne le comprend pas.
4. Dantès est fou. Le porte-clefs sort.

12

READING COMPREHENSION

Answer the following questions.

1. À quelle solution Dantès pense-t-il d'abord pour savoir si c'est un prisonnier ou un ouvrier qui fait le bruit?
2. Pourquoi la solution est-elle dangereuse?
3. Comment peut-il redevenir fort?
4. Quelle solution trouve-t-il pour identifier le bruit?
5. Qu'est-ce qu'il fait alors?
6. Qu'est-ce qu'il entend après les trois coups?

VOCABULARY STUDY

A. Write sentences of your own with each of the following words and phrases.

coup   assiette
attendre   sentir
arrivée   corps
faible/fort   tête
réfléchir   contre
redevenir

B. Complete the following summary of *Sections 10–12,* using the words from the list and making all necessary changes.

dernier   un ouvrier   le coup
redevenir   un effort   le bruit
lendemain   la nourriture   le sujet
aussi   une assiette   cesser
ouvrir   si

Le _____ matin, en _____ les yeux, Dantès ne voit plus. Le _____ jour de son existence commence. Le soir, il entend _____, puis un autre _____. Quand le porte-clefs lui apporte sa _____, Dantès lui parle sur tous _____. Le porte-clefs croit que son prisonnier est _____ fou que l'abbé Faria et sort. Le bruit continue. Il est _____ distinct que l'on peut l'entendre sans _____. Pour savoir si c'est un prisonnier ou _____, il prend une pierre et frappe trois _____. Le bruit _____. Pour _____ fort, Dantès mange _____ de soupe.

STRUCTURES

A. *Direct and Indirect Object Pronouns with* faire + *infinitive*

When replacing nouns in causative constructions, the direct or indirect object pronoun is used.

On fait réparer **la chambre.**
On **la** fait réparer. (*direct object*)
It is being repaired.

On fait réparer la chambre **à l'ouvrier.**
On **lui** fait réparer la chambre. (*indirect object*)
The room is being repaired by him.

Rewrite the following sentences, replacing the words in italics with a direct or indirect object pronoun.

1. On fait écouter *le porte-clefs.*
2. On fait écouter le bruit *au porte-clefs.*
3. On fait réparer le cachot *à l'ouvrier.*
4. On fait parler *le porte-clefs.*
5. On fait dire son nom *au prisonnier.*
6. On fait réparer *les cachots.*
7. On fait manger de la mauvaise nourriture *aux prisonniers.*
8. On fait manger *les prisonniers.*

13

READING COMPREHENSION

Answer the following questions.

1. Que se passe-t-il après que le bruit mystérieux a cessé?
2. Pourquoi Dantès a-t-il de l'espoir?
3. Pourquoi pense-t-il que la folie revient?
4. Que fait-il pour savoir si le bruit est imaginé ou réel?

VOCABULARY STUDY

Write sentences of your own with each of the following words and phrases.

quelquefois
passer des heures à faire quelque chose
il me (lui, nous, *etc.*) semble que...
cent fois
compter les heures minute par minute.

STRUCTURES

A. The Expression of Quantity un peu de

Un peu de describes a small portion of a quantity not expressed in units.

Il mange de la nourriture.
Il mange **un peu de** nourriture.

Note that no definite article is used with **un peu de.**

Rewrite the following sentences, replacing **du, de la (l')** with **un peu de (d').**

1. Il boit de l'eau.
2. Il mange du pain.
3. Il a de l'argent.
4. Il y a de la joie dans son cœur.
5. Il mange de la soupe.
6. Il a de l'espoir.

B. The Use of the Definitive Article with Nouns Describing Parts of the Body

The definite article is used with parts of the body.

Dantès ouvre **les** yeux.
*Dantès opens **his** eyes.*

Complete the following sentences with the appropriate definite article, then translate them.

1. Dantès ouvre _____ bouche.
2. Il n'a pas de force dans _____ corps.
3. Il a _____ tête entre _____ mains.
4. Il referme _____ yeux.
5. Il met _____ oreille contre le mur.

14

READING COMPREHENSION

Answer the following questions.

1. Pourquoi n'y a-t-il plus de doute?
2. Pourquoi Dantès déplace-t-il son lit?
3. Comment pourra-t-il détacher les pierres du mur?
4. Pourquoi ne peut-il pas prendre les barreaux pour creuser?
5. Que fait-il alors?
6. Que dira-t-il au porte-clefs pour expliquer la cruche cassée?

VOCABULARY STUDY

Write sentences of your own with the following words, using one or more in each sentence.

travailler	s'arrêter de travailler
arrêter le travail	un travail qui avance vite (ou
détacher	lentement)
un instrument tranchant	creuser

STRUCTURES

A. The Use of en + gerund

> The construction **en** + *gerund* (form of the present participle) is used to express means or methods.
>
> Dantès peut communiquer avec l'autre prisonnier **en frappant** trois coups.
>
> *Dantès can communicate with the other prisoner by striking three times.*

Rewrite the following sentences according to the model.

EXAMPLE: On creuse. On peut détacher une pierre.

> **En creusant,** *on peut détacher une pierre.*

1. Il déplace son lit. Il peut creuser.
2. Il laisse tomber la cruche. Il va avoir un objet tranchant.
3. Il cache les morceaux. Il va avoir tout ce qui est nécessaire.
4. On travaille jour et nuit. On peut s'échapper.

B. The Use of the Pronoun en with Numerals and Adjectives of Quantity

> Numerals and adverbs of quantity are repeated when the noun is replaced with **en.**
>
> Il mange **beaucoup de pain.** → Il **en** mange **beaucoup.**
> Il compte **soixante-douze heures.** → Il **en** compte **soixante-douze.**

Rewrite the following sentences, replacing the words in italics with **en** and repeating the numerals and adverbs of quantity.

EXAMPLES: Il fait tomber **une pierre.**

Il **en** *fait tomber* **une.**

Il fait tomber **beaucoup de pierres.**

Il **en** *fait tomber* **beaucoup.**

1. Il prend deux ou trois *morceaux.*
2. Il n'y a qu'une *cruche.*
3. À présent, il a cent *objets tranchants.*
4. Il cache trois *morceaux* dans son lit.
5. Il a un peu *d'espoir.*

WRITING PRACTICE

Write three sentences of your own, describing a sequence of actions introduced by: **d'abord...** ; **puis...** ; **finalement...** ; Your paragraph will be evaluated for grammatical accuracy and vocabulary usage.

Dantès (suite)

15. Un Travail inutile[1]

Toute la nuit, Dantès écoute le travailleur inconnu.

Le jour vient enfin, le porte-clefs entre.

Dantès lui dit qu'en buvant[2] de l'eau, il a laissé tomber la cruche et qu'elle s'est cassée en tombant par terre.

Le porte-clefs, mécontent,[3] va chercher[4] une nouvelle cruche 5
sans se soucier de prendre les morceaux de la cruche brisée. Et il ne cherche pas à voir si tous les morceaux sont là.

Il revient un instant après, dit au prisonnier qu'il doit faire plus attention et sort.

Dantès écoute le bruit de ses pas[5] dans l'escalier. Puis, quand 10
il ne peut plus les entendre, il déplace son lit et examine le travail de la nuit précédente.

Il voit que le plâtre entre les pierres est humide. On peut le détacher par fragments. Au bout d'une heure, Dantès en a détaché assez pour remplir[6] ses deux mains.   15

—Comme ça, se dit-il, un passage de deux pieds de diamètre et de vingt pieds de longueur va prendre presque deux années! Et si je trouve, un jour, du roc dans le passage?... Ou des barreaux de fer fixés dans le plâtre?...

Il pense aux heures lentes des années passées à ne rien faire 20
dans sa prison... Pourquoi n'a-t-il pas rempli ces heures d'un travail lent et continu?... d'un travail comme celui-ci?...

Cette idée lui donne une nouvelle force.

En trois jours, Dantès enlève[7] tout le plâtre autour d'une des pierres du mur derrière son lit. Puis il fait des efforts pour enlever 25
la pierre elle-même. C'est une pierre de plus de deux pieds de longueur.

Impossible de la détacher! Les morceaux de cruche se cassent quand Dantès veut les utiliser comme levier.[8]

Après une heure d'efforts inutiles, Dantès cesse le travail. Il 30

---

[1]**inutile** useless. [2]**buvant** (*pres. part.* **boire**) drinking. [3]**mécontent** displeased, annoyed. [4]**chercher** to search, look for; **aller chercher** to go for. [5]**pas** step.
[6]**remplir** to fill. [7]**enlever** to remove, take away (out). [8]**levier** lever.

cache les fragments de plâtre derrière son lit, replace le lit contre le mur, et réfléchit à ce qu'il faut faire.

Lui faut-il abandonner là son espoir? Lui faut-il attendre, inerte et inutile, que cet homme inconnu, de l'autre côté du mur,
5 travaille pour sa délivrance? Y a-t-il un autre moyen?[9]...

Une nouvelle idée lui vient à l'esprit.

16. Et un manche[10] de casserole[11]

Le porte-clefs apporte tous les jours la soupe de Dantés dans une casserole.

Cette casserole a un manche de fer. C'est à ce manche de fer
10 que le jeune homme pense en ce moment.

C'est toujours la même chose. Le porte-clefs entre, verse[12] la soupe de la casserole dans l'assiette de Dantès, et enlève la casserole. Le prisonnier mange la soupe, verse un peu d'eau dans son assiette pour la laver et la garde pour un autre jour.

15 Mais ce soir, Dantès met son assiette par terre, entre la table et la porte. Puis, il attend.

Le porte-clefs entre et, ne voyant pas bien dans l'obscurité du cachot, il met le pied sur l'assiette et la casse en vingt morceaux.

Cette fois, il n'y a rien à dire contre Dantès. Dantès a laissé
20 son assiette par terre, mais le porte-clefs n'a pas regardé à ses pieds.

Le porte-clefs regarde autour de lui pour voir s'il y a quelque chose où il pourra verser la soupe. Il ne trouve rien.

—Laissez la casserole, dit Dantès, si vous voulez.

25 Le porte-clefs, ne voulant pas remonter, redescendre et re-monter une seconde fois, laisse la casserole et sort.

Le cœur de Dantès se remplit de joie.

Après avoir mangé la soupe, le jeune homme attend une heure pour être certain que le porte-clefs ne va pas revenir
30 chercher[13] sa casserole. Puis il déplace son lit et recommence son travail, en utilisant le manche de fer de la casserole comme levier.

Au bout d'une heure, la pierre est tirée du mur où elle fait un trou de plus de deux pieds de diamètre.

---

[9]**moyen** way, means. [10]**manche** handle. [11]**casserole** saucepan. [12]**verser** to
pour. [13]**revenir chercher** to come back for.

Dantès porte les fragments de plâtre dans le coin de sa prison, fait un trou et couvre le plâtre de terre.

Il continue à creuser toute la nuit.

17. L'Obstacle

Le lendemain matin, il replace la pierre dans son trou, met son lit contre le mur et se jette sur son lit. 5

Le porte-clefs entre et met le pain du prisonnier sur la table.

—Eh bien! vous ne m'apportez pas une nouvelle assiette? demande Dantès.

—Non, répond le porte-clefs. Vous êtes un casse-tout.[14] Vous avez cassé votre cruche et à cause de vous, j'ai cassé votre assiette. 10 On vous laisse la casserole et on y verse votre soupe. Comme ça,[15] vous ne casserez plus rien!

Dantès sent dans son cœur une gratitude profonde et remercie[16] Dieu de ce morceau de fer, au moyen duquel[17] il compte,[18] un jour, retrouver sa liberté. 15

Une chose l'inquiète.[19] Le prisonnier de l'autre côté du mur ne travaille plus.

—Eh bien, se dit-il, si mon voisin ne vient pas vers moi, c'est à moi[20] d'aller vers mon voisin!

Toute la journée,[21] il travaille de toutes ses forces; le soir, il 20 tire du trou assez de plâtre pour remplir trois fois sa casserole.

Quand l'heure de la visite du soir arrive, il remet[22] la casserole sur la table. Le porte-clefs entre et y verse la soupe. Puis, la soupe versée, le porte-clefs sort et remonte l'escalier.

Dantès s'approche du mur et écoute. 25

Tout est silencieux. Il est évident que son voisin n'a pas confiance[23] en lui. Mais Dantès continue de travailler toute la nuit. Il ne prend pas de repos. Vers le matin, son instrument rencontre un obstacle.

Le travail cesse. 30

---

[14]**casse-tout** a person who breaks everything. [15]**comme ça** in that way.
[16]**remercier de** to thank for. [17]**au moyen duquel** by means of which.
[18]**compter** to expect. [19]**inquiéter** to worry, disturb. [20]**c'est à moi** it is for (up to) me. [21]**toute la journée** all day long. [22]**remet** (*pres. ind.* **remettre**) replaces, puts back. [23]**confiance** trust, confidence, faith.

18. Une Voix de dessous terre

Cet obstacle, est-ce du roc?... Ou du fer?...

Dantès le touche avec ses mains. C'est du bois! Il faut creuser dessus ou dessous, car l'objet barre complètement le passage.

Le jeune homme n'a pas pensé à cet obstacle.

5 —Oh! mon Dieu, mon Dieu! s'écrie-t-il,²⁴ je vous ai prié nuit et jour, et vous ne m'avez pas entendu! Mon Dieu! après m'avoir enlevé la liberté de la vie... mon Dieu! qui m'avez rendu la vie et l'espoir après m'avoir refusé le calme de la mort... mon Dieu! ayez pitié de moi, ne me laissez pas mourir dans le désespoir!

10 —Qui parle ici de Dieu et de désespoir en même temps? dit une voix qui semble venir de dessous terre.

Edmond, tremblant des pieds à la tête comme un homme qui a la fièvre, s'écrie:

—Au nom de Dieu! vous qui avez parlé, parlez encore!²⁵ Qui
15 êtes-vous?

—Qui êtes-vous vous-même? demande la voix.

—Un prisonnier.

—De quel pays?

—Français.

20 —Votre nom?

—Edmond Dantès.

—Votre profession?

—Marin.²⁶

—Depuis combien de temps êtes-vous ici?

25 —Depuis le 28 février 1815.

—Votre crime?

—Je suis innocent.

—Mais de quoi vous accuse-t-on?

—D'avoir conspiré pour le retour de l'empereur.

30 —Quoi! pour le retour de l'empereur! l'empereur n'est plus sur le trône?

—Il a abdiqué à Fontainebleau²⁷ en 1814 et a été sur l'île d'Elbe. Mais vous-même depuis combien de temps êtes-vous ici exilé?

---

²⁴**s'écrier** to cry (out), exclaim. ²⁵**encore** again; *also:* still, yet. ²⁶**marin** sailor. ²⁷**Fontainebleau** Napoleon signed his abdication April 4, 1814, at his favorite château, Fontainebleau, some 35 miles southeast of Paris.

—Depuis 1811.

Dantès ne trouve pas de réponse... quatre ans de prison de plus que lui!

19. Une Erreur

La voix continue:

—C'est bien, ne creusez plus. Mais dites-moi à quelle hau- 5
teur[28] de la terre se trouve[29] l'excavation que vous avez faite?

—À la hauteur d'un pied, presque.

—Comment est-elle cachée?

—Derrière mon lit.

—A-t-on déplacé votre lit depuis que vous êtes entré en 10
prison?

—Jamais.

—Sur quoi donne[30] votre chambre?

—Elle donne sur un corridor.

—Et le corridor? 15

—Communique avec l'intérieur du château.

—Hélas![31] murmure la voix.

—Mon Dieu! qu'y a-t-il?[32] s'écrie Dantès.

—Ah! j'ai fait une erreur sur mon plan! Je n'ai pas de compas.
Une erreur sur mon plan a fait une différence de dix pieds en 20
réalité. J'ai pris le mur que vous creusez pour le mur extérieur
du château...

—Mais en creusant de l'autre côté, vous risquez de tomber
dans la mer!

—C'est ça. 25

—Mais comment échapper à la mort dans la mer?

—Je sais nager.[33] En nageant, il est possible d'arriver à une
des îles qui se trouvent près du Château d'If...

—Mais comment pouvez-vous nager si loin?

—J'ai confiance en Dieu... Mais, pour le moment, tout est 30
perdu.

—Tout est perdu?

---

[28]**hauteur** height. [29]**se trouver** to be, be located. [30]**donner sur** to look out
(open, face) upon. [31]**hélas!** alas! [32]**qu'y a-t-il?** what is the matter? [33]**nager** to
swim.

—Oui, Refermez votre trou avec précaution, ne travaillez plus, et attendez.

—Mais qui êtes-vous?... dites-moi qui vous êtes?

—Je suis... je suis... le N° 27.

20. Ami ou traître?[34]

5 —Vous n'avez pas confiance en moi? demande Dantès, croyant que cet homme pense à l'abandonner. Ah! je vous assure que je ne suis pas un traître! Je préfère me tuer que de trahir[35] votre secret. Mais, au nom de Dieu! ne m'enlevez pas votre présence!... laissez-moi entendre encore votre voix... ou, je vous l'assure, je 10 vais me briser[36] la tête contre ce mur!

—Quel âge avez-vous? Votre voix semble être celle d'un jeune homme.

—Je ne sais pas mon âge. Je ne sais pas ce qui s'est passé depuis que je suis ici. Ce que je sais, c'est que je suis entré dans 15 cette prison à l'âge de dix-neuf ans.

—Presque vingt-six ans, murmure la voix. Eh bien! à cet âge on n'est pas encore un traître.

—Oh! non! non! je vous assure que je préfère me faire couper en morceaux que de révéler ce que vous m'avez dit.

20 —Vous avez bien fait de me parler, vous avez bien fait de me prier de ne pas vous abandonner, car j'ai pensé à le faire. Mais votre âge me rassure,[37] je vais revenir... attendez-moi.

—Quand cela?

—Il faut que je calcule nos chances; laissez-moi vous donner 25 le signal.

—Mais vous n'allez pas m'abandonner... me laisser seul. Vous allez venir à moi ou me permettre d'aller à vous. Et si nous ne pouvons pas nous échapper, nous pouvons parler, vous des personnes que vous aimez, moi des personnes que j'aime. Vous devez 30 aimer quelqu'un?

—Je suis seul... je n'ai pas d'amis.

—Eh bien, si vous êtes jeune, je serai votre camarade. Si vous êtes vieux, je serai votre fils. J'ai un père qui doit avoir l'âge de

---

[34]**traître** traitor. [35]**trahir** to betray. [36]**briser** to break, smash. [37]**rassurer** to reassure.

soixante-douze ans, s'il vit[38] encore. Je vous aimerai comme j'aime mon père.

—C'est bien, je reviendrai le matin.

21. Le Signal

Dantès replace la pierre dans le trou et remet son lit contre le mur.

Le soir, le porte-clefs vient; Dantès est sur son lit. De là, il lui semble qu'il peut mieux garder son secret. Sans doute il regarde son visiteur d'un œil étrange, car le porte-clefs lui dit:

—Encore la folie, hein?

Edmond ne répond pas pour ne pas trahir l'émotion de sa voix en parlant.

Le porte-clefs verse la soupe dans la casserole et sort mécontent.

Dantès croit que son voisin va profiter[39] du silence et de la nuit pour recommencer la conversation avec lui, mais la nuit se passe sans que le signal arrive.

Mais le lendemain matin, après la visite du porte-clefs, comme Dantès déplace son lit, il entend frapper trois coups... Il enlève la pierre et écoute.

—Est-ce vous? dit-il. Me voilà!

—Votre porte-clefs, est-il remonté? demande la voix de dessous terre.

—Oui, il ne va revenir que ce soir; nous avons douze heures de liberté.

—Je puis continuer mon travail?

—Oh! oui, oui, sans perdre de temps, je vous prie!

Immédiatement la masse de terre sur laquelle se trouvent ses deux mains s'enfonce.[40]

La masse de terre et de pierres détachées disparaît[41] dans un trou qui vient de s'ouvrir au-dessous de l'excavation que lui-même a faite.

Au fond[42] de ce trou sombre et profond, Dantès voit paraître

---

[38]**vit** (*pres. ind.* **vivre**) lives. [39]**profiter** to take advantage. [40]**s'enfoncer** to sink in. [41]**disparaît** (*pres. ind.* **disparaître**) disappears. [42]**fond** bottom.

une tête, deux bras et enfin un homme tout entier qui sort avec
agilité de l'excavation.

Dantès prend dans ses bras ce nouvel ami, attendu depuis si
longtemps, et l'examine au peu de lumière qui entre dans son
5 cachot.

22. L'Abbé Faria

C'est un homme assez[43] petit, aux cheveux blancs, à l'œil pénétrant, à la barbe[44] noire et très longue. Les lignes de son visage
révèlent un homme plus habitué[45] à exercer ses facultés intel-
lectuelles que ses forces physiques.

10 Il paraît avoir soixante-cinq ans, mais une certaine vigueur
dans les mouvements indique que c'est un homme beaucoup plus
jeune.

Les deux hommes se regardent quelques instants avec curiosité. Puis Dantès dit avec une émotion qu'il ne peut plus cacher:

15 —Ah! mon ami!... car vous l'êtes, n'est-ce pas?... dites-moi qui
vous êtes et de quoi on vous accuse...

Le visiteur sourit:

—Je suis l'abbé Faria, en 1807 secrétaire du cardinal Spada à
Rome, mais depuis 1811 le numéro 27 au Château d'If. On m'ac-
20 cuse d'avoir des idées politiques contraires à celles de Napoléon
Ier. Voilà tout!

—Mais votre vie ici?... les longues années passées dans la solitude?...

—Ma vie ici?... c'est très simple. J'ai passé les années à méditer
25 sur les choses de l'esprit, à écrire un livre sur la vie politique de
mon pays, à fabriquer[46] des outils[47] nécessaires à mes travaux, à
faire des plans d'évasion,[48] à creuser ce passage... inutile!

Ce mot *inutile* révèle à Dantès la déception[49] profonde de
Faria de trouver un second cachot là où il comptait retrouver la
30 liberté.

L'abbé continue:

—Eh bien! Voyons s'il y a moyen de faire disparaître aux

---

[43]**assez** rather, quite. [44]**barbe** beard. [45]**habitué** accustomed. [46]**fabriquer** to
make, manufacture. [47]**outil** tool. [48]**évasion** escape. [49]**déception**
disappointment.

yeux de votre porte-clefs les traces de mon passage. Il ne faut pas que cet homme sache ce qui s'est passé,[50] ou tout est perdu pour jamais.

Il prend la pierre et la fait entrer dans le trou. Elle le ferme assez mal. 5

—Ah! dit l'abbé, en souriant, je vois que vous n'avez pas d'outils?

—Et vous? demande Dantès, avec surprise.

—J'ai passé quatre ans à en fabriquer de toutes sortes, répond l'abbé. Voulez-vous les examiner? 10

Dantès accepte l'invitation cordiale de son voisin et les deux hommes disparaissent dans le passage.

Pour ces deux prisonniers c'est une nouvelle vie qui commence.

23. Le Plan

Les jours qui suivent sont remplis de visites, de conversations, de 15 plans.

Dantès ne cesse pas d'admirer l'énergie, la patience et la haute intelligence de son nouvel ami, et de son côté,[51] Faria admire la résolution et le courage du jeune homme. Il trouve en Edmond un fils, comme celui-ci trouve en lui un père. 20

Un jour, l'abbé dit à Dantès:

—Vous avez retrouvé vos forces; nous pouvons recommencer notre travail. Voici mon plan: c'est de creuser un passage au-dessous de la galerie où se trouve la sentinelle. Une fois là, on fait une grande excavation au-dessous d'une des pierres qui for- 25 ment le plancher[52] de la galerie. À un moment donné, quand la sentinelle marchera sur la pierre, celle-ci s'enfoncera dans l'excavation, et l'homme aussi. On se jette sur lui, on le lie[53] et on le bâillonne.[54] Puis on passe par une des fenêtres de la galerie, on descend le long du[55] mur extérieur au moyen d'une corde fabri- 30 quée par moi et on s'échappe de l'île, en nageant dans la mer.

—Admirable! s'écrie Dantès. Et combien nous faut-il de temps pour exécuter ce plan?

---

[50]**se passer** to happen, take place. [51]**côté** side. [52]**plancher** floor. [53]**lier** to bind, tie. [54]**bâillonner** to gag. [55]**le long de** along, the length of.

—Un an.

—Quand pouvons-nous commencer?

—Immédiatement.

Le même jour, les deux hommes commencent à creuser le
5 nouveau passage.

24. Hélas!

Après quinze mois d'efforts nuit et jour, les deux travailleurs arrivent sous la galerie. Au-dessus de leur tête, ils entendent les pas
de la sentinelle sur les pierres du plancher.

Dantès est occupé à placer un support de bois sous une des
10 pierres quand il entend l'abbé Faria qui l'appelle avec un accent
de détresse.[56]

Il revient auprès de[57] lui. Faria n'a que le temps de donner
quelques instructions, avant de tomber mourant dans les bras de
son ami.

15 Dantès le porte dans sa chambre, où il lui fait boire une potion
indiquée dans ses instructions. Faria est sauvé, mais son côté droit
est paralysé. Il lui est impossible de s'échapper du château.

Cette attaque est la seconde. La troisième fois il sera complètement paralysé ou il mourra.

20 L'abbé appelle Dantès auprès de son lit:

—Partez! lui dit-il. Ne restez pas ici! Vous êtes jeune, ne vous
inquiétez pas à mon sujet.[58] Je vais attendre la mort ici... seul!

—C'est bien, dit Dantès. Moi, aussi, je reste!

Faria regarde attentivement ce jeune homme si noble, si sim-
25 ple, et voit sur son visage la sincérité de son affection.

—Eh bien! dit-il, j'accepte!

Puis, lui prenant la main:

—Comme je ne puis et que[59] vous ne voulez pas partir, il faut
remplir le passage sous la galerie. La sentinelle peut le découvrir
30 et donner l'alarme. Allez faire ce travail, dans lequel je ne puis
plus vous aider. Employez-y toute la nuit et ne revenez que demain matin après la visite du porte-clefs. J'ai quelque chose d'important à vous dire.

---

[56]**accent de détresse** tone of distress.   [57]**auprès de** beside.   [58]**ne vous inquiétez
pas à mon sujet** don't worry about me.   [59]**que** here = comme.

Dantès prend la main de l'abbé, qui lui sourit, et sort avec ce respect qu'il a toujours accordé à son vieil ami.

25. Le Testament[60]

Le lendemain matin, en revenant dans la chambre de son compagnon de captivité, Dantès trouve Faria assis sur son lit, le visage calme. L'abbé tient un morceau de papier dans la main gauche. 5
Sans rien dire, il donne le papier à Dantès.
—Qu'est-ce que c'est? demande celui-ci.[61]
—Regardez bien, lui dit l'abbé en souriant. Ce papier, c'est mon trésor.

Dantès prend le morceau de papier sur lequel sont tracés des 10 caractères étranges. C'est un vieux testament, portant la date du 25 avril 1498, dans lequel un certain César Spada donne à un membre de sa famille des instructions pour trouver un trésor fabuleux qu'il dit caché dans les grottes de la petite île de Monte-Cristo.[62] 15

Par un curieux hasard[63] l'abbé Faria a découvert le secret du vieux manuscrit qu'il a trouvé entre les pages d'un livre donné à lui par le dernier descendant de la famille Spada. Il est le seul possesseur légitime de ce trésor.

—Eh bien! mon ami, dit Faria, vous savez mon secret. Si ja- 20 mais nous nous échappons de cette prison, la moitié de ce trésor est à vous. Mais si je meurs ici, et si vous vous échappez seul, je vous laisse cette fortune entière.

—Et vous dites que cette fortune se compose...
—D'environ[64] treize millions de notre monnaie.[65] 25
—Impossible! C'est une somme énorme!
—Impossible!... et pourquoi? La famille Spada est une des plus vieilles d'Italie, une des plus riches autrefois![66]
—Eh bien, je ne dois accepter ni la moitié de la fortune, ni la fortune entière; je ne suis pas votre descendant légitime. 30
—Vous êtes mon fils, Dantès! s'écrie le vieil abbé. Vous êtes l'enfant de ma captivité. Dieu vous a donné à moi pour consoler

---

[60]**testament** will. [61]**celui-ci** the latter. [62]**île de Monte-Cristo** The little island of Monte-Cristo is south of Elba, off the coast of Tuscany, Italy. [63]**hasard** accident, chance. [64]**environ** about. [65]**monnaie** currency. [66]**autrefois** formerly.

l'homme qui ne peut pas être père et le prisonnier qui ne peut pas être libre.

26. Adieu!

Faria ne connaît pas l'île de Monte-Cristo, mais Dantès la connaît. Il a passé quelques heures sur cette petite île qui se trouve entre
5 la Corse[67] et l'île d'Elbe. Elle est complètement déserte. Dantès trace le plan de l'île, et Faria lui indique ce qu'il faut faire pour retrouver le trésor.

Les jours passent...

Une nuit, Edmond croit entendre une voix plaintive qui l'ap-
10 pelle.

Sans perdre un instant, il déplace son lit, enlève la pierre, entre dans le passage et arrive dans la chambre de l'abbé.

Faria est assis sur sont lit, le visage pâle, les mains tremblantes:

—Eh bien, mon ami, dit-il, c'est la troisième attaque qui com-
15 mence... la dernière, vous comprenez, n'est-ce pas? Ne criez[68] pas, ou vous êtes perdu!... vous et celui qui viendra prendre ma place ici... car un autre prisonnier va venir, après ma mort... et il faut que vous restiez près de lui pour l'aider. Je ne suis qu'une moitié de cadavre liée à vous pour vous paralyser dans tous vos mouve-
20 ments...

—Oh! pas encore! J'ai sauvé votre vie une fois; je la sauverai une seconde fois! Il reste[69] encore un peu de votre potion. Dites-moi ce qu'il faut que je fasse cette fois; y a-t-il des instructions nouvelles? Parlez, mon ami, j'écoute.

25 —Il n'y a pas d'espoir. Mais... si vous voulez... faites comme la première fois. Si après avoir versé douze gouttes[70] dans ma bouche, vous voyez que je ne reviens pas à moi,[71] vous pouvez verser le reste. C'est tout. Maintenant, approchez-vous, j'ai encore deux choses à vous dire. La première, c'est que je prie Dieu de
30 vous accorder le bonheur[72] et la prospérité que vous méritez. La seconde, c'est que le trésor des Spada existe... le vieil abbé qu'on

---

[67]**Corse** Corsica. [68]**crier** to cry out, shout. [69]**il reste** here = there remains.
[70]**goutte** drop. [71]**que je ne reviens pas à moi** that I do not regain
consciousness. [72]**bonheur** happiness.

croit fou ne l'est pas... mon trésor existe! Partez! Allez à Monte-Cristo... profitez de notre fortune... vous avez assez souffert.

Une convulsion violente secoue[73] son corps. Ses yeux ne voient plus. Il presse la main d'Edmond:

—Adieu! adieu! murmure-t-il. N'appelez personne! Je ne 5
souffre pas comme la première fois... je n'ai plus assez de forces pour souffrir. C'est le privilège des jeunes de croire... de garder de l'espoir... mais les vieux voient plus clairement la mort. Oh! la voilà!... Elle vient... Libre, enfin!... Votre main, Dantès!... adieu!... adieu!... 10

Puis, avec un dernier effort il s'écrie «Monte-Cristo! Monte-Cristo!», et sa tête retombe[74] sur le lit.

27. La Mort passe au n° 27

Dantès, suivant les instructions, verse le reste de la potion dans la bouche de son ami.

Une heure, deux heures passent... 15

Edmond, assis auprès du lit, tient la main pressée sur le cœur de Faria. Il sent le froid qui pénètre dans le corps inerte. Les yeux de l'abbé restent ouverts et fixes. Enfin Dantès comprend qu'il est en présence d'un mort. Saisi[75] d'une terreur profonde et invincible, il retourne vite dans le passage et remet la pierre à sa place. 20

Il est bien temps.[76] Le porte-clefs va venir.

Sa visite faite, le porte-clefs passe dans le cachot de Faria.

Dantès est impatient de savoir ce qui va se passer dans le cachot de son ami quand le porte-clefs verra que le prisonnier est mort. Il rentre dans le passage et arrive à temps pour entendre 25
les exclamations du porte-clefs, qui appelle à l'aide.

Les autres porte-clefs arrivent. Puis le gouverneur.

Edmond entend des voix qui disent:

—Inutile de jeter de l'eau au visage; il est bien mort.[77]

—Eh bien! le vieux fou est allé chercher son trésor! 30

—Avec tous ses millions, il n'est pas assez riche pour payer sa place dans un cimetière.[78]

---

[73]**secouer** to shake. [74]**retomber** to fall back. [75]**saisir** to seize. [76]**Il est bien temps** It is just in time. [77]**bien mort** quite dead. [78]**cimetière** cemetery.

—Oh! il n'est pas nécessaire de payer sa place dans le cimetière du Château d'If!

Le cimetière du Château d'If!

—On va lui faire les honneurs du sac![79]

5   Puis on n'entend plus les voix.

Dantès écoute toujours. Au bout d'une heure, il entend des
pas qui reviennent, au-dessus de sa tête.

—Ce sont les hommes, pense-t-il, qui viennent chercher le
cadavre.

10   Il y a des mouvements rapides, des bruits indistincts, le choc
d'un objet lourd[80] qu'on laisse tomber sur le lit...

—A quelle heure, ce soir? demande une voix.

—Vers dix ou onze heures, répond une autre.

—Faut-il laisser un garde dans le cachot? demande la pre-
15   mière.

—Pourquoi faire?[81] répond l'autre gardien. On va fermer le
cachot comme toujours, voilà tout.

Les voix cessent. Les pas remontent le corridor.

Le silence de la mort descend sur le numéro 27 et pénètre
20   dans le cœur de Dantès.

28. Les Honneurs du sac

Edmond sort du passage et regarde autour de lui.

La chambre du mort est vide.[82]

Sur le lit, le long du mur, il voit un sac, dans lequel il peut
distinguer[83] la forme d'un corps humain.

25   —Voilà, pense Dantès, tout ce qui reste de Faria, l'ami, le bon
compagnon. Il n'existe plus. Je suis seul... seul dans le silence de
la prison... seul dans mon malheur. Je n'ai plus qu'à mourir!

Mais cette idée de suicide passe:

—Mourir! Oh non! s'écrie-t-il. J'ai trop souffert pour mourir
30   maintenant. Non! je veux vivre... je veux retrouver le bonheur
qu'on m'a enlevé. Avant de mourir, il faut me venger de[84] mes

---

[79]**sac** bag, sack. [80]**lourd** heavy. [81]**Pourquoi faire?** What for? [82]**vide** empty.
[83]**distinguer** to make out, distinguish. [84]**se venger de** to avenge oneself
(upon).

ennemis. J'ai des amis à récompenser[85]... Mais à présent on va me laisser ici... je ne sortirai de ce cachot que mort comme Faria.

Comme Faria?... comme Faria?...

Dantès reste là, les yeux fixes, comme un homme frappé d'une idée horrible: 5

—Oh! murmure-t-il, de qui me vient cette idée?... est-ce de vous, mon Dieu?... s'il n'y a que les morts qui sortent d'ici, pourquoi ne prend-on pas la place des morts?

Il se jette sur le sac hideux, le coupe avec le couteau[86] de Faria, sort le cadavre du sac et le porte dans sa propre chambre. 10

Il met le cadavre sur son lit, le couvre, presse une dernière fois cette main froide, et tourne la tête le long du mur.

Puis il rentre dans le passage, remet le lit contre le mur, et passe dans l'autre chambre. Là, il prend une aiguille[87] et du fil,[88] cache ses vêtements sous le lit de Faria, se met dans le sac ouvert, 15 se remet dans la même situation où il a trouvé le cadavre, et referme le sac au moyen de l'aiguille et du fil qu'il a pris.

C'est le travail d'une heure.

29. Le Cimetière du Château d'If

Vers onze heures, des pas se font entendre[89] dans le corridor.

Edmond comprend que l'heure de partir est venue. 20

La porte s'ouvre et trois hommes entrent dans la chambre. Le premier porte une torche, les deux autres portent une civière.[90]

Ils mettent la civière par terre. Puis ils s'approchent du lit, prennent le sac par les deux bouts et le transportent du lit à la civière. 25

Le cortège,[91] précédé par l'homme à la torche, remonte l'escalier. Ils sortent dans l'air de la nuit.

Au bout de quelques pas, les porteurs[92] s'arrêtent et mettent la civière par terre.

Ils vont chercher quelque chose; puis ils reviennent avec un 30

---

[85]**récompenser** to reward. [86]**couteau** knife. [87]**aiguille** needle. [88]**fil** thread.
[89]**se font entendre** are heard. [90]**civière** litter, stretcher. [91]**cortège** procession. [92]**porteur** bearer, porter.

objet lourd, qu'ils placent sur la civière auprès d'Edmond et qu'ils attachent avec une corde à ses pieds.

—Eh bien! c'est fait? demande l'un des porteurs.

—Oui, dit l'autre, et bien fait!

5   —Allons-y![93]

Ils font cinquante pas,[94] puis s'arrêtent pour ouvrir une porte. Dantès peut entendre le bruit de la mer qui vient se briser[95] contre les murs du château.

Encore quatre ou cinq pas,[96] en montant toujours...

10   Dantès sent qu'on le prend par la tête et par les pieds et qu'on le balance.[97]

—Une! disent les porteurs.

—Deux!

—Trois!

15   En même temps, Dantès se sent jeté dans un espace énorme, tombant, tombant toujours... tiré en bas[98] par un objet lourd...

Puis, avec un bruit terrible, il entre dans une eau froide et s'enfonce.

On l'a jeté dans la mer, avec un boulet[99] lourd attaché à ses
20 pieds.

La mer est le cimetière du Château d'If.

EXERCISES

15

READING COMPREHENSION

Answer the following questions.

1. Comment Dantès explique-t-il la cruche cassée?
2. Que fait alors le porte-clefs?
3. Pourquoi est-il facile de détacher le plâtre?

---

[93]**Allons-y!** Let's go! [94]**Ils font cinquante pas** They take fifty steps. [95]**vient se briser** is breaking. [96]**encore quatre ou cinq pas** four or five more steps.
[97]**balancer** to swing. [98]**en bas** down below. [99]**boulet** cannon ball.

4. Combien de temps lui faut-il pour creuser un passage de vingt pieds?
5. La pierre se détache-t-elle facilement?

VOCABULARY STUDY

Vocabulary Usage

Write sentences of your own with each of the following words and phrases.

remplir
il faut + *infinitive*
mettre par terre
faire un ou deux pas

chercher à faire quelque chose
balancer (un objet ou une personne)
prendre par la tête (les pieds, la main)

STRUCTURES

A. The Use of the Preposition **en** + *gerund: Recapitulation*

Translate the following sentences, keeping in mind the three possible meanings of **en** + *gerund.*

EXAMPLES: La cruche s'est cassée **en tombant.**

The jug broke in (upon) falling.

Il a laissé tomber la cruche **en buvant.**

He dropped the jug while drinking.

Il peut s'échapper **en creusant** un passage.

He can escape by digging a passage.

1. En arrivant au Château d'If, l'inspecteur visite les cachots.
2. En descendant l'escalier, l'inspecteur et le gouverneur parlent des prisonniers.
3. L'abbé Faria veut sortir de prison en offrant six millions.
4. En jetant le pain par la fenêtre, il refuse de vivre.
5. En entendant le grattement, il croit que c'est un rat.
6. En écoutant parler Dantès, le porte-clefs n'a pas entendu le bruit.
7. Dantès réfléchit en mangeant.

B. *The* Passé Composé *of Reflexive Verbs*

> The auxiliary verb **être** is used to form the **passé composé** of
> reflexive verbs, and the past participle agrees in gender and in
> number with the preceding direct object (which in most cases is
> the reflexive pronoun).
>
> La cruche **se casse.** → La cruche s'est cass**ée.**
> Les cruches **se cassent.** → Les cruches **se** sont cass**ées.**

Rewrite the following sentences in the **passé composé.**

1. Le porte-clefs s'approche du mur.
2. Dantès s'arrête de creuser.
3. La porte se referme.
4. Les pierres se détachent.

16

READING COMPREHENSION

Answer the following questions.

1. À quelle partie de la casserole pense Dantès quand le porte-clefs l'apporte?
2. Que fait le porte-clefs tous les soirs en arrivant?
3. Que fait alors Dantès tous les soirs?
4. Où Dantès place-t-il l'assiette ce soir-là?
5. Pourquoi le porte-clefs casse-t-il l'assiette?
6. Pourquoi accepte-t-il de laisser la casserole à Dantès?
7. Que fait Dantès après avoir mangé la soupe?
8. Comment cache-t-il les fragments de plâtre?

VOCABULARY STUDY

Write sentences of your own with each of the following words and
phrases.

venir chercher	revenir chercher
faire un trou	porter
couvrir quelque chose de quelque chose	apporter

STRUCTURES

A. *The Use of* c'est ... que *for Emphasis*

> The construction **c'est ... que** is used to emphasize certain words.
>
> **C'**est en creusant un trou **qu'**on peut s'évader.
> *It is by digging a hole that one can escape.*

Rewrite the following sentences, using **c'est ... que** to emphasize the words in italics.

EXAMPLE: Le jeune homme pense *à ce manche.*

> *C'est à ce manche que le jeune homme pense.*

1. Il va casser *l'assiette* en entrant.
2. Il va casser l'assiette *en entrant.*
3. Dantès fait *le trou* avec un morceau de cruche.
4. Il emploie *le manche* comme levier.

B. *The Past Infinitive*

> The past infinitive is formed with **avoir** + *past participle.*
>
> **Après avoir mangé** du pain, il a bu de l'eau.
> *After eating some bread, he drank some water.*

Rewrite the following sentences according to the example.

EXAMPLE: Il a mangé. Il attend.

> *Après avoir mangé, il attend.*

1. Il a versé la soupe. Il enlève la casserole.
2. Il a mangé la soupe. Il verse l'eau dans son assiette.
3. Il a mis l'assiette par terre. Il attend.
4. Il a cassé l'assiette. Il laisse la casserole.
5. Il a déplacé le lit. Il recommence à travailler.

17

Reading Comprehension

Answer the following questions.

1. Pourquoi le porte-clefs n'apporte-t-il pas une nouvelle assiette le lendemain?
2. Que sent Dantès en entendant l'explication du porte-clefs?
3. Qu'est-ce qui l'inquiète au sujet de l'autre prisonnier?
4. Dantès s'arrête-t-il aussi de travailler?
5. Pourquoi cesse-t-il de travailler le lendemain matin?

Vocabulary Study

A. Vocabulary Usage

Write sentences of your own with each of the following words and phrases.

avoir confiance en quelqu'un
remercier quelqu'un de quelque chose
inquiéter
compter + *infinitive*
faire quelque chose de toutes ses forces

B. Vocabulary Review

Complete the following summary of *Sections 15–17,* using the words from the list and making all necessary changes.

la casserole	par terre	inquiéter
le morceau	se casser	rencontrer
le trou	boire	cesser
avoir confiance	enlever	

Dantès explique au porte-clefs qu'en _____ de l'eau, la cruche _____ en tombant _____. Avec les _____ de la cruche, puis avec le manche de _____ il peut _____ le plâtre autour de la grosse pierre. Elle fait _____ de deux pieds de diamètre. Mais une chose inquiète Dantès. L'autre ne travaille plus. Il est évident qu'il n'a pas _____ en lui. Dantès continue son travail. Au bout d'une heure, il _____ un obstacle et doit _____ son travail.

STRUCTURES

The Use of the Relative Pronoun **duquel**

> **Duquel** (*masc. sing.*), **desquels** (*masc. pl.*), **de laquelle** (*fem. sing.*), and **desquelles** (*fem. pl.*) are relative pronouns used in prepositional phrases with **de.**
>
> Dantès remercie Dieu de ce morceau de fer au moyen **duquel** il compte retrouver sa liberté.
>
> *Dantès thanks God for this piece of iron with the help of which he expects to find freedom again.*

Complete the following sentences with the appropriate relative pronoun.

1. C'est le manche au moyen _____ il peut enlever la pierre.
2. Ce sont les morceaux de plâtre au moyen _____ il a pu détacher la pierre.
3. Il enlève la pierre autour _____ il n'y a plus de plâtre.
4. C'est le passage au bout _____ il va retrouver sa liberté.

18

READING COMPREHENSION

Answer the following questions.

1. L'obstacle est-il du roc, du fer ou du bois?
2. Que dit alors Dantès?
3. Que dit alors la voix venant du dessous?
4. Que veut savoir la voix?
5. Où et quand l'empereur Napoléon a-t-il abdiqué?
6. Expliquez: «quatre ans de prison de plus que lui!»

VOCABULARY STUDY

Write sentences of your own with each of the following words and phrases.

l'empereur	le trône
conspirer	abdiquer
des pieds à la tête	faire quelque chose nuit et jour

STRUCTURES

A. *The Personal Pronoun* me *with Commands*

In commands, the personal pronoun **moi** is used in the affirmative and **me** in the negative. Compare the following sentences:

Laissez-**moi** mourir.
Ne **me** laissez pas mourir.

Rewrite the following commands in the negative.

1. Laissez-moi mourir.
2. Regardez-moi tomber.
3. Attendez-moi.
4. Enlevez-moi la vie.

Rewrite the following commands in the affirmative.

5. Ne m'écoutez pas.
6. Ne m'aidez pas.
7. Ne me répondez pas.
8. Ne me rendez pas la liberté.

B. *Shortened Speech*

When the context of a conversation is clear, questions and answers are often shortened.

—De quel pays êtes-vous? → **De quel pays?**
—Je suis Français. → **Français.**

Shorten the following questions and answers.

1. —Quelle est votre profession?
2. —Je suis inspecteur.
3. —Quelle est votre mission?
4. —J'ai mission d'inspecter les prisons.
5. —Quel est votre âge?
6. —J'ai cinquante ans.
7. —Vous êtes en prison depuis combien de temps?
8. —Je suis en prison depuis quatre ans.
9. —Vous êtes accusé de quels crimes?
10. —Je suis accusé d'avoir conspiré contre le roi.

C. *Oral Practice*

Ask one of your classmates shortened questions covering the following points. The classmate will then give shortened answers whenever possible.

1. le nom
2. l'âge
3. l'adresse
4. la nationalité
5. le temps passé à l'école
6. la couleur préférée
7. la musique préférée
8. le livre préféré
9. l'homme politique favori
10. l'occupation préférée

19

READING COMPREHENSION

Answer the following questions.

1. Que veut savoir l'autre prisonnier sur l'excavation que Dantès a faite?
2. Comment l'excavation est-elle cachée?
3. Sur quoi donne la chambre de Dantès?
4. Quelle erreur le prisonnier a-t-il faite?
5. Pourquoi veut-il creuser un trou dans le mur extérieur?
6. Que demande-t-il à Dantès de faire pour le moment?

VOCABULARY STUDY

A. *Vocabulary Usage*

Write sentences of your own with each of the following words, using one or more in each sentence.

la hauteur	de l'autre côté
faire un plan	à la hauteur d'un pied
le compas	(deux pieds, etc.)
prendre une chose	faire une erreur
pour une autre	communiquer
une fenêtre ou une porte	le mur intérieur
qui donne sur quelque	ou extérieur
chose	

STRUCTURES

B. *The Meaning of* savoir + *infinitive vs.* pouvoir + *infinitive*

> **Savoir** + *infinitive* describes a learned skill or ability, whereas **pouvoir** + *infinitive* describes a possible action.
>
> Je **sais nager.**
> *I can swim. (I know how to swim. I have mastered the skill of swimming.)*
>
> Je **peux nager.**
> *I can (or I may) swim.* (Nothing or nobody can stop me from swimming.)

Complete the following sentences with a form of **savoir** or **pouvoir**.

1. On ne _____ pas nager si l'eau n'est pas assez profonde.
2. Dantès ne sait pas si l'abbé malade _____ nager très loin.
3. Si on est dans la mer profonde, il faut _____ bien nager.
4. L'abbé _____ parler français. C'est un homme cultivé.
5. Il est probable qu'il _____ parler d'autres langues.
6. On _____ écrire sur un mur avec du plâtre.
7. Normalement, un enfant _____ écrire à l'âge de 5-6 ans.
8. Il faut _____ écrire si on veut aller loin.

20

READING COMPREHENSION

Answer the following questions.

1. Pourquoi Dantès demande-t-il à l'autre s'il n'a pas confiance en lui?
2. À quel âge Dantès est-il entré en prison?
3. Pourquoi l'autre prisonnier a-t-il confiance en lui?
4. Que peuvent faire Dantès et l'autre prisonnier s'ils ne peuvent pas s'échapper?
5. Quel rôle veut jouer Dantès auprès de l'autre prisonnier?

VOCABULARY STUDY

A. Vocabulary Usage

Write sentences of your own with the following words, using one or more in each sentence.

le père
le camarade
le traître
préférer faire quelque
   chose que de + *inf.*
rassurer quelqu'un
laisser seul
jeune ou vieux
avoir + *number* + ans

le fils
l'ami
aimer
assurer quelqu'un
avoir confiance en
   quelqu'un
abandonner
un jeune homme
à l'âge de + *number* + ans

B. The Meaning of encore

There is a shift in the meaning of **encore** depending on whether the verb is negative or affirmative.

Il vit **encore**.   *He still lives.*
On **n'**est **pas encore** un traître.   *You are not a traitor yet.*

Translate the following sentences.

1. Dantès est encore jeune.
2. À son âge, on n'est pas encore un traître.
3. L'abbé pense encore à s'échapper à son âge.
4. Il est encore actif.
5. Il ne s'est pas encore échappé.

STRUCTURES

A. The Passé Composé with être

With a limited number of verbs expressing motion, the auxiliary verb **être** is used to form the **passé composé**. Those verbs are:

aller	monter	passer	revenir
arriver	mourir	rentrer	sortir
descendre	naître	rester	tomber
devenir	partir	retourner	venir
entrer			

(continued)

Be careful to distinguish between **être** used as an auxiliary verb
and **être** combined with a past participle that functions as an
adjective.

Il **est entré.**   *He entered.*
Elle **est sortie.**   *She went out.*

but:

Il **est** fatigué.   *He is tired.*
Elle **est** cassée.   *It is broken.*

Translate the following sentences, discriminating between **être**
used as an auxiliary and **être** used with an adjective.

1. Dantès est entré en 1815.
2. Tout est perdu.
3. La cruche est tombée.
4. Le moment de s'échapper est arrivé.
5. Les prisonniers dangereux ne sont pas aimés.
6. Le porte-clefs est sorti.
7. Le trou est caché derrière le lit.
8. La porte est fermée à clef.

B. *The Formation of the* Passé Composé: *Recapitulation*

Rewrite the following sentences in the **passé composé,** using **être**
with reflexive verbs and verbs of motion, and **avoir** with the other
verbs. Irregular past participles are indicated.

EXAMPLE: Il entre au Château d'If.

Il est entré au Château d'If.

1. Qu'est-ce qui se passe?
2. Dantès est accusé d'un crime.   (été)
3. La captivité le rend presque fou.
4. Il se tourne vers Dieu.
5. Dieu ne répond pas.
6. Il met l'oreille contre le mur.   (mis)
7. Il laisse tomber sa cruche.
8. La cruche tombe.
9. En tombant, elle se casse.
10. Dantès entre en prison en 1815.

21

Reading Comprehension

Answer the following questions.

1. Comment Dantès regarde-t-il le porte-clefs?
2. Qu'est-ce qu'il ne veut pas trahir?
3. Quand arrive le signal?
4. Comment les deux hommes vont-ils profiter des douze heures de liberté?
5. Que se passe-t-il immédiatement?
6. Que fait Dantès en voyant son voisin?

Vocabulary Study

Write sentences of your own with each of the following words and phrases.

au-dessus *ou* au-dessous
tout entier

au fond de
prendre quelqu'un dans ses bras

Structures

The Negative Construction with Infinitives

Rewrite the following phrases in the negative according to the example.

EXAMPLE: pour trahir

pour **ne pas** *trahir*

1. pour recommencer
2. à remettre
3. de continuer
4. afin de parler
5. pour montrer son émotion
6. du pain à jeter

COMMUNICATIVE ACTIVITY

Prepare with another student one of the following conversations to be presented in class. You should be ready to quote lines from the text in support of the views expressed.

1. Le directeur de la prison veut savoir comment Dantès a pu creuser un tunnel entre les deux cachots. Le porte-clefs raconte l'histoire de la cruche cassée et de la casserole. Le directeur demande des détails plus précis.
2. Dantès et l'autre prisonnier entrent dans une longue conversation quand ils se voient pour la première fois. Imaginez les questions et les réponses.

22

READING COMPREHENSION

Answer the following questions.

1. Faites la description de l'abbé Faria.
2. Quel âge a-t-il?
3. Quelle était sa profession en 1807?
4. De quoi l'accuse-t-on?
5. Comment a-t-il passé tout son temps en prison?
6. Que faut-il faire disparaître à présent?
7. À quoi l'abbé invite-t-il Dantès?

VOCABULARY STUDY

Write sentences of your own with the following words, using one or more in each sentence.

les cheveux	la barbe
les yeux	un œil pénétrant
les lignes	la force physique
la vigueur	les facultés morales
la déception	sourire

STRUCTURES

A. The Use of à with Distinguishing Characteristics

Rewrite the following sentences using **à l', à la, au, aux.**

EXAMPLE: Cet homme a des cheveux blancs.
C'est un homme aux cheveux blancs (with white hair).

1. Cet homme a des oreilles très longues.
2. Cet homme a un œil pénétrant.
3. Cet homme a une barbe blanche.
4. Cet homme a des bras longs.
5. Cet homme a une voix faible.

B. The Use of the Subjunctive after **il faut que.**

The first and third person singular of the present subjunctive can be derived from the third person plural of the indicative of all regular and many irregular verbs by dropping the **-nt** from the **-ent** ending.

Ils réfléchisse**nt.** { Il faut que je **réfléchisse.**
{ Il faut qu'il **réfléchisse.**

Rewrite the following sentences according to the example.

EXAMPLE: Ils finissent.
Il faut que je finisse.
Il faut qu'il finisse.

1. Ils remplissent la casserole.
2. Ils viennent.
3. Ils répondent.
4. Ils lisent.
5. Ils boivent.

23

READING COMPREHENSION

Answer the following questions.

1. Où l'abbé veut-il creuser un passage?
2. Que se passera-t-il quand la sentinelle marchera sur la pierre?
3. Que feront-ils après?
4. Combien de temps leur faut-il pour la faire?

VOCABULARY STUDY

A. Vocabular Usage

Write sentences of your own with each of the following words and phrases.

le long de   au moyen de
être rempli de quelque chose   passer par

B. The Meaning of il faut

A. Translate the following sentences according to the example.

EXAMPLES: Il nous faut travailler.   (*verb obj.*)
             We must work.

             Il leur faut beaucoup de temps.   (*noun obj.*)
             They need a lot of time.

1. Il lui faut beaucoup de temps.
2. Il leur faut beaucoup travailler.
3. Il nous faut creuser.
4. Il vous faut des outils pour creuser.
5. Il me faut bien comprendre le plan.

B. Rewrite the following summary of *Sections 20–23*, using the words from the list and making all necessary changes.

se jeter	couper en morceaux	le traître
assurer	l'œil	nouveau
le long	contraire	creuser
lier	nager	revenir
méditer	l'agilité	le bras
trahir	s'enfoncer	l'outil

Dantès _____ qu'il n'est pas un _____ et qu'il préfère se faire _____ que de révéler ce que l'abbé lui a dit. L'abbé promet de _____. Le soir, Dantès regarde le porte-clefs d'un _____ étrange et ne lui parle pas pour ne pas _____ son émotion. Le lendemain, l'abbé continue son travail et la masse de terre _____. L'abbé sort du trou avec _____ et Dantès prend cet ami dans ses _____. L'abbé est accusé d'avoir des idées politiques _____ à celles de Napoléon Ier. Il a passé beaucoup de temps à _____ sur la vie, à fabriquer des _____, à _____ le passage. Une _____ vie commence pour les deux prisonniers. Leur plan est de _____ sur une sentinelle et de la _____, puis de descendre _____ du mur extérieur avec une corde et de s'échapper en _____.

STRUCTURES

The Use of c'est *to Emphasize the Subject*

Rewrite the following sentences using **c'est** according to the example.

EXAMPLE: Mon plan est de creuser un passage.

Mon plan, c'est de creuser un passage.

1. Mon idée est de creuser un passage.
2. Mon désir est de m'échapper.
3. Son espoir est de s'échapper.
4. Notre bonheur est de retrouver nos amis.

24

READING COMPREHENSION

Answer the following questions.

1. Comment les deux hommes savent-ils qu'ils sont arrivés sous la galerie?
2. Que se passe-t-il alors?
3. Qu'est-ce que Dantès fait boire à l'abbé?
4. Pourquoi l'abbé ne pourra-t-il pas s'échapper?
5. Que dit-il alors à Dantès?
6. Quelle est la décision de Dantès?
7. Pourquoi Dantès doit-il remplir le passage déjà creusé?

Vocabulary Study

Write sentences of your own with each of the following words and phrases.

avant de + *inf.*
il est impossible de + *inf.*
partir ou rester

quelque chose de + *adj.*
le lendemain matin
demain matin

Structures

Direct and Indirect Object Pronouns with **faire** + *Infinitive*

Rewrite the following sentences by replacing the words in italics with the appropriate pronoun.

EXAMPLES: If fait boire *l'abbé*. (*direct obj.*)
*Il **le** fait boire.*

Il fait boire une potion à *l'abbé*. (*indirect obj.*)
*Il **lui** fait boire une potion*

1. Le cri fait revenir *Dantès*.
2. Il fait remplir le passage à *Dantès*.
3. Il fait travailler *Dantès* toute la nuit.
4. Il fait faire ce travail à *Dantès*.
5. Il fait fermer le passage à *Dantès*.

25

Reading Comprehension

Answer the following questions.

1. Quel est le papier que l'abbé donne à Dantès?
2. Où est caché le trésor?
3. Où l'abbé a-t-il découvert le vieux manuscrit?
4. De quelle somme se compose le trésor?
5. Pourquoi Dantès veut-il refuser cette fortune?
6. Que répond alors l'abbé?

VOCABULARY STUDY

Write sentences of your own with each of the following words, using one or more in each sentence.

le testament	être à + *pronoun*
assis / debout	environ
gauche / droit	treize
celui-ci	la monnaie
avril	autrefois / aujourd'hui
par hasard	l'enfant / le père
découvrir	libre / prisonnier
la moitié	

STRUCTURES

A. *The Position of* rien *with* sans + *infinitive*

Rewrite the following sentences according to the example.

EXAMPLE: Il le regarde. Il ne dit rien.

   Il le regarde sans rien dire (without saying anything).

1. Il passe la nuit. Il ne fait rien.
2. Il passe la nuit. Il n'écrit rien.
3. Il passe la nuit. Il n'attend rien.
4. Il passe la nuit. Il n'entend rien.

B. *The Position of* jamais *with* si

Jamais follows **si** immediately.

Si jamais nous quittons l'île, nous serons riches.
If we (should) ever leave the island, we'll be rich.

Rewrite the following sentences according to the example.

EXAMPLE: Nous nous échappons. La moitié du trésor est à vous.

   Si jamais nous nous échappons, la moitié du trésor est à vous.

1. Ils sortent de prison. Le trésor est à eux.
2. L'abbé meurt en prison. Il lui laisse toute la fortune.

3. Dantès arrive dans l'île. Le trésor est à lui.
4. Dantès trouve le trésor. Il est à lui.

26

READING COMPREHENSION

Answer the following questions.

1. Où se trouve l'île de Monte-Cristo?
2. Pourquoi l'abbé Faria appelle-t-il Dantès d'une voix plaintive?
3. Que doit faire Dantès pendant la troisième attaque?
4. Que lui dit l'abbé Faria avant de mourir?

VOCABULARY STUDY

Write sentences of your own with the following words, using one or more in each sentence.

enlever
crier
prendre la place de quelqu'un
ne ... pas encore
encore une fois
sauver la vie de quelqu'un
il reste
la goutte

revenir à + *stress pronoun*
le bonheur
profiter de
souffrir
secouer
s'écrier
retomber

STRUCTURES

The Formation of the Future Tense

The verbs contained in the following sentences are in the future. Make a list of the infinitives from which the futures are formed. In the case of irregular forms, try to identify the infinitive from the context.

1. Il passera quelques heures sur l'île.
2. Ils rempliront le passage.
3. Il disparaîtra.
4. Dantès prendra le trésor.
5. Ils n'attendront pas longtemps.

6. L'abbé mourra de l'attaque.
7. Il sera bientôt mort.
8. Dantès le verra mourir.
9. Un autre prisonnier viendra à sa place.
10. Dantès ira à l'île de Monte Cristo.
11. Il fera tout ce qu'on lui a dit.
12. Il ne reviendra plus à la prison.
13. Il aura une fortune immense.
14. Il pourra faire ce qu'il voudra.

27

READING COMPREHENSION

Answer the following questions.

1. Comment Dantès sait-il que Faria est mort?
2. Que fait-il alors?
3. Que fait le porte-clefs en arrivant dans le cachot de Faria?
4. Quelles sont les remarques ironiques que font les hommes?
5. Quand viendront-ils chercher le cadavre?

VOCABULARY STUDY

Write sentences of your own with each of the following words, using one or more in each sentence.

ouvert	voir	le choc
la mort	bien mort	lourd
saisir	le cimetière	onze
être bien temps	le sac	pourquoi faire?

STRUCTURES

The Use of the Future Tense after **quand**

When referring to a future event or situation, the future tense or near future is used in the main clause and after **quand.**

Que se passera-t-il (*future tense*) or va-t-il se passer (*near future*) **quand** le porte-clefs verra (*future tense*) l'abbé mort?
What will happen or is going to happen **when** *the jailer sees the dead priest?*

Rewrite the following sentences in the future or in the present, depending on whether the event or situation is future or present.

1. Quand l'abbé _____ (parler) de son trésor, Dantès écoute avec attention.
2. Quand l'abbé ne _____ (parler) plus, Dantés aura peur.
3. Quand le porte-clefs arrivera dans le cachot, il _____ (crier) à l'aide.
4. Quand les hommes _____ (venir) chercher le cadavre, Dantès entendra le bruit de leurs pas.
5. Quand un prisonnier est mort au Château d'If, on lui _____ (faire) les honneurs du sac.
6. Quand Dantès trouvera le trésor de Monte-Cristo, il _____ (pouvoir) commencer une nouvelle vie.
7. Il pensera à son vieil ami quand il _____ (se venger) des traîtres.
8. Quand Dantès sera vengé, l'abbé Faria _____ (être) vengé aussi.

28–29

READING COMPREHENSION

Answer the following questions.

1. Expliquez: les honneurs du sac.
2. Quel est le plan de Dantès pour sortir de prison vivant?
3. Que fait-il du cadavre?
4. Comment referme-t-il le sac?
5. Que portent les hommes qui arrivent à onze heures?
6. Que font-ils avec le sac?
7. Qu'est-ce qu'ils attachent aux pieds de Dantès?
8. Que peut entendre Dantès quand la porte s'ouvre?
9. Comment les hommes le jettent-ils dans la mer?
10. Expliquez: «La mer est le cimetière du Château d'If.»

VOCABULARY STUDY

A. Vocabulary Usage

Write sentences of your own with each of the following words or phrases.

sentir
se sentir

prendre quelqu'un ou quelque chose par le bout /
   la tête / la main / les pieds
encore + *expression of quantity*

B. The Meaning of venir + infinitive and venir de + infinitive

Translate the following sentences.

EXAMPLE: Il vient manger. *He comes to eat.*
      Il vient de manger. *He has just eaten.*

   1. Les rats viennent manger sur la table.
   2. Les rats viennent de manger sur la table.
   3. Les autres hommes viennent aider le porte-clefs.
   4. Les autres hommes viennent d'aider le porte-clefs.

1–29

COMMUNICATIVE ACTIVITY

Prepare one of the topics listed below to be discussed in class.
You should be ready to quote lines from the text in support
of the views expressed.

   1. La transformation psychologique de Dantès. Comment
      est-il et que fait-il, seul et sans espoir? Comment est-il et
      que fait-il en présence d'un autre prisonnier avec qui il
      peut parler et faire des projets d'évasion?
   2. *Dantès* est un épisode tiré du célèbre roman d'Alexandre
      Dumas, *Le Comte de Monte-Cristo*. Indiquez les raisons
      pour lesquelles vous aimez—ou n'aimez pas—cet épi-
      sode en étudiant les principaux éléments du roman
      d'aventures, comme l'action rapide, la variété et le carac-
      tère dramatique des situations, l'énergie physique et spiri-
      tuelle des acteurs principaux, les thèmes universels de la
      condition humaine, le vocabulaire simple et direct.

REVIEW EXERCISE

Review the vocabulary and the grammar points covered in *Part I*. Then rewrite each sentence with the correct form of the words in parentheses.

L'inspecteur demande au gouverneur s'il n'a pas ____ (*article* + **autre**) prisonniers. Le gouverneur ____ (*pronoun replacing* **à l'inspecteur**) répond qu'il y a des prisonniers dangereux comme Dantès. Ils descendent ____ (*pronoun replacing* **Dantès**) voir dans son cachot. Ils ____ (*pronoun replacing* **dans son cachot**) trouvent Dantès qui ____ (**être**) en prison ____ (*preposition*) 1815. Il est humble, il ____ (**ne ... plus être**) furieux. Après ____ (*past infinitive of* **visiter**) ce cachot, les deux hommes vont dans celui d'un autre prisonnier. L'abbé Faria croit ____ qu'il est millionnaire (*replace* **croire que** *with* **se croire**). Il demande à l'inspecteur de ____ (*pronoun replacing* **à l'inspecteur**) parler en secret. L'inspecteur refuse. «Vous me refusez la liberté. Dieu me ____ (*pronoun replacing* **la liberté**) donnera. Je ____ (*insert personal pronoun*) maudis.» Les mois passent. On change ____ (*preposition*) gouverneur, on change (*preposition*) ____ porte-clefs. Dantès demande l'air, la lumière, ____ (*article*) livres, ____ (*article*) instruments mais rien ne ____ est accordé (*insert pronoun replacing* **à Dantès**). Il décide de se suicider en ____ (*present participle of* **se laisser**) mourir ____ (*preposition*) faim. Mais un jour, au moment où il ____ (*use immediate future construction with* **mourir**), il entend un bruit. C'est peut-être un ouvrier. Il faut que Dantès ____ (**réfléchir**): si c'est un ouvrier, il ____ (**n'avoir qu'à**) frapper. Il frappe trois ____ (*noun*), puis écoute, mais le bruit ____ (*use immediate past construction with* **s'arrêter**). Edmond boit de l'eau ____ (*replace* **de l'** *with* **un peu d'**) et ____ (*insert* **toujours / écouter**). Finalement, il entend quelqu'un. Alors lui aussi commence à travailler. Il est nécessaire ____ (*preposition*) avoir des instruments. Il ____ ____ (*verb*) sa cruche par terre. Il ____ (*future tense of* **dire**) au porte-clefs qu'elle ____ (**passé composé** *of* **se casser**) en ____ (*present participles of* **tomber**).

PART TWO

Part II presents *Les Chandeliers de l'évêque,* taken from the immortal masterpiece *Les Misérables* by Victor Hugo (1802–1885). This central episode in the novel shows how a decent man can become a petty thief because of adverse circumstances and how imprisonment changes a human being into an animal. The main protagonist, Jean Valjean, is mercilessly sentenced to the galleys for stealing a single loaf of bread. Finally set free after many years, he seems doomed to fail in a hostile society when he meets a saintly man who saves his soul. Jean Valjean becomes a wealthy industrialist who redeems himself through renewed acts of generosity.

Although Victor Hugo's rich language has been simplified, the poignancy of the narrative and scenes has been preserved. New words and expressions appear as footnotes at the bottom of the page where they first occur.

STUDY GUIDE

The following suggestions will help you in your reading of *Les Chandeliers de l'évêque* and in preparing for class activities:

1. Glance over the vocabulary exercises before reading the story.
2. Be sure to review the imperfect tense, the **passé composé** tense, the pluperfect tense, the conditional mood, the use of the present participle, relative pronouns, and indirect discourse constructions. There are exercises reinforcing these grammar points at the end of each set of chapters.
3. Try to guess the general meaning of each sentence before

81

you verify your understanding by means of the footnotes and end vocabulary. Reread the story aloud with the aid of the footnotes when necessary.

4. Try to recall the main ideas in the story and list them in order of importance. Then try to recall the expressions you learned in this unit to be sure you know how they are used. Rewrite your ideas in a cohesive paragraph.

5. Be prepared in advance for the *Communicative Activity*. Write down your thoughts on the topics chosen for discussion and practice saying them aloud several times in order to improve your oral proficiency.

Les Chandeliers de l'évêque

VICTOR HUGO

1. La Faim

Un dimanche soir, en décembre 1795, un jeune homme de vingt-cinq ans était assis devant une table dans une petite maison du village de Faverolles en Brie.[1]

C'était Jean Valjean. Quand il était tout petit enfant, il avait
5 perdu son père et sa mère. De sa famille, il ne restait que lui et sa sœur, et les sept enfants de sa sœur, qui avait perdu son mari. Le premier de ses enfants avait huit ans, le dernier un an. Jean Valjean avait pris la place du père et par un travail dur[2] et mal payé, il gagnait sa vie pauvrement, mais honnêtement.[3]

10 Il faisait ce qu'il pouvait. Certains jours, il gagnait dix-huit sous;[4] d'autres, il ne gagnait rien. La famille passait de nombreux jours sans pain ni viande. Sa sœur travaillait aussi, mais que faire[5] avec sept petits enfants?

En ce mois de décembre, 1795, il faisait très froid.[6] Jean
15 n'avait pas de travail. La famille n'avait pas de pain. Pas de pain! et sept petits enfants!

Assis seul devant la table vide, il pensait à la situation, cherchant une solution. Dans la chambre voisine, il pouvait entendre pleurer de faim les sept petits enfants. Comme la vie était dure
20 et triste!

À dix heures du soir, un boulanger[7] de la place[8] de l'Église[9] a entendu un grand bruit dans sa boulangerie. Il est vite descendu et il est arrivé à temps pour voir un bras passé par un trou dans la fenêtre. Le bras a saisi un pain et l'a emporté.[10] Le boulanger
25 est vite sorti et a vu le voleur[11] qui courait sur la place. Le boulanger a couru après lui et l'a arrêté. C'était Jean Valjean.

2. Au Tribunal[12]

On a conduit[13] Jean Valjean devant le tribunal. La grande salle[14] du tribunal était pleine; tous les gens du village qui connaissaient Jean Valjean, s'y trouvaient.

---

[1]**Brie** province to the south of Paris. [2]**dur** hard. [3]**honnêtement** honestly, respectably. [4]**dix-huit sous** (a sou is worth five centimes), i.e., very little money. [5]**que faire... ?** what can be done? [6]**il faisait très froid** the weather was bitterly cold. [7]**boulanger** baker. [8]**place** square. [9]**Église** Church.
[10]**emporter** to carry off. [11]**voleur** thief. [12]**tribunal** court. [13]**conduire** to lead, bring. [14]**salle** hall, room.

Jean Valjean écoutait la voix du juge:

«Jean Valjean, vous êtes accusé d'avoir volé[15] un pain au boulanger. Vous n'avez pas pu prouver que vous êtes innocent, vous êtes donc coupable.[16] Aux yeux de la justice, vous êtes un voleur. Vous avez quelque chose à déclarer?»   5

Jean Valjean a compris qu'il devait se défendre, mais les mots ne pouvaient pas sortir d'entre ses lèvres. Enfin, il a répondu au juge:

«Je n'avais pas l'intention de voler. Je ne suis pas un voleur. Je suis honnête, comme tout le monde pourrait vous le dire. Vous   10 ne savez pas ce que c'est que[17] d'avoir faim! Vous ne savez pas ce que c'est que d'être sans travail, sans argent, sans pain! J'ai cherché dans tous les villages voisins; j'ai fait des kilomètres[18] pour trouver du travail, mais rien! Pas de travail, pas de pain. Je ne voulais pas faire quelque chose de malhonnête.[19] Tout le monde   15 le sait, je n'avais pas l'intention de voler; j'avais seulement faim, et les petits avaient faim. Vous comprenez, faim, faim!»

«Il n'y a rien à faire,» dit le juge du tribunal. «Il faut que la justice se fasse. Vous êtes condamné à cinq ans de galères.»[20]

«Vous ne pouvez pas m'envoyer aux galères pour avoir volé   20 un pain!» s'est écrié Jean Valjean. Il ne pouvait pas croire ce qu'il avait entendu. Cinq ans de galères pour un pain!

Mais les gendarmes[21] l'ont saisi et l'ont emmené. Sa voix s'est perdue dans le bruit de la salle.

3. Numéro 24601

Comme pour tous les autres prisonniers condamnés aux galères,   25 à Toulon,[22] on ne l'a plus appelé par son nom. Il n'était plus Jean Valjean; il était le numéro 24601.

Vers la fin de la quatrième année, ses camarades l'ont aidé à s'évader.[23] Pendant deux jours il a été en liberté, dans les champs, si c'est être libre que d'avoir peur de tout, d'un homme qui passe   30

---

[15]**voler quelque chose à quelqu'un** to steal something from someone.
[16]**coupable** guilty.   [17]**que:** here, disregard.   [18]**kilomètre** kilometer (= approximately 5/8 mile); **faire des kilomètres** to travel, walk miles.
[19]**malhonnête** dishonest.   [20]**galères** *fpl.* galleys, prison (with hard labor).
[21]**gendarme** gendarme (state police officer).   [22]**Toulon** seaport on the Mediterranean coast.   [23]**s'évader** to escape.

sur la route, d'un cheval qui court le long du chemin, d'une bête
qui sort de son trou, d'un chien, des enfants, du jour parce qu'on
voit, de la nuit parce qu'on ne voit pas. Le soir du deuxième jour,
les gendarmes l'ont repris. Il n'avait ni mangé ni dormi depuis
5 trente-six heures.

Le tribunal l'a condamné à trois ans de prison en plus des
cinq premiers.

La sixième année, il a essayé de s'évader une deuxième fois.
Il s'est caché la nuit dans un vieux bateau, au bord de l'eau. Mais
10 il a été repris. Et il a été condamné à cinq ans de prison de plus,
dont deux ans de double chaîne.[24] Treize ans, en tout.

La dixième année, il a essayé pour la troisième fois de s'évader. Il n'a pas mieux réussi.[25] Trois ans de plus. Ça fait seize ans
de prison.

15 Enfin, pendant la treizième année, il a essayé une dernière
fois et n'a réussi qu'à se faire reprendre après quatre heures de
liberté. Trois ans pour ces quatre heures. Dix-neuf ans...

Dix-neuf ans, c'est long! L'homme qui était entré en prison
en 1796 pour avoir volé un pain, et qui pleurait à la pensée des
20 sept petits enfants qui souffraient de la faim et du froid. En 1815,
cet homme-là n'était plus. C'est cette année-là, 1815, que le numéro 24601 est sorti de prison.

Jean Valjean ne pleurait plus, il ne montrait plus ses émotions, il parlait peu, ne riait jamais. Pour lui, la vie était devenue
25 sombre, dure, sans espoir. Depuis longtemps, il était sans nouvelles[26] de sa famille; il n'allait plus revoir personne. Il était seul,
tout seul, contre la société cruelle.

4. Liberté

En octobre 1815, la porte de la prison s'est ouverte. Jean Valjean
était libre. Libre! Mais il entendait toujours ce qu'on lui avait dit
30 en sortant:

«Il faudra aller te présenter à Pontarlier.[27] Tu connais les

---

[24]**dont deux ans en double chaîne** two (years) of those in double chains.
[25]**réussir** to succeed. [26]**était sans nouvelles** had not heard. [27]**Pontarlier** a small
town in Eastern France where Jean Valjean hoped to find work.

règlements.[28] Tu te présenteras au bureau de police, deux fois
par semaine, pendant la première année; tous les mois pendant
la deuxième année; tous les trois mois pendant la troisième année,
et le premier de l'an, tous les ans, pendant les dix années qui
suivront. Si tu oublies de suivre les règlements une seule fois, tu   5
risques de te faire arrêter. Voici ton passeport et ton argent. Passe
ton chemin!»[29]

    «J'ai un passeport jaune?»

    «Oui, il est jaune! Tu as essayé de t'évader plusieurs fois. On
ne donne pas de passeport blanc à des gens comme toi!»   10

    Jean Valjean s'en est allé sur la route de Digne.[30]

    En traversant les petits villages sur son chemin, il essayait de
trouver du travail. Il était très fort et pouvait faire le travail de
quatre hommes, sans se fatiguer. Mais il n'y avait pas de travail
pour un homme à passeport jaune, un galérien![31]   15

    Un soir, il est arrivé dans la petite ville de Digne, dans les
Alpes.

    Il y avait peu de gens dans les rues. Ceux qui regardaient cet
homme misérable, sombre et fatigué, avec un sac sur le dos et un
bâton fort à la main, passaient leur chemin sans lui parler.   20

    Jean Valjean est entré dans la mairie,[32] puis est sorti peu
après. Un gendarme, assis près de la porte, l'a regardé, l'a suivi
quelque temps des yeux, puis est rentré dans la mairie.

    Jean Valjean avait faim. Il est entré dans la meilleure au-
berge[33] et a demandé un lit pour la nuit et quelque chose à man-   25
ger. Mais pendant qu'il attendait, l'aubergiste[34] avait envoyé un
enfant au bureau de police pour savoir qui était cet homme qui
se présentait à l'auberge.

    «Monsieur,» dit l'aubergiste, «nous n'avons pas de chambre.»

    «Mais je peux dormir avec les chevaux.»   30

    «Il n'y a pas de place.»

    «Alors, donnez-moi quelque chose à manger. J'ai de l'argent.»

    «Je ne puis pas vous donner à manger.»

    Jean Valjean se leva.

---

[28]**règlements** regulations. [29]**Passe ton chemin!** Go (be on) your way!
[30]**Digne** city of southeastern France, north of Toulon, where Valjean had been
imprisoned. [31]**galérien** convict. [32]**mairie** townhall (where the police station
was located). [33]**auberge** inn. [34]**aubergiste** innkeeper.

«Je meurs de faim. Je marche depuis ce matin. J'ai fait seize kilomètres. Je paye. Je veux manger.»

«Je n'ai rien,» dit l'aubergiste.

«Je suis à l'auberge; j'ai faim et je reste.»

5 L'aubergiste l'a regardé un moment; puis, il lui a dit:

«Allez-vous-en.³⁵ Voulez-vous que je vous dise votre nom? Vous vous appelez Jean Valjean. Maintenant, voulez-vous que je vous dise qui vous êtes? Vous êtes un galérien. Allez-vous-en!»

Jean Valjean a baissé³⁶ la tête, a repris son sac et son bâton,
10 et s'en est allé.

5. Va-t'en!

Il faisait froid.

Dans les Alpes, on ne peut pas passer la nuit dans la rue. Alors Jean Valjean est entré dans une autre auberge, a pris une place devant le feu, et a demandé quelque chose à manger. L'au-
15 bergiste a mis une main sur l'épaule de l'étranger, et lui a dit:

«Tu vas t'en aller d'ici.»

«Ah! vous savez?... »

«Oui.»

«Où voulez-vous que j'aille?»

20 «N'importe où;³⁷ mais pas ici!»

Jean Valjean a pris son bâton, a mis son sac sur le dos et s'en est allé.

Il est passé devant la prison. Il a frappé à la porte. La porte s'est ouverte.

25 «Monsieur, voudriez-vous m'ouvrir et me donner une place pour cette nuit?»

«Une prison n'est pas une auberge. Faites-vous arrêter,³⁸ on vous ouvrira.»

La porte s'est refermée.

30 En passant devant une petite maison, Jean Valjean a vu une lumière. Il a regardé par la fenêtre. C'était une famille de pay-sans.³⁹ Au milieu de la chambre, il y avait une table, sur laquelle

---

³⁵**s'en aller** to go away. ³⁶**baisser** to lower. ³⁷**n'importe où** anywhere.
³⁸**Faites-vous arrêter** Get yourself arrested. ³⁹**paysan** peasant, farmer.

se trouvaient du pain et du vin. Il a frappé à la fenêtre un petit coup, très faible... Il a frappé un second coup... un troisième coup.

Le paysan s'est levé pour aller ouvrir la porte.

«Pardon, monsieur» dit l'étranger. «En payant, pourriez-vous 5
me donner une place pour dormir? Dites, pourriez-vous? en payant?»

«Pourquoi n'allez-vous pas à l'auberge?»

«Il n'y pas de place chez Labarre.»

«Et à l'autre auberge?»   10

«Non plus.»

Le paysan a regardé le nouveau venu[40] de la tête aux pieds, puis il s'est écrié.

«Est-ce que vous seriez l'homme?... Va-t'en! Va-t'en!»

Puis il a refermé la porte.   15

Au bord de la rue, dans un jardin, Jean Valjean a vu une sorte de petite hutte. Il souffrait du froid et de la fatigue. Alors, il s'est glissé[41] dans la hutte.

Il y faisait chaud. L'homme y est resté un moment sans pouvoir faire un mouvement. Puis il a essayé de mettre son sac à 20
terre. En ce moment, un bruit lui a fait lever les yeux. Il a vu la tête d'un chien énorme derrière lui. Jean Valjean s'est armé de son bâton, a mis son sac entre lui et le chien et est sorti de la hutte comme il a pu.

Une fois dans la rue, il a marché vers la place de la ville, et 25
s'est couché sur un banc[42] de pierre[43] devant l'église, en se disant:

«Je ne suis pas même un chien!»

6. Un Juste[44]

Une vieille femme sortait de l'église en ce moment.

«Que faites-vous là, mon ami?» lui a-t-elle dit.

«Vous le voyez, bonne femme, je me couche,» a-t-il répondu, 30
durement.

«Sur ce banc?»

«Oui, sur ce banc; un lit de pierre, ça n'a pas d'importance!»

---

[40]**nouveau venu** newcomer. [41]**se glisser** to slip, slide. [42]**banc** bench. [43]**pierre** stone. [44]**juste** just or upright person.

«Mais vous ne pouvez pas passer ainsi la nuit.»

«J'ai frappé à toutes les portes... on m'a chassé.»

La bonne femme lui a montré une petite maison, tout près de l'église.

5   «Vous avez frappé à toutes les portes?» lui a-t-elle dit.

«Oui.»

«Avez-vous frappé à celle-là?»

«Non.»

«Frappez-y.»

10   Jean a regardé la maison, s'est levé et s'est approché lentement de la porte.

C'était la maison de Mgr[45] Bienvenu, évêque[46] de Digne, un vieil homme de soixante-dix ans, qui y vivait seul avec sa sœur, Mlle Baptistine, et une vieille servante, appelée madame Ma-15 gloire.

Entendant quelqu'un frapper à sa porte, le bon évêque a crié: «Entrez.»

La porte s'est ouverte. Un homme est entré, un sac au dos, un bâton à la main. Son air sombre et sauvage a fait peur à la 20 petite servante, qui n'a même pas eu la force de jeter un cri.[47] Mlle Baptistine a regardé son frère, restant calme.

L'évêque a regardé l'homme d'un œil tranquille.

«Entrez,» a-t-il dit. «Que voulez-vous ici?»

«On m'a dit de venir ici. Êtes-vous aubergiste? J'ai de l'argent. 25 Puis-je rester pour la nuit?»

Au lieu de répondre à cette question, l'évêque a dit à madame Magloire:

«Mettez un couvert[48] de plus à la table.»

Puis, il a dit à l'étranger:

30   «Vous avez faim? Entrez donc!»

Jean l'a regardé un moment. Il ne pouvait pas comprendre cet homme-là. Pourquoi ne lui avait-il pas dit: «Va-t'en!»? Il s'est approché de l'évêque et l'a regardé dans les yeux; puis, il lui a dit, lentement, lentement:

35   «Attendez! Il faut que je vous dise... Je m'appelle Jean Valjean. Je suis un galérien. J'ai passé dix-neuf ans en prison. Je suis

---

[45]**Mgr** (*abbreviation for* **monseigneur**) his (your) Grace (= title of church dignitary. [46]**évêque** bishop. [47]**jeter un cri** to utter a cry. [48]**couvert** place setting.

libre depuis quatre jours[49] et en route pour Pontarlier. Ce soir,
en arrivant dans cette ville, j'ai été dans une auberge, on m'a dit
de m'en aller à cause de mon passeport jaune. J'ai été à une autre
auberge. On m'a dit: Va-t'en! Personne n'a voulu de moi. J'ai été
dans la hutte d'un chien. Ce chien m'a chassé comme s'il avait été   5
un homme. Alors je me suis couché sur un banc de pierre, sur la
place. Mais une bonne femme m'a montré votre maison et m'a
dit: Frappe là... J'ai frappé. Qu'est-ce que c'est ici? est-ce une
auberge? J'ai de l'argent; cent neuf francs quinze sous que j'ai
gagnés aux galères par mon travail en dix-neuf ans. Je payerai.   10
Voulez-vous que je reste?»

«Madame Magloire, vous mettrez un couvert de plus,» a dit
l'évêque.

L'homme s'est approché de plus près:

«Avez-vous bien compris? Je suis un galérien! un galérien! Je   15
viens des galères.»

Il a tiré[50] de sa poche son passeport et l'a montré à Mgr
Bienvenu.

«Voilà mon passeport,» lui a-t-il dit. «Jaune, comme vous le
voyez. Tenez, voilà ce qu'on a mis sur le passeport: Jean Valjean,   20
galérien libéré[51]... est resté dix-neuf an prison. Cinq ans pour
vol.[52] Quatorze ans pour avoir essayé de s'évader quatre fois. Cet
homme est très dangereux.»

«Madame Magloire,» dit l'évêque, «vous mettrez des draps[53]
blancs au lit dans la chambre voisine.»   25

L'évêque s'est tourné vers l'homme:

«Monsieur,» lui a-t-il dit, «vous êtes le bienvenu. Asseyez-vous
devant le feu. Nous allons souper[54] dans un moment, et l'on fera
votre lit pendant que vous souperez.»

Enfin, Jean Valjean a compris. On ne le chassait pas. Il s'est   30
mis à parler, en cherchant ses mots:

«Vrai? Quoi? vous me gardez? Vous ne me chassez pas? Vous
m'appelez «monsieur», moi, un galérien! Je vais souper! J'ai un
lit! Je payerai tout ce que vous voudrez. Pardon, monsieur l'aubergiste, comment vous appelez-vous? Vous êtes aubergiste, n'est-ce   35
pas?»

---

[49]**je suis libre depuis quatre jours** I have been free for four days.   [50]**tirer** to
draw, pull.   [51]**libéré** freed, released.   [52]**vol** theft.   [53]**drap** sheet.   [54]**souper** to
have supper.

«Je suis,» a dit l'évêque, «un prêtre[55] qui demeure[56] ici.»

«Un prêtre!» a répondu l'homme. «Oh! un brave homme de prêtre![57] C'est bien bon un bon prêtre. Alors vous n'avez pas besoin que je paye?»

5 «Non,» a dit l'évêque, «gardez votre argent.»

7. Les Chandeliers[58] d'argent

Madame Magloire est rentrée. Elle apportait un couvert qu'elle a mis sur la table.

«Madame Magloire,» a dit l'évêque, «mettez ce couvert un peu plus près du feu. Il fait froid dans les Alpes, et monsieur doit 10 avoir froid.»

Chaque fois qu'il disait ce mot *monsieur,* avec sa voix sérieuse et bonne, Jean Valjean sentait quelque chose remuer[59] dans son cœur.

«Voici,» a continué l'évêque, «une lampe qui ne donne pas 15 beaucoup de lumière.»

Madame Magloire a compris et elle est allée chercher dans la chambre à coucher de monseigneur les deux chandeliers d'argent qu'elle a mis sur la table tout allumés.[60]

«Monsieur,» a dit Jean, «vous êtes bon, vous me respectez. 20 Vous me recevez chez vous et vous allumez vos beaux chandeliers d'argent pour moi. Ne vous ai-je pas dit d'où je viens, et que je suis un homme dangereux?»

L'évêque a mis sa main doucement sur celle de Jean Valjean, et a dit:

25 «Vous n'aviez pas besoin de me dire votre nom. Je vous connais. Cette porte ne demande pas à un homme qui y entre, s'il a un nom, mais s'il a une douleur. Vous avez faim et soif, vous souffrez, ainsi vous êtes le bienvenu. Et il ne faut pas me remercier, parce que vous êtes chez vous. Tout ce qui est ici est à vous. 30 Alors je n'ai pas besoin de vous demander ce que je savais déjà.»

«Vous me connaissez, donc?»

«Oui, vous êtes mon frère. Vous comprenez? mon frère. Et vous avez beaucoup souffert, n'est-ce pas?»

---

[55]**prêtre** priest. [56]**demeurer** to live, dwell. [57]**un brave homme de prêtre** a really decent priest. [58]**chandelier** candlestick. [59]**remuer** to stir. [60]**allumé** lighted.

«Oh! la blouse rouge, les chaînes aux pieds, une planche[61] pour dormir, le chaud, le froid, le travail, les gardiens, les coups de bâton, la double chaîne pour rien, même malade au lit, la chaîne. Les chiens sont plus heureux! Dix-neuf ans! j'en ai quarante-six. Et maintenant le passeport jaune. Voilà!» 5

«Oui, vous sortez d'un lieu de tristesse.[62] Écoutez. Il y aura plus de joie au ciel pour un homme qui a fait le mal et qui le regrette que pour la robe blanche de cent justes. Si vous sortez de ce lieu douloureux avec des pensées de colère[63] contre les hommes, vous êtes digne[64] de pitié; si vous en sortez avec des 10 pensées de bonté et de douceur,[65] vous valez mieux[66] que n'importe lequel d'entre nous.[67] Si c'est comme ça que vous sortez, alors, il y a de l'espoir pour vous en ce monde, et après.»

Madame Magloire avait servi le souper. On s'est mis à table.[68] Comme il faisait toujours quand quelque étranger soupait chez 15 lui, l'évêque a fait asseoir Jean Valjean à sa droite, entre sa sœur et lui.

Jean n'a pas levé la tête. Il a mangé comme une bête sauvage qui souffre de la faim.

Après le souper, Mgr Bienvenu a pris sur la table un des deux 20 chandeliers d'argent, a donné l'autre à Jean Valjean, et lui a dit:

«Monsieur, je vais vous conduire à votre chambre.»

8. On pense à tout

Pour passer dans la chambre où Jean Valjean allait coucher, il fallait traverser la chambre à coucher de l'évêque.

Au moment où ils la traversaient, madame Magloire mettait 25 l'argenterie[69] dans un placard[70] dans le mur, près du lit de l'évêque. C'était la dernière chose qu'elle faisait chaque soir avant d'aller se coucher. Elle sentait les yeux de l'étranger qui suivaient tous ses mouvements, et, ayant peur de lui, elle a fermé le placard

---

[61]**planche** board.   [62]**tristesse** sadness.   [63]**colère** anger.   [64]**digne** worthy.   [65]**des pensées de bonté et de douceur** good and gentle thoughts.   [66]**valez mieux** (*pres. ind.* **valoir**) are worth more.   [67]**n'importe lequel d'entre nous** any one of us, no matter which.   [68]**se mettre à table** to sit down to table.   [69]**argenterie** silverware.   [70]**placard** cupboard.

à clef et elle est vite sortie de la chambre. Mais, dans son émotion elle a oublié de prendre la clef avec elle.

Entrant dans la petite chambre voisine, l'évêque a fait signe à Jean Valjean de le suivre.

5 «Voilà votre lit, monsieur,» a-t-il dit. «Faites une bonne nuit. Demain matin, avant de partir, vous boirez une tasse de lait[71] chaud.»

Jean Valjean l'a remercié. Puis, tout à coup,[72] il a eu un étrange mouvement du cœur. Il s'est tourné vers le vieillard,[73] a
10 levé son bâton, et, regardant l'évêque avec des yeux de bête sauvage, il s'est écrié:

«Comment! Vous me donnez un lit chez vous, près de vous comme cela! Avez-vous bien pensé à tout? Qui est-ce qui vous dit que je n'ai pas tué un homme?»
15 L'évêque a répondu:

«Cela regarde[74] le bon Dieu.»

Puis, gravement et remuant les lèvres[75] comme quelqu'un qui prie ou qui se parle à lui-même, il a levé la main droite et a béni[76] Jean Valjean, qui n'a pas baissé la tête. Sans regarder derrière lui,
20 il est rentré dans sa chambre.

Il était si fatigué qu'il n'a pas profité des bons draps blancs et il a éteint[77] la lumière d'un coup de sa main et s'est laissé tomber sur le lit. Il s'est endormi tout de suite.

EXERCISES

1–2

READING COMPREHENSION

Answer the following questions.

1. Quel âge avait Jean Valjean?
2. Quelle était sa famille?
3. Comment gagnait-il sa vie?

---

[71]**une tasse de lait** a cup of milk. [72]**tout à coup** suddenly. [73]**vieillard** old man. [74]**regarder** here = to concern. [75]**remuant les lèvres** moving his lips. [76]**bénir** to bless. [77]**éteint** (*p.p.* **éteindre**) extinguished, put out.

4. Pourquoi était-il triste ce dimanche soir?
5. Qu'est-ce que le boulanger a entendu et vu dans sa boulangerie?
6. Pourquoi la solution de Jean Valjean n'était-elle pas bonne?

VOCABULARY STUDY

Write sentences of your own with the following words using one or more in each sentence.

un an	le mois
décembre	le jour
dimanche	dimanche soir
l'heure	avoir + *number* + ans
jeune	petit
la famille	le père
la mère	la sœur
l'enfant	le mari
perdre son mari	gagner sa vie
travailler	un travail dur et mal payé
le gendarme	saisir
emmener	conduire au tribunal
la justice	le juge
accuser d'avoir fait quelque chose	condamner
	le voleur
envoyer ou condamner aux galères pour avoir fait quelque chose	voler quelque chose à quelqu'un
	malhonnête/honnête
être coupable/innocent	ne pas avoir l'intention de faire quelque chose
se défendre	

STRUCTURES

A. The Use of the Imperfect

Generally speaking, the imperfect describes a condition or an action in progress in the past. It is used to answer questions like: *What were things or people like? What were people or things doing during a past period or at a given point in the past?*

Rewrite the following sentences in the imperfect.

EXAMPLE: Jean pense à sa situation.

Jean pensait à sa situation.

1. Jean Valjean est un jeune homme.
2. Il a vingt-cinq ans.
3. Il gagne sa vie pauvrement.
4. Sa sœur travaille aussi.
5. Ce dimanche soir, il est assis dans une chambre.

B. The Use of the passé composé

> The **passé composé** is used to present conditions or actions as completed events and to answer questions like: *What happened at that moment? What happened next?*

Rewrite the following passage in the **passé composé** using the appropriate auxiliary verb, **avoir** or **être.**

EXAMPLE: Le boulanger voit le voleur.

Le boulanger a vu le voleur.

Jean Valjean arrive devant la boulangerie. Il voit le pain. Il fait un trou dans la fenêtre. Il prend le pain. Le boulanger entend le bruit. Il sort de la boulangerie. Il court après le voleur.

C. The Use of the Imperfect and the passé composé

Rewrite the following passage in the past using the imperfect to describe actions in progress or existing conditions and the **passé composé** to express completed events.

À la mort des parents, il ne reste que deux enfants. La vie est très dure en 1795. Certains jours, Jean ne gagne rien. Sa sœur travaille aussi. Un dimanche soir, Jean est seul dans une chambre. Il n'a pas de pain pour les enfants. À dix heures, il sort de la maison. Il arrive devant la boulangerie. Il fait un trou dans la fenêtre. Le boulanger entend le bruit. Il sort vite. Il court après le voleur. Il l'arrête.

D. *The Use of* à *and* de *with* **quelque chose** *and* **rien**

> The preposition **à** is used to introduce a verb after **quelque chose** and **rien,** whereas **de** is used to introduce an adjective.

Complete the following sentences with the appropriate preposition, **à** or **de.**

1. Jean n'avait rien _____ manger.
2. Il n'avait rien _____ bon à manger.
3. Il cherchait quelque chose _____ manger.
4. Il avait quelque chose _____ triste à dire.
5. Il n'avait rien fait _____ malhonnête.
6. Le juge a dit qu'il n'y avait rien _____ faire.

3–4

READING COMPREHENSION

Answer the following questions.

1. Qui était le numéro 24601?
2. Que s'est-il passé pendant la quatrième année de prison?
3. Pourquoi Jean Valjean n'a-t-il plus essayé de s'évader après sa treizième année de prison?
4. Après combien d'années est-il sorti de prison?
5. Quelles étaient les transformations psychologiques quand il est sorti?
6. Quels étaient les règlements quand un prisonnier devenait libre?
7. Pourquoi Jean Valjean a-t-il reçu un passeport jaune?
8. Qu'est-ce qu'il essayait de faire sur la route de Digne?
9. Pourquoi n'a-t-il pas réussi?
10. Pourquoi est-il entré dans la mairie de Digne?
11. Que s'est-il passé à l'auberge?
12. Comment savait-on que Jean Valjean était un galérien?

Vocabulary Study

A. Vocabulary Usage

Find the opposites of **premier, entrer en prison, être en prison, partir, montrer ses émotions, rire,** and **avoir des nouvelles de quelqu'un** and write sentences of your own with each of them.

B. The Use of an and année

Use of *an*	Use of *année*
With Numerals:	*With Indefinite Numbers:*
Il n'a pas vu sa famille depuis **dix-neuf ans.**	Il n'a pas vu sa famille depuis **des années.**
	With Ordinal Numbers:
Après **quatre ans** de prison, il s'est évadé.	Il s'est évadé pendant sa **quatrième année** de prison.
Il avait **vingt-cinq ans** quand il est entré en prison.	Il était dans sa **vingt-cinquième année** quand il est entré en prison.
In Set Phrases:	*To Emphasize Duration:*
Le premier janvier est **le premier jour de l'an.**	Le premier janvier est **le premier jour de l'année.**
Le premier janvier, c'est **le nouvel an.**	Le premier janvier, **une nouvelle année** commence.
Il doit se présenter à la police **tous les ans.**	Il doit se présenter à la police **chaque année.**
Il s'est présenté douze fois **par an.**	Il s'est présenté douze fois **cette année.**
*Phrases in which **an** and **année** are Interchangeable:*	
l'an dernier (passé, prochain)	**l'année dernière (passée, prochaine)**

Complete the following sentences with **an** or **année** making the necessary changes.

1. Jean Valjean a été condamné à cinq _____ de prison.
2. Il s'est évadé une deuxième fois pendant son/sa _____ sixième _____.
3. Il était sans nouvelles de sa famille depuis des _____.
4. Il était dans son/sa _____ trente-quatrième _____ quand il est sorti de prison.
5. Il devait se présenter à la police le premier de l'_____.
6. Il est allé à la mairie une fois par _____.

STRUCTURES

A. *The Formation of the* **passé composé** *of Reflexive Verbs*

The verb **être** is used to form the **passé composé** of verbs used reflexively.

Il **échappe** aux gendarmes.   Il **a échappé** aux gendarmes.
                                   He escaped from the gendarmes.

but:

Il **s'échappe.**   Il **s'est échappé.**
                                   He escaped.

Rewrite the following sentences in the **passé composé** using **être** when the verb is used reflexively.

EXAMPLE: Il s'évade.

                Il s'est évadé.

1. Le boulanger arrête le voleur.
2. Jean Valjean ne s'arrête pas.
3. Il fait dix-neuf ans de prison.
4. Il se fait reprendre quatre fois.
5. Jean trouve un trou.
6. Il se trouve dans un trou.
7. Il cache son nom.
8. Il se cache sous un bateau.

B. *The Position of* premier *and* dernier *with Numerals*

> **Premier** and **dernier** follow the numeral.
>
> Les trois **premières** années.   *The first three years.*
> Les trois **dernières** années.   *The last three years.*

Insert the numerals in the following sentences.

EXAMPLE: Les premières années. (cinq)

               Les cinq premières années.

1. Les premières années. (six)
2. Les dernières années. (trois)
3. Les premiers mois. (neuf)
4. Les dernières fois. (quatre)
5. Les premiers numéros. (vingt-quatre mille)

C. *The Formation of the Present Participle*

> The present participle is formed according to the following pattern:
>
> *Regular verbs:* **nous** form of the present with **-ant** substituted for **-ons**
>
> | | |
> |---|---|
> | nous **mangeons** | **mangeant** |
> | nous **réussissons** | **réussissant** |
> | nous **comprenons** | **comprenant** |
>
> *Irregular verbs:*
>
> | | |
> |---|---|
> | **avoir** | **ayant** |
> | **être** | **étant** |
> | **savoir** | **sachant** |

Rewrite the following sentences following the example.

EXAMPLE: Il regarde l'évêque. Valjean lève son bâton.

               Regardant l'évêque, Valjean lève son bâton.

1. Il entre dans l'auberge. Valjean parle à l'aubergiste.
2. Il est fatigué. Il demande une chambre.

3. Il sait son nom. L'aubergiste le chasse.
4. Il saisit son bâton. Valjean s'en va.
5. Il meurt de faim. Il frappe à la porte de l'évêque.
6. Il entend frapper à sa porte. L'évêque dit à Valjean d'entrer.
7. Il prend un chandelier. L'évêque le donne à Valjean.
8. Il bénit Valjean. Il rentre dans sa chambre.
9. Elle a peur de Valjean. Madame Magloire ferme le placard à clef.
10. Elle sent ses yeux. Elle oublie de prendre la clef.

D. The Use of the Infinitive with sans

Rewrite the following sentences by linking them with **sans**.

EXAMPLES: Il travaillait. Il ne se fatiguait pas.

Il travaillait **sans se fatiguer.**

Il travaillait. Il ne devenait pas fatigué.

Il travaillait **sans devenir fatigué.**

1. Il a traversé les villages. Il n'a pas trouvé de travail.
2. Il a traversé les villages. Il n'a pas pu trouver de travail.
3. Les gens l'ont regardé. Ils ne savaient pas qui il était.
4. On peut faire seize kilomètres. On ne s'arrête pas.

5–6

READING COMPREHENSION

Answer the following questions.

1. Que s'est-il passé à la deuxième auberge?
2. Pourquoi Jean Valjean a-t-il frappé à la porte de la prison?
3. Pourquoi ne l'a-t-on pas laissé entrer?
4. Quelle a été la réaction du paysan?
5. Valjean voulait-il une place sans donner d'argent?
6. Pourquoi Valjean n'a-t-il pas pu rester dans la hutte?
7. Où s'est-il couché alors?
8. Que lui a dit la bonne femme qui sortait de l'église?
9. Qui habitait dans la maison près de l'église?
10. Qu'a fait alors Valjean?
11. Comment l'évêque l'a-t-il reçu quand il est entré?
12. Qu'est-ce que Valjean a dit à l'évêque?

13. Qu'est-ce que Valjean ne pouvait pas comprendre?
14. Pourquoi Valjean voulait-il payer?
15. Que disait le passeport?
16. Quelle a été la réaction de l'évêque?
17. Que pensez-vous de Valjean et de l'évêque?

VOCABULARY STUDY

Write sentences of your own with each of the following words and phrases.

entrer dans
faire peur à quelqu'un
s'appeler
au lieu de + *infinitif*
s'approcher de
sortir de

avoir peur de quelqu'un
    ou de quelque chose
appeler quelqu'un
jeter un cri
avoir besoin de quelqu'un
    ou de quelque chose

STRUCTURES

A. The Use of the Conditional of **pouvoir**

Rewrite the following sentences according to the example. Use the conditional of **pouvoir** instead of the imperative to make the request more polite.

EXAMPLE: Donnez-moi une place.

Pardon, monsieur, pourriez-vous me donner une place?

1. Montrez-moi un lit.
2. Passez-moi le pain.
3. Donnez-moi du pain et du vin.
4. Laissez-moi entrer.
5. Recevez-moi.

B. The Use of **tu**

Note: The innkeeper uses **tu** when addressing a man he considers inferior. Likewise, as soon as the peasant realizes who the visitor is, he switches from the normal **vous,** used when addressing strangers, to **tu.**

Rewrite the following sentences switching from **vous** to **tu** and making all necessary changes.

EXAMPLE: Vous allez vous en aller d'ici.
           Tu vas t'en aller d'ici.

1. Allez-vous-en!
2. Faites-vous arrêter, on vous ouvrira.
3. Vous pouvez vous coucher sur ce banc.
4. Pourquoi n'allez-vous pas à l'auberge?
5. Voulez-vous que je vous dise votre nom?

C. *The Use of the Relative Pronoun* lequel

The forms of the relative pronoun **lequel** are as follows:

Singular		Plural	
Masculine	*Feminine*	*Masculine*	*Feminine*
lequel	**laquelle**	**lesquels**	**lesquelles**
auquel	**à laquelle**	**auxquels**	**auxquelles**
duquel	**de laquelle**	**desquels**	**desquelles**

Complete the following sentences with the appropriate form of the relative pronoun.

EXAMPLE: Il y avait une table sur **laquelle** se trouvait du pain.

1. Il y avait une fenêtre à _____ Jean a frappé.
2. Il y avait un feu devant _____ il s'est assis.
3. Il y avait des rues au bord _____ se trouvaient des maisons.
4. Il y avait un paysan _____ Jean a demandé du pain.
5. Il y avait un jardin au milieu _____ se trouvait une hutte.

D. *The Use of the Imperfect in Indirect Discourse*

When changing a sentence to the past in indirect discourse, the main verb should be in the **passé composé** while the verb in the dependent clause should be in the imperfect.

«Je **m'appelle** Jean Valjean.»   (*pres. ind./direct discourse*)
My name is Jean Valjean.

(*continued*)

> Il **a dit** qu'il **s'appelait** Jean Valjean. (**passé composé** *and imperfect/indirect discourse*)
>
> *He said that his name was Jean Valjean.*

Rewrite the following statements as indirect discourse in the past using the appropriate tenses as in the example.

EXAMPLE: «J'ai de l'argent.»

Il a dit qu'il avait de l'argent.

1. «Je cherche une place pour la nuit.»
2. «Je suis un galérien.»
3. «Je viens de Toulon.»
4. «Je sors de prison.»
5. «Je meurs de faim.»

E. The Use of the Pluperfect in Indirect Discourse

> When the verb in direct discourse is in the **passé composé,** it is changed to the pluperfect in indirect discourse.
>
> «J'ai frappé à la porte» (*passé composé/direct discourse*)
> Il **a dit** qu'il **avait frappé** à la porte. (*pluperfect/indirect discourse*)

Rewrite the following statements as indirect discourse using the appropriate sequence of tenses.

EXAMPLE: «J'ai passé neuf ans en prison.» (*passé composé*)

Il a dit qu'il avait passé neuf ans en prison.
(*pluperfect*)

1. Je suis resté dix-neuf ans en prison.
2. J'ai fait seize kilomètres.
3. Je suis allé à l'auberge.
4. J'ai demandé une chambre.
5. J'ai été chassé.

F. The Use of the Infinitive in Indirect Discourse

Usually, when the verb in direct discourse is in the imperative, it will change to the infinitive in indirect discourse.

Chez l'évêque on m'a dit: «Entrez donc!»
Chez l'évêque on m'a dit **d'entrer.**

On m'a dit: «Approchez-vous!»
On m'a dit **de m'approcher.**

Note the agreement of the reflexive pronoun in a reflexive infinitive.

Rewrite the following statements as indirect discourse with infinitives.

EXAMPLE: On m'a dit: «Va-t'en!»   (*imperative*)

*On m'a dit **de m'en aller.**   (*infinitif*)

1. À l'auberge on m'a dit: «Attendez quelques minutes.»
2. Au retour de l'enfant on m'a dit: «Allez-vous-en.»
3. À la prison de Digne on m'a dit: «Faites-vous arrêter.»
4. À Toulon on m'a dit: «Présentez-vous à la police.»
5. Vous m'avez dit: «Prenez place.»

COMMUNICATIVE ACTIVITY

Prepare the topic listed below to be discussed in class, using the questions as guidelines. You should be ready to quote lines from the text in support of the views expressed.

General topic: La justice en France au dix-neuvième siècle.

1. Quelle était la sévérité des jugements pour les vols et pour les évasions?
2. Quelle était la condition des galériens?
3. Pourquoi les galériens ne redevenaient-ils pas vraiment libres après la prison?
4. Quelle était l'attitude de la population?

7–8

READING COMPREHENSION

Answer the following questions.

1. Pourquoi l'évêque voulait-il que le couvert soit plus près du feu?
2. Comment l'évêque désignait-il Jean Valjean en parlant à madame Magloire?
3. Qu'est-ce qui donnait de la lumière sur la table?
4. Quelle a été la conversation entre l'évêque et Valjean?
5. Comment Valjean a-t-il mangé et pouvait-on l'excuser?
6. Que faisait madame Magloire tous les soirs?
7. Qu'est-ce qu'elle a oublié de faire?
8. Où était la chambre de Valjean?
9. Qu'a fait l'évêque avant de rentrer dans sa chambre?
10. Pourquoi Valjean n'a-t-il pas profité des draps blancs?

VOCABULARY STUDY

A. Vocabulary Usage

Write sentences of your own with the following words using one or more in each sentence.

être le bienvenu	bon
la bonté	remercier quelqu'un
être le frère de quelqu'un	être digne de quelque chose
valoir mieux que quelqu'un	respecter
sérieux	sentir quelque chose remuer dans son cœur
le ciel	la joie
la douceur	l'espoir
la douleur	douloureux
malheureux	souffrir
la tristesse	regretter
la colère	faire le mal
la chambre à coucher	coucher dans une chambre
se coucher dans un lit ou sur un banc	faire son lit

éteindre la lumière	le drap
faire/passer une bonne	s'endormir
nuit	le placard
la clef	fermer quelque chose
	à clef

B. Word Formation

1. Write the nouns corresponding to the following adjectives and verbs: **doux, joyeux, triste, bon, espérer, penser.**
2. Write the verbs or adjectives corresponding to the following nouns: **le regret, la souffrance, le respect, le bonheur, le malheur, la douleur, la dignité, le danger, la justice.**

STRUCTURES

The Uses of the Imperfect and the passé composé

The imperfect is used to express an habitual action that was taking place within an undetermined period of time, while the **passé composé** is used to indicate clearly that an action was finished within a determined period of time.

Rewrite the following sentences in the past by using the phrase **chaque soir** at the beginning of the sentence and making the present tense the imperfect to show habitual action.

EXAMPLE: Madame Magloire **met** les couverts.

               Chaque soir, *madame Magloire* ***mettait*** *les couverts.*

1. Madame Magloire sert le souper.
2. L'évêque mange avec sa sœur.
3. Après le souper, madame Magloire prend sa clef.
4. Elle ouvre le placard.
5. Elle y met les couverts.

Rewrite the following sentences in the past by using the phrase **ce soir-là** and making the present tense the **passé composé** to show that the action occurred at a specific time.

EXAMPLE: Ils **mangent** sans rien dire.

Ce soir-là, ils ont mangé sans rien dire.

1. Madame Magloire met les couverts comme les autres soirs.
2. Après le souper, madame Magloire prend la clef.
3. Elle met les couverts dans le placard.
4. Elle ferme le placard mais elle oublie la clef.
5. Elle sort et va se coucher.

COMMUNICATIVE ACTIVITY

Be ready to discuss the following topics.

1. Les galères ont transformé Jean Valjean, mais il n'est pas devenu une bête sauvage.
2. L'évêque est un saint dans ce qu'il dit et dans ce qu'il fait.

Les Chandeliers de l'évêque (suite)

9. Un Voleur dans la nuit

À deux heures du matin, Jean Valjean s'est réveillé.

Il avait dormi plus de quatre heures. Sa fatigue était passée. Il n'a pas pu se rendormir,[1] et il s'est mis[2] à réfléchir. Beaucoup de pensées lui venaient, mais il y en avait une qui chassait toutes les autres: celle de l'argenterie. 5

Les quatre couverts d'argent que madame Magloire avait mis sur la table étaient là. Tout près de lui. Ils étaient en argent massif.[3] Ils valaient au moins[4] deux cents francs. Le double de ce qu'il avait gagné en dix-neuf ans... Dans ce placard, dans la chambre voisine... 10

Trois heures ont sonné.[5]

Jean Valjean a rouvert les yeux. Il s'est brusquement levé. Il a écouté; pas un seul bruit dans la maison. Alors, il a marché droit[6] vers la fenêtre. Elle n'était pas fermée; elle donnait sur le jardin. Il a regardé: le mur du jardin n'était pas haut, on pourrait 15 monter dessus très facilement.

Ce coup d'œil jeté,[7] il a pris son bâton dans sa main droite et, marchant très doucement, il s'est approché de la porte de la chambre voisine, celle de l'évêque. Arrivé à cette porte, il l'a trouvée entr'ouverte.[8] Jean Valjean a écouté. Pas de bruit... Personne ne 20 remuait dans la maison.

Il a poussé la porte. Elle s'est ouverte un peu. Il a attendu un moment, puis a poussé la porte une seconde fois, avec plus de force.

Cette fois, la porte s'est ouverte toute grande.[9] Mais, en s'ou- 25 vrant elle a fait un bruit aigu,[10] comme le cri d'une bête dans la forêt, la nuit.

Ce bruit est entré dans le cœur de Jean Valjean comme une

---

[1]**se rendormir** to go back to sleep. [2]**se mettre à** to begin to, start. [3]**en argent massif** made of solid silver. [4]**au moins** at least. [5]**sonner** to sound, strike (a bell). [6]**droit** straight. [7]**ce coup d'œil jeté** this survey made. [8]**entr'ouvert** half-open, partly open. [9]**s'est ouverte toute grande** opened wide. [10]**aigu** sharp, piercing.

épée.[11] Il était terrible, ce bruit, comme le cri d'un homme condamné à mort.

Jean Valjean s'est cru perdu. Il s'est imaginé que toute la
maison allait se réveiller. Il voyait déjà les gendarmes et... la dou-
5 ble chaîne... pour la vie...

Il est resté où il était, ne faisant pas de mouvement. Quelques
minutes ont passé. La porte restait toujours grande ouverte. Il
pouvait regarder dans la chambre. Rien ne remuait dans la chambre de l'évêque. Il y est entré.

10 Comme la chambre était tranquille! Sans faire de bruit,
l'homme a avancé vers le lit. Il s'est arrêté tout à coup. Il était
près du lit.

Depuis une heure un sombre nuage couvrait le ciel. Au moment où Jean Valjean s'est arrêté près du lit, le nuage est passé
15 et la lune, comme une lumière qu'on avait éteinte et puis vite
rallumée, est apparue tout à coup au-dessus des arbres du jardin.
Un rayon de lune[12] a traversé la longue fenêtre étroite de la chambre et a éclairé la figure[13] pâle et les cheveux blancs de l'évêque.

Il dormait comme un enfant, comme un juste qui avait passé
20 sa vie à faire le bien pour les autres, ses frères. Sa figure était si
noble et si pleine de bonté et de douceur que Jean Valjean s'est
senti le cœur remué par une émotion profonde et étrange. Son
œil n'a pas quitté la figure du vieux. Dans sa main droite, il tenait
toujours son gros bâton. Mais il ne savait plus ce qu'il devait faire.

25 D'abord, il a eu l'idée de frapper... de prendre... de sauter;
puis, il a voulu baiser[14] la main de celui qui avait dit: «Oui, vous
êtes mon frère... vous avez souffert... de l'espoir... demain matin,
du lait chaud... faites une bonne nuit... »

Il est resté là, les yeux fixés sur la figure de l'évêque. Au bout
30 de quelques minutes, il a laissé tomber lentement son bras droit;
puis, il a levé son bras gauche et a ôté[15] sa casquette.[16] Il est resté
longtemps immobile.

Tout à coup, il a remis sa casquette et a vite marché le long
du lit, sans regarder l'évêque, vers le placard qu'il voyait dans le
35 mur. Il a saisi la clef, l'a tournée et a ouvert le placard. La première chose qu'il a vue, c'était l'argenterie; il l'a saisie, a traversé

---

[11]**épée** sword.   [12]**rayon de lune** moonbeam.   [13]**figure** face.   [14]**baiser** to kiss.
[15]**ôter** to take off, remove.   [16]**casquette** cap.

la chambre, est rentré dans la chambre voisine, a ouvert la fenêtre, a mis l'argenterie dans son sac, a traversé le jardin en courant, a sauté par-dessus le mur comme un tigre et s'est enfui.

10. L'Évêque achète une âme[17]

Le lendemain matin, vers six heures, pendant que monseigneur Bienvenu faisait sa promenade[18] habituelle au jardin, madame 5 Magloire est tout à coup sortie de la maison et a couru vers lui, en criant:

«Monseigneur, monseigneur, l'argenterie n'est plus dans le placard! Grand bon Dieu! elle est volée! c'est cet homme... je vous l'avais bien dit! Il est parti sans rien dire et il a emporté l'ar- 10 genterie. Maintenant nous n'aurons plus de couverts en argent!»

L'évêque venait de remarquer une plante que Jean Valjean avait brisée[19] en sautant de la fenêtre. Il est resté un moment sans rien dire, puis a levé son œil sérieux et a dit à madame Magloire avec douceur: 15

«Et cette argenterie était-elle à nous?»

Madame Magloire n'a pas su que dire. Il y a eu encore un moment de silence, puis l'évêque a continué:

«J'avais depuis longtemps cette argenterie. Elle était aux pauvres. Qui était cet homme? Un pauvre, c'est évident. Il devait en 20 avoir besoin,[20] et il l'a prise. C'est juste.»

Quelques minutes après, il déjeunait[21] à cette même table où Jean Valjean s'était assis la veille.[22] Sa sœur ne disait rien, mais madame Magloire parlait toujours de la perte[23] de l'argenterie. Enfin, l'évêque lui a dit: 25

«Madame Magloire, à quoi bon regretter cette argenterie? On n'en a pas besoin pour manger son pain et boire son lait.»

Le frère et la sœur allaient se lever de table quand on a frappé à la porte.

«Entrez,» dit l'évêque. 30

La porte s'est ouverte. Un groupe étrange et violent est apparu. Trois hommes en tenaient un quatrième par les deux bras.

---

[17]**âme** soul. [18]**faisait sa promenade** was taking his walk. [19]**briser** to break.
[20]**Il devait en avoir besoin** He must have needed it. [21]**déjeuner** to breakfast.
[22]**veille** evening or day before. [23]**perte** loss.

Les trois hommes étaient des gendarmes; le quatrième était Jean Valjean.

Le brigadier[24] s'est avancé vers l'évêque.

Mais monseigneur Bienvenu s'était approché de Jean Val-
5 jean, en s'écriant:

«Ah! vous voilà, mon ami! Je suis heureux de vous revoir. Eh bien, mais! je vous avais donné les chandeliers aussi, qui sont en argent comme le reste et pour lesquels on vous donnera certaine-ment deux cents francs. Pourquoi ne les avez-vous pas emportés
10 avec vos couverts?»

Jean Valjean a ouvert les yeux et a regardé le vénérable évêque. Avec une émotion étrange, il n'a pu rien dire.

«Monseigneur,» a dit le brigadier, «ce que cet homme nous disait était donc[25] vrai? Nous l'avons rencontré il y a une heure;
15 il courait dans les champs. Il avait cette argenterie dans son sac, la vôtre, et nous avons cru qu'il l'avait volée. Mais... »

«Il vous a dit,» a vite répondu l'évêque, «qu'elle lui avait été donnée par un vieux prêtre chez lequel il avait passé la nuit, n'est-ce pas? Je vois la chose. Et vous l'avez ramené ici? Vous avez
20 fait votre devoir.[26] Mais, c'est une erreur, monsieur.»

«Ainsi,» a répondu le gendarme, «nous pouvons le laisser aller?»

«Oui,» a dit l'évêque.

Les gendarmes ont lâché[27] Jean Valjean, qui a laissé retomber
25 ses bras sans lever la tête:

«Est-ce que c'est vrai qu'on me laisse aller?» a-t-il dit d'une voix inarticulée.

«Oui, on te laisse, tu n'entends donc pas?» a dit le brigadier.

«Mon ami,» dit l'évêque, «avant de vous en aller, voici vos
30 chandeliers. Prenez-les.»

Il est rentré dans la chambre, a pris les deux chandeliers d'ar-gent et les a apportés à Jean Valjean, qui tremblait d'émotion.

Jean Valjean a pris les deux chandeliers. Il ne paraissait pas comprendre ce qu'il faisait.

35 «Maintenant,» a dit l'évêque, «allez en paix.»

Puis, se tournant vers les gendarmes:

---

[24]**brigadier** sergeant. [25]**donc** therefore; here, used for emphasis: it *was* true.
[26]**devoir** duty. [27]**lâcher** to let go.

«Messieurs, vous pouvez partir. Je vous remercie de vos bons services.»

Les gendarmes s'en sont allés, lentement.

L'évêque s'est approché de Jean Valjean, l'a regardé un moment dans les yeux, et lui a dit d'une voix douce et pleine de 5 bonté:

«N'oubliez pas, n'oubliez jamais que vous m'avez promis d'employer cet argent à devenir honnête homme.»

Jean Valjean, qui ne se souvenait pas[28] d'avoir fait cette promesse, n'a rien dit.   10

La voix sérieuse de l'évêque a continué:

«Jean Valjean, mon frère, votre âme n'appartient plus au mal,[29] mais au bien. Le mal est derrière vous. C'est votre âme que je vous achète et je la rends à Dieu. Allez en paix.»

Jean Valjean, tenant toujours les deux chandeliers dans ses 15 mains, n'a rien pu trouver à dire. Il était incapable de parler. Il est brusquement parti. L'évêque a suivi l'homme des yeux et ses lèvres répétaient ces mots: «C'est votre âme que je vous achète... et je la rends à Dieu.»

11. Petit-Gervais

Jean Valjean est sorti de la ville comme s'il s'échappait.[30] Il s'est 20 mis à marcher dans les champs, sans faire attention où il allait. Deux fois, quatre fois, il repassait sur le même chemin sans le reconnaître.

Il se sentait remué de sensations nouvelles, étranges, il avait peur... Il se fâchait,[31] mais il ne savait pas contre qui il se fâchait. 25 De temps en temps, une douceur étrange remuait son cœur; puis, tout à coup, les vingt terribles années aux galères s'élevaient comme un mur entre elle et lui. Il voyait qu'il n'était plus calme, que sa main tremblait, sa main dure de galérien!

Il entendait toujours: «Vous m'avez promis de devenir hon- 30 nête homme... vous n'appartenez plus au mal... c'est votre âme que j'achète... je la rends à Dieu.»

---

[28]**ne se souvenait pas** did not remember.   [29]**n'appartient plus au mal** no longer belongs to evil.   [30]**s'échapper** to flee, escape.   [31]**se fâcher** to get angry.

Vers cinq heures du soir, Jean Valjean était assis sous un arbre dans une grande plaine absolument déserte, à douze kilomètres de Digne. Au loin, on ne voyait que les Alpes. Pas de maison, pas de village. Il était seul, tout seul, avec ses pensées.

5 Tout à coup, il a entendu un bruit joyeux.

Il a tourné la tête et a vu venir dans le chemin un garçon de dix ou douze ans qui chantait, en jouant en même temps avec des sous et des pièces[32] d'argent qu'il avait dans la main. Il les jetait en l'air et les rattrapait[33] sur le dos de sa main. C'était toute sa 10 fortune.

Le garçon s'est arrêté près de l'arbre sans voir Jean Valjean et a fait sauter son argent en l'air. Mais, cette fois, une pièce de quarante sous lui a échappé, est venue rouler[34] aux pieds de Jean Valjean.

15 Jean Valjean a mis le pied dessus. Mais l'enfant avait suivi sa pièce des yeux, et l'avait vu. Il n'a pas eu peur; il a marché droit à l'homme et a dit:

«Monsieur, ma pièce.»

«Ton nom?» a dit Jean Valjean.

20 «Petit-Gervais, monsieur.»

«Va-t'en,» a dit Jean Valjean.

«Ma pièce, monsieur, s'il vous plaît, rendez-moi ma pièce.»

Jean Valjean a baissé la tête et n'a pas répondu.

«Ma pièce de quarante sous, monsieur.»

25 L'œil de Jean Valjean est resté fixé par terre.

«Ma pièce!» a crié l'enfant, «ma pièce blanche[35]!»

Le garçon l'a pris par le bras et a essayé de lui faire ôter le pied de dessus la pièce. Jean Valjean restait immobile, ne paraissant rien entendre.

30 «Ôtez votre pied, monsieur, s'il vous plaît! Je veux ma pièce, ma pièce de quarante sous!»

L'enfant pleurait. Jean Valjean a relevé la tête. Il a regardé autour de lui, comme s'il ne pouvait pas bien voir et cherchait d'où venait ce bruit. Quand il a vu l'enfant tout près de lui, il a 35 mis la main sur son bâton, et a crié d'une voix terrible:

«Qui est là?»

---

[32]**pièce** coin. [33]**rattraper** to catch again. [34]**est venue rouler** came rolling.
[35]**pièce blanche** silver coin.

«Moi, monsieur,» a répondu l'enfant. «Petit-Gervais! moi! Rendez-moi mes quarante sous, s'il vous plaît! Ôtez votre pied, monsieur, s'il vous plaît.»

«Ah! c'est encore toi!» a dit Jean Valjean, se levant brusquement, mais sans ôter le pied de dessus la pièce d'argent. «Va-t'en! 5 va-t'en! ou je te frappe!»

L'enfant l'a regardé. Après quelques secondes de stupeur, il a commencé à trembler de la tête aux pieds. Puis il s'est enfui en courant de toutes ses forces, sans tourner la tête ni jeter un cri.

Le jour finissait... 10

12. Un Misérable[36]

Le garçon avait disparu.[37] Le soleil s'était couché. Jean Valjean n'avait pas mangé depuis la veille; il sentait le froid de la nuit qui tombait.

Avant de se mettre en route, il s'est baissé pour reprendre son bâton par terre. En ce moment, il a vu la pièce de quarante 15 sous qu'il avait sous son pied. Il a eu une commotion.

«Qu'est-ce que c'est que cela?» s'est-il dit entre ses dents.

Il a fait quelques pas, puis s'est arrêté. La pièce d'argent brillait[38] et l'attirait comme si elle était un œil ouvert fixé sur lui.

Au bout de quelques minutes, il a saisi convulsivement la 20 pièce d'argent et s'est mis à regarder au loin dans la plaine, cherchant des yeux tous les points de l'horizon. Il n'a rien vu. La nuit tombait, la plaine était froide, le ciel était sombre et sans étoiles.

Il a dit: «Ah!» et s'est mis à marcher rapidement dans la direction où l'enfant avait disparu. Après trente pas, il s'est arrêté, a 25 regardé et n'a rien vu. Alors, il a crié de toutes ses forces:

«Petit-Gervais! Petit-Gervais!»

Personne n'a répondu. Personne.

Jean Valjean a recommencé à courir dans la direction qu'il avait prise avant de s'être arrêté. De temps en temps, il s'arrêtait 30 pour jeter dans la solitude son cri: «Petit-Gervais! Petit-Gervais!»

Si le garçon l'avait entendu, il aurait eu peur et ne lui aurait pas répondu; mais l'enfant était déjà loin.

---

[36]**misérable** *n.* scoundrel, wretch. [37]**disparu** (*p.p.* **disparaître**) disappeared.
[38]**briller** to shine, gleam

L'homme a rencontré un prêtre à cheval. Il s'est approché de lui, en disant:

«Monsieur, avez-vous vu passer un garçon?»

«Non,» a répondu le prêtre.

5 «Un garçon s'appelant Petit-Gervais?»

«Je n'ai vu personne.»

Jean Valjean a pris deux pièces de cinq francs dans son sac et les a données au prêtre.

«Voilà, monsieur, pour vos pauvres,» lui a-t-il dit. «C'était un 10 garçon d'environ dix ans, je crois. Un pauvre, vous savez.»

«Je ne l'ai pas vu.»

«Alors, pouvez-vous me dire s'il y a quelqu'un qui s'appelle Petit-Gervais dans les villages voisins?»

«Si c'est comme vous dites, mon ami, c'est un petit enfant 15 étranger. Il y en a qui passent par ici. On ne les connaît pas.»

Jean Valjean a cherché dans son sac, a pris violemment deux autres pièces de cinq francs qu'il a données au prêtre.

«Pour vos pauvres!» a-t-il dit. Puis, d'une voix qui tremblait d'émotion: «Faites-moi arrêter, monsieur; je suis un voleur... un 20 voleur? vous comprenez!»

Le prêtre s'est enfui sans répondre, croyant que Jean Valjean avait perdu la raison.[39]

Jean Valjean s'est remis en route. Il a marché longtemps, cherchant des yeux dans la nuit, jetant toujours son cri vers tous 25 les points de l'horizon, cherchant à entendre la réponse qui ne lui arrivait jamais.

Deux fois il a couru dans la plaine vers quelque chose qui lui paraissait être une personne couchée par terre, mais ce n'était qu'une grosse pierre ou le tronc d'un arbre mort.

30 Enfin, à un endroit d'où partaient trois chemins, il s'est arrêté. La lune s'était levée. Il a regardé autour de lui et a appelé une dernière fois: «Petit-Gervais! Petit-Gervais!»

Son cri s'est éteint dans la nuit et le silence, sans écho.

C'était là son dernier effort. Brusquement, ses jambes ont 35 faibli;[40] il est tombé sur une grosse pierre, la tête entre les mains, et a crié; «Je suis un misérable... un misérable!»

Alors, il s'est mis à pleurer. C'était la première fois qu'il pleurait depuis dix-neuf ans...

---

[39] **avait perdu la raison** had lost his mind.   [40] **faiblir** to weaken.

A-t-il pleuré longtemps? Qu'a-t-il fait après avoir pleuré? Où est-il allé? On ne l'a jamais su.

Mais, cette même nuit, un paysan qui arrivait à Digne vers trois heures du matin, a vu en traversant la place de l'église un homme qui priait devant la porte de monseigneur Bienvenu.   5

13. Le Père[41] Madeleine

Vers la fin de l'année 1815, un homme, un inconnu, était venu demeurer dans la petite ville de Montreuil-sur-Mer.[42]

Il avait eu l'idée de faire quelques changements dans la fabrication du jais,[43] l'industrie spéciale de la ville.

En moins de trois ans, cet homme était devenu très riche, ce   10
qui est bien, et avait enrichi tous ceux qui étaient autour de lui, ce qui est mieux. Il était étranger à Montreuil. De son origine, on ne savait rien.

Il paraît que, le jour de son arrivée, cet inconnu s'était jeté dans une maison en feu, et avait sauvé la vie à deux enfants   15
qui se trouvaient être[44] ceux du capitaine de gendarmerie; voilà pourquoi on n'avait pas pensé à lui demander son passeport. Depuis ce jour-là, on avait su son nom. Il s'appelait *le père Madeleine*, c'était un homme de cinquante ans, et il était bon. Voilà tout ce qu'on en pouvait dire.   20

Les changements qu'il avait apportés dans la fabrication du jais ont enrichi toute la ville. Si un homme avait faim et pouvait se présenter à la fabrique[45] il y trouvait du travail et du pain. Le père Madeleine employait tout le monde. Il ne demandait qu'une seule chose: Soyez honnête homme! Soyez honnête fille!   25

Ainsi le père Madeleine faisait sa fortune; mais ce n'est pas à cela qu'il pensait. Il pensait beaucoup aux autres, et peu à lui. En cinq ans, il avait donné plus d'un million de francs à la ville de Montreuil-sur-Mer, et aux pauvres.

En 1819, le roi l'a nommé maire[46] de la ville. Il a refusé. En   30

---

[41]**père** familiar way of calling older men.   [42]**Montreuil-sur-Mer** industrial city of northwestern France, south of Boulogne-sur-Mer.   [43]**jais** jet (for bead making).   [44]**se trouver être** to turn out to be.   [45]**fabrique** factory.   [46]**nommer maire** to appoint mayor (under the monarchy, mayors were appointed, not elected).

1820, il a d'abord voulu refuser une seconde fois. Mais un jour, il a entendu une vieille femme qui criait: «Un bon maire, c'est utile.» Est-ce qu'on recule[47] devant du bien qu'on peut faire? Alors il a accepté.

5 Ainsi, le père Madeleine était devenu monsieur Madeleine, et monsieur Madeleine est devenu monsieur le maire.

Mais il était demeuré aussi simple que le premier jour. Il vivait seul. Il soupait seul, avec un livre ouvert devant lui où il lisait. Il aimait beaucoup lire, il disait que les livres sont nos meilleurs 10 amis. Il parlait à peu de gens; il ne riait pas. Le dimanche, il faisait une promenade dans les champs.

Il n'était plus jeune mais il était d'une force énorme. Il aidait ceux qui en avaient besoin, relevait un cheval qui tombait dans la rue, poussait une voiture.

15 Les enfants l'aimaient, et couraient après lui quand il passait dans un village.

Il faisait secrètement beaucoup de bonnes actions. Un pauvre homme rentrait chez lui le soir et trouvait la porte de sa chambre entr'ouverte; il croyait qu'on l'avait volé. Il entrait, et la première 20 chose qu'il voyait, c'était quelques pièces d'argent oubliées sur la table. C'était le père Madeleine qui avait passé par là.

On disait dans la ville que personne n'entrait jamais dans la chambre à coucher de monsieur Madeleine. Un jour, deux dames sont venues chez lui et lui ont dit:

25 «Monsieur le maire, voulez-vous bien nous faire voir votre chambre? On dit que vous seul savez ce qu'il y a dans cette chambre.»

Monsieur Madeleine les y a fait entrer, sans rien dire.

Ce n'était qu'une chambre à coucher, très simple, avec un lit 30 à draps blancs, une chaise et une table sur laquelle il y avait quelques livres et deux vieux chandeliers d'argent. C'était tout.

Le matin du 15 janvier 1821, monsieur Madeleine lisait comme d'habitude[48] le journal de Montreuil-sur-Mer, en déjeunant.

35 Tout à coup, il a laissé tomber le journal, a jeté un cri de douleur, et s'est caché la figure dans les mains.

---

[47]**reculer** to back away. [48]**comme d'habitude** as usual.

Il venait de lire dans le journal que monseigneur Bienvenu, évêque de Digne, était mort.

14. Un Accident

Un matin, monsieur Madeleine passait dans une rue étroite et mauvaise[49] de Montreuil-sur-Mer. Il a entendu du bruit et a vu un groupe de personnes à quelque distance. Il s'est approché.   5

Un vieil homme, appelé le père Fauchelevent, venait de tomber sous sa voiture. Le cheval s'était blessé[50] en tombant. Il avait les deux jambes de derrière cassées et ne pouvait se relever. L'homme se trouvait pris entre les roues[51] de la voiture, qui pesait[52] sur son corps. On avait essayé de le tirer de dessous la voiture, mais on n'avait pas pu la soulever.[53] On ne savait plus que faire.   10

«Écoutez,» a dit M. Madeleine, «il y a encore assez de place sous la voiture pour qu'un homme s'y glisse et la soulève avec son dos. Y a-t-il ici quelqu'un qui ait du courage et des forces? Cent francs à gagner!»   15

Personne n'a remué dans le groupe.

«Deux cents francs,» a dit M. Madeleine.

Tous les hommes baissaient les yeux.

«Allons,»[54] a dit M. Madeleine, «quatre cents francs!»   20

Même silence.

«Ce n'est pas que nous ne le voulons pas,» a dit une voix, «mais c'est que nous n'en avous pas la force.»

M. Madeleine s'est retourné[55] et a reconnu Javert, inspecteur de police de la ville.   25

Javert était le seul homme à Montreuil-sur-Mer qui n'aimait pas M. Madeleine. Chaque fois qu'ils se rencontraient dans une rue, Javert se retournait derrière lui et le suivait des yeux, en se disant: «Mais qu'est-ce que c'est que[56] cet homme-là?... Il est certain que je l'ai vu quelque part!»[57] M. Madeleine ne faisait pas

---

[49]**étroite et mauvaise** narrow and wretched.   [50]**se blesser** to hurt oneself, injure oneself.   [51]**roue** wheel.   [52]**peser** to weigh, rest heavily.   [53]**soulever** to raise up, lift.   [54]**Allons!** Come now!   [55]**se retourner** to turn around.   [56]**que:** here, disregard.   [57]**quelque part** somewhere.

attention à cet œil toujours fixé sur lui. Enfin, il s'en est aperçu,[58] mais il traitait Javert comme tout le monde, avec bonté.

«Monsieur Madeleine,» a continué Javert, «je n'ai connu qu'un seul homme capable de faire ce que vous demandez là.»

5   M. Madeleine a fait un mouvement qui n'a pas échappé aux yeux froids de l'inspecteur.

«C'était un galérien.»

«Ah!» a dit M. Madeleine.

«Oui, un galérien de la prison de Toulon.»

10   M. Madeleine est devenu pâle.

Le père Fauchelevent, sur qui la voiture pesait de plus en plus[59] et qui souffrait beaucoup criait:

«Je ne peux plus respirer![60] Ça m'écrase![61] Vite! quelqu'un! Ah!»

15   M. Madeleine a regardé autour de lui:

«Il n'y a donc personne qui veuille gagner quatre cents francs et sauver la vie à ce misérable?»

Personne n'a remué. Javert a continué:

«Je n'ai jamais connu qu'un homme capable de faire cela;
20 c'était un galérien.»

«Vite!» criait le vieux.

Madeleine a levé la tête, a rencontré l'œil cruel de Javert toujours fixé sur lui, a regardé les paysans et a souri tristement. Puis, sans dire un mot, il s'est glissé sous la voiture.

25   Il y a eu un moment de silence. La voiture s'enfonçait de plus en plus.

Tout à coup on a vu l'énorme masse de la voiture se soulever un peu. On a entendu une voix qui criait: «Vite! vite! aidez!» C'était M. Madeleine qui faisait un dernier effort.

30   Tout le monde a mis la main à la voiture. Le courage d'un seul avait donné de la force et du courage à tous. La voiture a été soulevée par vingt bras. Le vieux Fauchelevent était sauvé.

Le lendemain matin, le vieil homme a trouvé mille francs sur la table près de son lit, avec ce mot de la main de M. Madeleine:
35 «Je vous achète votre voiture et votre cheval.»

La voiture ne valait plus rien, et le cheval était mort.

---

[58]**s'en est aperçu** noticed.   [59]**de plus en plus** more and more.   [60]**respirer** to breathe.   [61]**écraser** to crush.

15. Javert

Un jour, pendant que M. Madeleine écrivait une lettre dans son bureau, on est venu lui dire que l'inspecteur de police Javert demandait à lui parler.

Javert avait arrêté une jeune femme, Fantine, qui travaillait dans la fabrique de M. Madeleine. Jugeant que Javert avait été 5 trop sévère, M. Madeleine, comme maire de la ville, avait mis Fantine en liberté. Depuis cet incident au bureau de police, M. Madeleine n'avait pas revu l'inspecteur.

«Faites entrer,»[62] a-t-il dit.

Javert est entré. 10

M. Madeleine était resté assis à sa table, sans lever la tête. Il ne pouvait pas oublier la douleur de la pauvre Fantine. Alors, il n'a pas regardé Javert et a continué d'écrire.

Javert a fait deux ou trois pas dans le bureau et s'est arrêté. Monsieur le maire écrivait toujours. Enfin, il a levé la tête, a re- 15 gardé l'inspecteur dans les yeux, et a dit:

«Eh bien! qu'est-ce que c'est, Javert?»

«C'est, monsieur le maire, qu'un acte coupable a été commis.»

«Quel acte?»

«Un agent a manqué[63] de respect à un magistrat. Je viens, 20 comme c'est mon devoir, vous le dire.»

«Qui est cet agent?» a demandé M. Madeleine.

«Moi,» a dit Javert.

«Et qui est le magistrat auquel on a manqué de respect?»

«Vous, monsieur le maire. Voilà pourquoi je viens vous de- 25 mander de me chasser.[64] J'ai commis un acte coupable; il faut que je sois chassé. Monsieur le maire, il y a six semaines, après l'incident au bureau de police, j'étais furieux et je vous ai dénoncé à la Préfecture de Police,[65] à Paris.»

M. Madeleine, qui ne riait pas plus souvent que Javert, s'est 30 mis à rire.

«Comme maire ayant fait obstacle à la police?»

«Comme ancien[66] galérien!»

---

[62]**Faites entrer** (*imp.*) Show him in. [63]**manquer** to lack, be wanting; fail.
[64]**chasser** to discharge. [65]**Préfecture de Police** police headquarters. [66]**ancien** former.

Le maire est devenu pâle.

«Je le croyais,» a continué Javert. «Depuis longtemps, j'avais des idées: une ressemblance, votre force, l'accident du vieux Fauchelevent, votre façon de marcher, enfin,[67] je vous prenais
5 pour un certain Jean Valjean.»

«Un certain?... Comment dites-vous ce nom-là?»

«Jean Valjean. C'est un galérien que j'avais vu il y a vingt ans quand j'étais à Toulon. En sortant de prison, ce Jean Valjean avait volé chez un évêque, puis il avait commis un autre vol, dans un
10 chemin public, sur un petit garçon. Depuis huit ans il s'était caché, on ne sait comment, et on le cherchait. Moi, j'ai cru... Alors, j'ai fait cette chose! Je vous ai dénoncé à la Préfecture de Police de Paris.»

M. Madeleine a répondu d'une voix qui ne trahissait pas son
15 émotion:

«Et que vous a-t-on répondu?»

«Que j'étais fou... »

«Eh bien?»

«Eh bien, on avait raison.»

20 «C'est heureux que vous le reconnaissiez!»[68]

«Il faut bien, puisque[69] le vrai Jean Valjean est trouvé.»

La lettre que tenait M. Madeleine, lui a échappé des mains. Il a regardé Javert et a dit: «Ah!»

«Voici l'histoire, monsieur le maire,» a continué Javert. «Il
25 paraît qu'il y avait dans la région un misérable qu'on appelait le père Champmathieu. On ne faisait pas attention à lui. Il y a quelques semaines, le père Champmathieu a été arrêté pour un vol de pommes. On met l'homme en prison, à Arras.[70] Dans cette prison d'Arras, il y a un ancien galérien nommé[71] Brevet. Mon-
30 sieur le maire, au moment où ce Brevet voit le père Champmathieu, il s'écrie: ‹Eh! mais! je connais cet homme-là. Regardez-moi donc, mon vieux![72] Vous êtes Jean Valjean!› ‹Qui ça, Jean Valjean?› Le père Champmathieu ne veut pas comprendre. ‹Ah! tu comprends bien,› dit Brevet, ‹tu es Jean Valjean. Tu as été à
35 la prison de Toulon, il y a vingt ans. Nous y étions, tous les deux.›

---

[67]**enfin** in a word, in short (*in this context*). [68]**reconnaissiez** (subj. **reconnaître**) admit. [69]**Il faut bien, puisque** I have to, since... [70]**Arras** large industrial city, north of Paris and east of Montreuil. [71]**nommé** named, called. [72]**mon vieux** pal.

On va à Toulon. Avec Brevet, il n'y a plus que deux galériens qui
aient vu Jean Valjean. Ce sont les condamnés à vie Cochepaille
et Chenildieu. On les fait venir à Arras et on leur fait voir le
nommé Champmathieu. Ils le reconnaissent tout de suite, c'est
Jean Valjean. Même âge, même air, même façon de marcher, 5
même homme, enfin, c'est lui. C'est à ce moment-là que je vous
ai dénoncé comme étant Jean Valjean. On me répond que je
suis fou et que Jean Valjean est à Arras au pouvoir de la justice.
On me fait venir à Arras... »

«Eh bien?» a dit M. Madeleine. 10

«Monsieur le maire, la vérité[73] est la vérité. Je regrette, mais
cet homme-là, c'est Jean Valjean. Moi, aussi, je l'ai reconnu.»

«Vous êtes certain?»

«Oui, certain! Et même, maintenant que je vois le vrai Jean
Valjean, je ne comprends pas comment j'ai pu croire autre chose. 15
Je vous demande pardon, monsieur le maire.»

«Assez, Javert,» a dit M. Madeleine. «Nous perdons notre
temps. Et quand est-ce qu'on va juger cet homme?»

«Demain, dans la nuit.»

«Bon,» a dit M. Madeleine, et il a fait signe à Javert de partir. 20
Javert ne s'en est pas allé.

«Qu'est-ce encore?» a demandé M. Madeleine.

«C'est qu'on doit me chasser.»

«Javert, vous êtes un homme d'honneur. Votre erreur n'est
pas si grande. Vous êtes digne de monter et non de descendre. 25
Je veux que vous gardiez votre place.»

Mais Javert a continué:

«Monsieur le maire, dans un moment de colère, je vous ai
dénoncé comme ancien galérien, vous, un homme aimé de tous,
un maire, un magistrat! Ceci est sérieux, très sérieux. Monsieur, 30
pour le bien du service, il faut me chasser!»

«Nous verrons,» a dit M. Madeleine. Et il lui a tendu[74] la
main. Mais Javert ne l'a pas prise. Il a avancé vers la porte, puis
s'est retourné et a dit, les yeux toujours baissés:

«Monsieur le maire, je continuerai le service en attendant 35
d'être remplacé.»[75]

---

[73]**vérité** truth. [74]**tendu** (p.p. **tendre**) stretched out; **tendre la main** to hold out
one's hand. [75]**remplacé** replaced.

Il est sorti.

M. Madeleine est resté pensif, écoutant le pas de l'inspecteur qui s'en allait dans la rue.

16. La Voix

Pour M. Madeleine, ce nom de Jean Valjean, prononcé par l'in-
5 specteur, avait réveillé tout un monde d'idées sombres et d'émotions douloureuses. Ce Jean Valjean, c'était lui.

En écoutant parler Javert, il avait eu une première pensée,
celle d'aller se dénoncer,[76] de tirer ce Champmathieu de prison
et de s'y mettre.

10 Puis cela a passé, et il s'est dit: «Voyons! voyons!»[77] Il avait
oublié ce premier mouvement de bonté et de justice, et n'a voulu
que se sauver.[78]

Ce soir-là, M. Madeleine n'a pas soupé.

Il est rentré dans sa chambre et s'est assis, seul avec ses
15 pensées.

Un bruit dans la rue l'a fait se lever, aller à la porte, et la
fermer à clef, comme s'il avait peur. Un moment après il a éteint
les chandeliers. Il pensait qu'on pouvait le voir.

Qui?

20 Hélas! ce qu'il ne voulait pas y laisser entrer, était déjà entré:
sa conscience.

Seul, dans la chambre sans lumière, il s'est mis à examiner la
situation.

«Est-ce que je ne rêve pas? Que m'a-t-on dit? Est-il bien vrai
25 que j'aie vu ce Javert et qu'il m'ait parlé ainsi? Que peut être ce
Champmathieu? Il me ressemble donc? Est-ce possible? Hier,
j'étais si tranquille! Qu'est-ce que je faisais donc hier, à cette
heure?»

Il est allé à la fenêtre et l'a ouverte. Il n'y avait pas d'étoiles
30 au ciel. Il est revenu s'asseoir près de la table.

La première heure a passé ainsi.

Puis, brusquement, il a compris qu'il était seul maître de la
situation; que ce terrible nom de Jean Valjean allait disparaître à

---

[76]**se dénoncer** to give oneself up.   [77]**Voyons!** Come!   [78]**se sauver** to flee.

jamais[79]; et que, de cette aventure, le digne monsieur Madeleine sortirait plus respecté que jamais. Tout ce qu'il fallait faire, c'était de laisser aller aux galères cet inconnu, ce misérable, ce voleur de pommes, sous le nom de Jean Valjean. Comme ça, ce serait fini. Fini! Ah! fini à jamais! 5

À cette pensée, la conscience a commencé à remuer dans son cœur. Il a rallumé les chandeliers.

«Eh bien!» s'est-il dit, «de quoi est-ce que j'ai peur? Je ne suis pas coupable. Tout est fini. Ce chien de Javert qui me chasse toujours, le voilà content! Il me laissera tranquille, il tient son 10 Jean Valjean! Moi, je ne fais rien. Rien! C'est Dieu qui a fait ceci, ce n'est pas moi! Comment! je n'en suis pas content? Mais qu'est-ce qu'il me faut,[80] donc? Qu'est-ce que je demande? C'est Dieu qui le veut. Et pourquoi? Pour que je continue ce que j'ai commencé, pour que je fasse le bien... alors, laissons faire le bon 15 Dieu!»[81]

Il se parlait ainsi dans sa conscience.

Il s'est levé de sa chaise et s'est mis à marcher dans la chambre.

«Eh bien, n'y pensons plus. C'est décidé!»

Mais il ne sentait aucune joie. La pensée revenait toujours à 20 sa première idée.

Que voulait-il sauver, son corps ou son âme? Redevenir honnête et bon, être un juste, est-ce que ce n'était pas ce qu'il avait toujours voulu, ce que l'évêque avait voulu qu'il soit? Fermer la porte à son passé? Mais, il ne la fermait pas, il la rouvrait, en 25 faisant une mauvaise action! Il redevenait un voleur, parce qu'il volait à un autre sa vie, sa paix, sa place au soleil! il tuait! il tuait un homme misérable, innocent. Aller au tribunal, sauver cet homme, reprendre son nom de Jean Valjean, redevenir par devoir un galérien, c'était vraiment fermer pour jamais l'enfer d'où 30 il sortait! Il fallait faire cela!

Il a pris ses livres, et les a mis en ordre. Il a écrit une lettre, l'a mise dans sa poche, et a commencé à marcher. Il voyait son devoir écrit en lettres de feu: *Va! nomme-toi! dénonce-toi!*

Deux heures ont sonné. 35

Il avait froid. Il a allumé un peu de feu. Tout à coup, l'idée de se sauver l'a saisi. Et il a recommencé son dialogue avec lui-même.

---

[79]**à jamais** forever. [80]**il me faut** I need. [81]**laissons faire le bon Dieu!** let God's will be done!

«Eh bien, cet homme va aux galères, c'est vrai, mais il a volé. Il est coupable. Moi, je reste ici, et je continue. Dans dix ans j'aurai gagné dix millions, je les mets au service de la ville, je ne garde rien pour moi. Ce n'est pas pour moi ce que je fais! C'est le bien
5 de tous, de cent familles, de mille familles; elles sont heureuses, la misère disparaît, et avec la misère, le vol, les crimes! Il faut faire attention![82] Qu'est-ce que je sauve? un vieux voleur de pommes, un misérable, un homme qui ne vaut rien!»

Il s'est levé et s'est mis à marcher. Cette fois, il lui paraissait
10 qu'il était content.

«Oui,» a-t-il pensé, «c'est cela. Ce que je fais, c'est pour le bien de tous. Je suis Madeleine, je reste Madeleine.»

Il a fait encore quelques pas, puis il s'est arrêté.

«Mais,» s'est-il dit, «il y a ici, dans cette chambre, des objets
15 qui pourraient me nuire[83]; il faut qu'elles disparaissent.»

Il a cherché dans sa poche et y a pris une petite clef. Avec cette clef, il a ouvert un placard dans le mur, près de son lit.

Il n'y avait dans ce placard que de vieux habits, un vieux sac, et un gros bâton. Ceux qui avaient vu Jean Valjean, une nuit
20 d'octobre, à Digne, auraient reconnu tous ces objets. Il les avait gardés, comme il avait gardé les chandeliers de l'évêque.

Il a regardé vers la porte; puis, d'un mouvement vif[84] il a tout pris, a tout jeté au feu et a refermé le placard.

Tout brûlait. La chambre était tout éclairée.

25 Dans le feu, près du bâton qui brûlait comme une vieille branche, il y avait quelque chose qui brillait comme un œil. C'était une pièce de quarante sous! La pièce de Petit-Gervais.

M. Madeleine ne l'a pas vue. Tout à coup ses yeux sont tombés sur les deux chandeliers d'argent.

30 «Ah!» a-t-il pensé, «tout Jean Valjean est encore là! Il faut tout détruire!»[85]

Il a pris les deux chandeliers et a remué le feu. Une minute de plus,[86] et ils étaient dans le feu.

En ce moment, il a cru entendre une voix qui criait:

35 «Jean Valjean! Jean Valjean!»

M. Madeleine a écouté ces mots terribles.

---

[82]**Il faut faire attention** Let's be careful. [83]**nuire** to be harmful. [84]**vif (vive)** quick. [85]**détruire** to destroy. [86]**de plus** more.

«Oui! c'est cela,» disait la voix. «Finis ce que tu fais! Détruis ces chandeliers! oublie l'évêque! oublie tout! va! va, c'est bien! Voilà un homme qui sait ce qu'il veut! Détruis ce Champmathieu, qui n'a rien fait, sur qui ton nom pèse comme un crime, qui va être pris pour toi, qui va être condamné, qui va finir ses jours 5 dans les galères! C'est bien. Sois honnête homme, toi. Reste monsieur le maire, vis heureux et aimé! Pendant ce temps-là, pendant que tu seras ici dans la joie et la lumière, il y aura quelqu'un qui aura ton uniforme rouge, qui portera tes chaînes et ton nom en prison! Ah! misérable que tu es!» 10

Cette voix était devenue terrible.

M. Madeleine a regardé dans la chambre:

«Y a-t-il quelqu'un ici?» a-t-il demandé. Puis il a continué, en riant comme un fou: «Comme je suis bête![87] Il n'y a personne ici.» 15

Il a mis les chandeliers sur la table.

Puis, il s'est remis à marcher, mais il marchait comme un petit enfant qu'on laisse aller seul.

Trois heures ont sonné. Le combat entre Jean Valjean et M. Madeleine continuait. 20

À quatre heures, une voiture dans laquelle il n'y avait qu'une seule personne, un homme tout en noir, est partie de Montreuil-sur-Mer et a pris la route d'Arras.

EXERCISES

9–10

READING COMPREHENSION

Answer the following questions.

1. Quelle était la principale pensée de Valjean quand il s'est réveillé?
2. Combien valaient les couverts?
3. Pourquoi Valjean pourrait-il partir facilement?
4. Quand Valjean s'est-il cru perdu?

---

[87]**bête** stupid.

5. Comment dormait l'évêque?
6. En voyant l'évêque, qu'a voulu faire Valjean?
7. Comment Valjean est-il parti après avoir pris l'argenterie?
8. Qu'est-ce que l'évêque a remarqué au jardin en se promenant?
9. Qu'a-t-il dit quand madame Magloire lui a parlé du vol?
10. Qui est venu pendant le déjeuner?
11. Comment l'évêque a-t-il protégé Valjean?
12. Qu'est-ce qu'il a donné à Valjean?
13. Qu'est-ce que Valjean ne devait jamais oublier?
14. Expliquez: «C'est votre âme que je vous achète.»

VOCABULARY STUDY

A. *Vocabulary Usage*

Write sentences of your own with the following words, using one or more in each sentence.

remuer	faire un mouvement
monter	sauter par-dessus
frapper	courir
s'enfuir	

le nuage	le ciel
la lune	un rayon de lune
éclairer	un arbre
le jardin	

demain	le lendemain
être heureux de quelque chose	la veille
être incapable de + *inf.*	être heureux de faire quelque chose
se souvenir de quelqu'un ou de quelque chose	promettre de + *inf.*
	se lever de table
à quoi bon + *inf.*	laisser + *inf.*
ne plus + *inf.*	lâcher

B. *Word Formation*

Some of the following verbs have a basic form to which a form of the prefix **re-** has been added to indicate repetition. Can you identify the verbs that indicate repetition? What would the infinitives be without the prefix **re-**?

1. Jean n'a pas revu sa famille.
2. Il ne s'est pas rendormi.
3. Il s'est réveillé.
4. Il est resté au lit.
5. Il a regardé l'évêque.
6. Il est rentré dans sa chambre.

STRUCTURES

A. The Use of the Gerund: en + present participle

The gerund is used

1. to indicate a simultaneous action.

   Jean est allé à l'auberge en arrivant.
   Jean went to the inn upon (when) arriving.

2. to describe the manner in which an action is performed.

   Jean a traversé le jardin en courant.
   Running, Jean crossed the garden. (Jean ran across the garden.)

3. to describe the means or method in which the action is performed.

   Jean s'est enfui en sautant par-dessus le mur.
   Jean fled by jumping over the wall.

Translate the following sentences.

1. Jean s'est approché du lit en regardant l'évêque.
2. Il a ôté sa casquette en voyant sa figure noble.
3. Il avait peur en s'approchant du lit.
4. La porte s'est ouverte en faisant un bruit aigu.
5. Il a vu l'argenterie en ouvrant le placard.
6. Il a brisé la plante en sautant de la fenêtre.
7. L'évêque voulait sauver Valjean en achetant son âme.
8. Jean n'a rien dit à l'évêque en partant.

B. The Use of Past Tenses

Rewrite the following passage, using the **passé composé** or the imperfect according to the context.

Jean Valjean se réveille à deux heures. À trois heures il se lève. Il écoute: personne ne remue dans la maison. Il s'approche de la fenêtre. Le mur du jardin n'est pas haut. Il pousse la porte de la chambre voisine. Tout à coup, la lune éclaire la figure de l'évêque. Jean voit l'évêque qui dort. Ses cheveux sont blancs. D'abord, Jean a l'idée de le frapper. Puis, il ôte sa casquette. Après quelque temps, il prend l'argenterie. Il met l'argenterie dans son sac. Il s'enfuit.

C. The Use of me, te, nous, vous, as Direct or Indirect Object Pronouns

Rewrite the following sentences replacing the first and second person pronouns in italics with third person pronouns (direct: **le, la, les;** indirect; **lui, leur**).

EXAMPLES: L'argenterie *m*'a été donnée par l'évêque.

*L'argenterie **lui** a été donnée par l'évêque.*

Les gendarmes nous ont dit cela.

*Les gendarmes **leur** ont dit cela.*

On m'a laissé aller.

*On **l**'a laissé aller.*

1. Il *m*'a demandé cela.
2. On *vous* permet de partir.
3. Les gendarmes *m*'ont arrêté.
4. On *t*'a repris tout de suite.
5. On *vous* connaît.
6. On *vous* a montré le passeport.
7. Ils *me* reverront ce soir.
8. On *nous* a volé l'argenterie.
9. Jean ne *m*'a pas frappé.

D. *The Use of the Stress Pronoun with Certain Verbs*

Rewrite the following sentences, replacing **appartenir à** with **être à**
+ *stress pronoun.*

EXAMPLES: Cette clef **appartient** à madame Magloire.

*Cette clef **est à elle.***

Cette clef **m'appartient.**

*Cette clef **est à moi.***

1. Cette maison m'appartient.
2. Ce chandelier ne t'appartient pas.
3. Ces chandeliers ne leur appartiennent pas.
4. Cette clef lui appartient (à madame Magloire).
5. La maison leur appartient (à l'évêque et à sa sœur).

COMMUNICATIVE ACTIVITY

Prepare the topic listed below to be discussed in class, using
the statements as guidelines. You should be ready to quote
lines from the text in support of the views expressed.

*Discussion: Les deux passages 9 et 10 sont particulièrement
dramatiques. Montrez par quels moyens Victor
Hugo y est arrivé.*

1. Le plan de Valjean concernant l'argenterie.
2. L'exécution du plan.
3. Les obstacles qui pouvaient arrêter Jean.
4. Les différentes émotions qui agitent le voleur.
5. Son hésitation entre le désir de voler et celui d'être
   honnête.
6. Le comportement émotionnel de madame Magloire le
   lendemain.
7. La bonté et le calme de l'évêque.
8. La confrontation entre les gendarmes, Jean Valjean, et
   l'évêque.
9. L'explication que donne l'évêque aux gendarmes.
10. Le projet de l'évêque pour sauver l'âme de Jean.
11. Les réactions de Jean devant l'évêque.

11–12

READING COMPREHENSION

Answer the following questions.

1. Pourquoi Jean Valjean repassait-il sur le même chemin plusieurs fois en sortant de Digne?
2. Quelle voix entendait-il toujours?
3. Quel bruit a-t-il entendu dans le chemin?
4. Comment jouait le garçon?
5. Qu'a fait Valjean quand la pièce a roulé à ses pieds?
6. Montrez que le garçon n'a pas eu peur d'abord.
7. Quelle a été la réaction de Valjean devant Petit-Gervais?
8. Qu'a fait alors l'enfant?
9. Qu'a voulu faire Valjean après avoir compris qu'il avait volé la pièce d'argent de Petit-Gervais?
10. Qui a-t-il rencontré?
11. Pourquoi a-t-il donné vingt francs au prêtre?
12. Comment Valjean a-t-il manifesté ses émotions quand il n'a pas retrouvé Petit-Gervais?

VOCABULARY STUDY

A. *Vocabulary Usage*

Write sentences of your own with the following words and phrases.

s'élever	relever
jeter en l'air	rattraper
faire attention à	faire de toutes ses forces
de temps en temps	de la tête aux pieds
au loin	

la lune	le soleil
se lever	se coucher
la nuit	tomber
tomber par terre	le froid
l'horizon	les quatre points de l'horizon
la pierre	le tronc d'un arbre

B. Adverb Formation

An adverb can often be recognized from the ending **-ment** added to the feminine form of an adjective. For adjectives ending in **-ent**, corresponding adverbs end in **-emment.**

> sérieux → **sérieusement**
> récent → **récemment**

Rewrite the following sentences, using a phrase with the adjectives from which the adverbs are derived.

EXAMPLE: Il parlait rapidement.
> *Il parlait d'une voix rapide.*

Il parlait...

1. convulsivement.
2. doucement.
3. calmement.
4. joyeusement.
5. tranquillement.
6. violemment.

STRUCTURES

A. The Use of the Adverb ne ... que to Express a Restriction

Rewrite the following sentences by replacing **seulement** with **ne ... que.**

EXAMPLE: On voyait seulement les Alpes.
> *On **ne** voyait **que** les Alpes.*

1. Jean Valjean pensait seulement aux galères.
2. Il entendait seulement la voix de l'évêque.
3. Le garçon avait seulement une pièce de quarante sous.
4. Il voulait seulement sa pièce.
5. Il demandait seulement sa pièce blanche.

B. The Use of **comme si** + *imperfect to Express a Hypothetical State or Action*

Rewrite the following sentences by using **comme si** + *imperfect.*

EXAMPLE: Il est sorti de la ville. Il paraissait s'échapper.

Il est sorti de la ville comme s'il s'échappait.

1. Il a couru. Quelqu'un paraissait être derrière lui.
2. Il est sorti de Digne. Les gendarmes paraissaient courir derrière lui.
3. Il a écouté. Il paraissait entendre une voix.
4. Il avait la tête baissée. Il paraissait réfléchir.
5. Il a regardé autour de lui. Il paraissait ne pas bien voir.

C. *Repetition for Emphasis*

Rewrite the following sentences, using repetition to give emphasis to the words in italics.

EXAMPLE: Rendez-moi **ma pièce.**

Ma pièce, *rendez-moi ma pièce.*

1. Rendez-moi *mon argent.*
2. Je veux *les chandeliers.*
3. Dites-moi *votre nom.*
4. Ôtez *votre pied.*

D. *Reflexive and Nonreflexive Verbs*

Translate the following sentences to show the change in the meaning between the reflexive and nonreflexive use of a verb.

EXAMPLE: Il s'est mis à marcher. / Il a mis les chandeliers ici.

He started walking. / He put the candlesticks here.

1. Jean se sentait remué. / Il sentait de la douceur.
2. Jean se fâchait. / Il n'avait pas fâché l'évêque.
3. Jean s'est arrêté. / Les gendarmes ont arrêté Jean.
4. Jean s'est levé. / Il a levé la tête.
5. Jean s'est mis à courir. / Il a mis le pied sur la pièce.

E. The Position of jamais

Jamais comes after the verb in simple tenses and between the auxiliary and the past participle in compound tenses.

On ne sait **jamais.**
On n'a **jamais** su.

Rewrite the following sentences in the negative, using **ne ... jamais.**

1. Jean Valjean pleurait en prison.
2. Il a pleuré en prison.
3. Il a pu pleurer en prison.
4. Il montrait ses émotions.
5. Il se fatiguait.

F. The Position of rien *and* personne

Answer the following questions in the negative, using **ne ... personne** or **ne ... rien** and keeping the same tense.

EXAMPLES: Il a vu quelqu'un?

Il n'a vu personne.

Il voyait quelque chose?

Il ne voyait rien.

1. Il avait mangé quelque chose?
2. Il a rencontré quelqu'un?
3. Il entendait quelque chose?
4. On savait quelque chose sur l'étranger?
5. On a su quelque chose sur l'étranger?

COMMUNICATIVE ACTIVITY

Discuss the feelings and thoughts experienced by the following characters during the events of Sections 9–12.

Jean Valjean, l'évêque, madame Magloire, le brigadier, Petit-Gervais, le prêtre à cheval.

(continued)

How might they have revealed their emotions in tone of voice, facial expressions, body posture, gestures, distance between each other? Once you have agreed upon an interpretation, prepare and perform one of the following scenes with a classmate. You should be ready to quote lines from the text in support of the views expressed.

1. Dialogue between **l'évêque** and **madame Magloire,** *Section 10, Line 8 (page 111)* to *Line 21 (page 111).*
2. Dialogue between **l'évêque** and **le brigadier,** *Section 10, Line 13 (page 112)* to *Line 23 (page 112).*
3. Dialogue between **l'évêque** and **Jean Valjean,** *Section 10, Line 26 (page 112)* to *Line 14 (page 113).*
4. Dialogue between **Jean Valjean** and **Petit-Gervais,** *Section 11, Line 18 (page 114)* to *Line 14 (page 115).*
5. Dialogue between **Jean Valjean** and **le prêtre,** *Section 12, Line 3 (page 116)* to *Line 20 (page 116).*

13–14

READING COMPREHENSION

Answer the following questions.

1. Comment le père Madeleine était-il devenu riche?
2. Pourquoi ne lui avait-on pas demandé son passeport quand il est arrivé?
3. Que faisait-il avec son argent?
4. Dans quelles circonstances est-il devenu monsieur le maire?
5. Quelles étaient ses occupations quand il ne travaillait pas?
6. Comment aidait-il ceux qui en avaient besoin?
7. Qu'est-ce que les deux dames ont vu dans sa chambre?
8. Qu'est-ce que le père Madeleine a lu dans le journal un jour?
9. Quel accident est arrivé un jour dans la ville?
10. Pourquoi les hommes ont-ils tous refusé l'argent?
11. Qui était Javert?
12. Comment le maire traitait-il l'inspecteur de police?
13. D'après Javert, qui pouvait soulever la voiture?
14. Qu'a fait alors le maire?
15. Qu'est-ce que le vieux Fauchelevent a trouvé le lendemain matin?
16. Que valaient la voiture et le cheval?

VOCABULARY STUDY

A. *Vocabulary Usage*

Write sentences of your own with the following words using one or more in each sentence.

le roi   la gendarmerie
le capitaine   l'inspecteur de police
le maire   nommer quelqu'un maire
l'industrie   (évêque, juge,
la fabrication   professeur, etc.)
la voiture   la fabrique
employer   avancer ou reculer
devenir riche   enrichir
faire sa fortune   faire fortune

de plus en plus   être capable de faire
peser   écraser
soulever   dessus ou dessous
se blesser   se casser la jambe
avoir la jambe cassée

B. *The Meanings of* demeurer *and* rester

After studying the respective meanings of **demeurer** and **rester**, write four sentences of your own using each of the following sentences as models and making sure to use the correct auxiliary.

EXAMPLES: Il **a demeuré** dans la ville.   (*he lived*)

Il **est demeuré** simple.   (*he remained*)

Il **est resté** simple.   (*he remained* or *stayed*)

Il **est resté** à Montreuil.   (*he remained*)

STRUCTURES

A. *The Comparatives of* bien *and* bon

Complete the following sentences using the comparative form that corresponds to **bien** or **bon**.

EXAMPLES: Être honnête, c'est **bien,** mais être généreux, c'est **mieux.**

Les amis sont **bons,** mais les livres sont **meilleurs.**

1. Le père Madeleine vivait bien, mais beaucoup de gens vivaient _____.
2. Il avait de bons amis, mais ses livres étaient ses _____ amis.
3. Sa chambre à coucher était bonne, mais celles des dames étaient évidemment _____.
4. Les enfants lisaient bien, mais monsieur le Maire lisait _____.

B. *The Use of the Comparative* moins de + *object and* plus de + *object.*

Rewrite the following sentences replacing **plus** with **moins** and **moins** with **plus.**

1. Monsieur Madeleine avait plus de cinquante ans.
2. Il est devenu riche en plus de cinq ans.
3. Il a donné moins d'un million à la ville.
4. Il faisait moins de bien que les autres gens.

C. *The Use of* venir *and* venir de *with Infinitives*

Translate the following sentences.

EXAMPLES: Il **était venu** demeurer à Montreuil-sur-Mer.

*He **had come** to live at Montreuil-sur-Mer.*

Il **venait de lire** la nouvelle.

*He **had just read** the news.*

1. Les pauvres venaient se présenter à la fabrique.
2. Les deux dames ont dit qu'elles venaient voir la chambre.
3. Les dames ont dit à tout le monde qu'elles venaient de voir la chambre: elle était très simple.
4. Personne ne venait déjeuner avec le maire.
5. Le maire venait de déjeuner quand il a jeté un cri.

D. *The Use of the Subjunctive*

Rewrite the following sentences using the subjunctive and following the example. Irregular forms of the subjunctive are indicated in the end vocabulary.

EXAMPLE: Il y a peut-être quelqu'un qui **sait** quoi faire.

*Y a-t-il quelqu'un qui **sache** quoi faire?*

1. Il y a peut-être quelqu'un qui a du courage.
2. Il y a peut-être quelqu'un qui est fort.
3. Il y a peut-être quelqu'un qui connaît un homme fort.
4. Il y a peut-être quelqu'un qui viendra m'aider.
5. Il y a peut-être quelqu'un qui pourra soulever la voiture.

E. The Use of the Pronoun en

Rewrite the following sentences replacing the words in italics with **en** and placing it in the appropriate position.

EXAMPLE: Nous n'avons pas la force **de soulever la voiture.**

Nous n'en avons pas la force.

1. On a tiré l'homme *de dessous la voiture.*
2. Un seul homme était capable *de ce courage.*
3. Un seul homme a eu le courage *de le faire.*
4. Le galérien s'était échappé *de la prison de Toulon.*
5. Fauchelevent n'est pas mort *des conséquences de l'accident.*

15–16

READING COMPREHENSION

Answer the following questions.

1. Qui était Fantine?
2. Dans quelle intention Javert est-il venu voir le maire?
3. Pourquoi Javert voulait-il être chassé?
4. Pour qui Javert prenait-il le maire?
5. Où Javert avait-il dénoncé M. Madeleine?
6. Quelle était l'histoire du père Champmathieu?
7. Quand le Jean Valjean de la prison d'Arras allait-il être jugé?
8. Qu'a fait M. Madeleine au lieu de chasser Javert?
9. Quelle était la première pensée de Madeleine/Jean Valjean en écoutant parler Javert?
10. Que lui a dit sa conscience?
11. Quel était le devoir de Jean Valjean?
12. Comment pouvait-il justifier son désir de rester à Montreuil-sur-Mer?
13. Pourquoi a-t-il brûlé ses objets personnels?
14. Quels étaient ces objets?

15. Que disait la voix de sa conscience pendant que le feu brûlait?
16. Qui a gagné le combat, M. Madeleine ou Jean Valjean repentant?
17. Qu'auriez-vous fait à la place de Jean Valjean, sauver le voleur de pommes ou faire le bien dans la ville?

VOCABULARY STUDY

Write sentences of your own by combining in as many ways as possible the expressions from *Column A* with those in *Column B*.

A	B
faire	main
avoir	prison
dire	vie
demander	pardon
mettre	vérité
condamner	raison
perdre	voir
tendre	obstacle
manquer	attention
venir	signe
entrer	respect

Write sentences of your own with each of the following contrastive words and phrases.

sauver	se sauver
réveiller	se réveiller
tout un monde (*a whole world*)	tout le monde (*everybody*)
	ce soir-là (*that evening*)
ce soir (*tonight*)	cette nuit-là (*during that night*)
cette nuit (*tonight*)	cette année-là (*that year*)
cette année (*this year*)	

STRUCTURES

A. The Use of the Subjunctive with vouloir

Rewrite the following sentences using the subjunctive and following the example. Irregular forms of the subjunctive are indicated in the end vocabulary.

EXAMPLE: Il faut venir.

*Je veux que vous **veniez**.*

1. Il faut faire attention.
2. Il faut dire la vérité.
3. Il faut devenir honnête.
4. Il faut partir.
5. Il faut s'en aller.
6. Il faut mettre l'homme en prison.

B. *The Use of the Imperfect and the* passé composé

Rewrite the following passage in the past using the imperfect for a condition or for an action in progress and the **passé composé** for events forming a chronological sequence.

Il y a un misérable dans la région. On l'appelle le père Champmathieu. Personne ne fait attention à lui. On ne le connaît pas très bien. Un jour, on le voit voler des pommes. On l'arrête. On le met à la prison d'Arras. Dans cette prison, il y a un ancien galérien. Au moment où le galérien voit Champmathieu, il dit: «c'est Jean Valjean». Brevet dit qu'il connaît Jean Valjean. Mais le père Champmathieu ne dit rien. Un inspecteur va à Toulon. Il n'y a plus que deux galériens connaissant Valjean. Ce sont deux condamnés à vie. On les fait venir à Arras. On leur fait voir Champmathieu. Ils le reconnaissent tout de suite. Champmathieu a le même âge. Il marche comme Jean Valjean. Quand Javert va à Arras, il reconnaît Jean Valjean. Après être retourné à Montreuil, il demande pardon au maire.

C. *The Use of the Conditional*

Rewrite the following sentences in the conditional to indicate a hypothetical mood.

EXAMPLE: C'est fini.

Ce serait fini.

1. Il laisse faire la justice.
2. Le nom de Jean Valjean disparaît.
3. Il est aimé.
4. Il peut rester à Montreuil.
5. Il enrichit la ville.
6. Champmathieu va aux galères à sa place.

D. *The Use of* en *and* dans *to Express Time*

Translate the following sentences.

EXAMPLES: En dix ans, il **gagnera** un million.

*In ten years he **will earn** a million.*

Dans dix ans, il **aura gagné** dix millions.

*Ten years from now he **will have earned** ten million.*

1. En dix ans, la ville deviendra de plus en plus riche.
2. Dans dix ans, la ville sera devenue très riche.
3. Madeleine avait enrichi la ville en trois ans.
4. En cinq ans, il avait donné un million à la ville.
5. On pouvait aller de Montreuil à Arras en quatre heures.
6. Monsieur Madeleine voulait partir dans quatre heures.

COMMUNICATIVE ACTIVITY

Prepare the following topic to be discussed in class. You should be ready to quote lines from the text in support of the views expressed.

L'ancien galérien, devenu M. Madeleine, fait le bien dans sa ville. À cause d'une erreur, le père Champmathieu, un misérable voleur de pommes, est en prison à la place de Jean Valjean. Quelles sont les raisons pour lesquelles Monsieur Madeleine doit retourner en prison pour que Champmathieu soit libéré au lieu de rester dans sa ville pour faire le bien de tous.

REVIEW EXERCISE

Review the vocabulary and the grammar points covered in *Part II*. Then rewrite each sentence with the correct form of the word in parentheses.

Jean Valjean gagnait sa vie pauvrement mais _____ (*adverb corresponding to* **honnête**). Malgré tous ses efforts, les sept enfants de sa sœur n'avaient rien _____ (*preposition*) **manger.** Alors, un soir, il _____ (*past tense of* **voler**) un _____ (*noun*) et il a été condamné à cinq _____ (*noun*) de galère. Il _____ (*past tense of* **essayer**) de _____ (*verb*). Il n'y avait rien _____ (*preposition*) faire. En octobre 1815, la porte de la prison de Toulon _____ (*past tense of* **s'ouvrir**). De Toulon, Jean Valjean _____ (*past tense of* **aller**) dans les Alpes. Personne n'a voulu le recevoir sauf Mgr Bienvenu, _____ (*church title*) de Digne. Jean Valjean lui a dit: «Partout on m'a dit de m'en _____ (*verb*) et vous me recevez chez _____ (*stress pronoun*). Vous allumez vos beaux _____ (*noun*) pour moi. Je suis un _____ (*noun*).» L'évêque _____ (*past tense of* **répondre**): «Je vous connais. Vous avez faim et _____ (*noun*), vous souffrez. Tout ce qui est ici vous appartient _____ (*replace* **vous appartient** *with the construction* **être à**). Après le souper, l'évêque _____ (*past tense of* **conduire**) le galérien dans sa chambre. Il _____ (*past tense of* **s'endormir**) tout de suite. Le lendemain matin, en _____ (*gerund of* **passer**) à côté du lit où _____ (*past tense of* **dormir**) l'évêque, Jean Valjean s'est senti le cœur _____ (*adjective*) par l'émotion. Puis, il _____ (*past tense of* **saisir**) l'argenterie, a traversé le jardin _____ (*use preposition* + *gerund of* **courir**) et _____ (*past tense of* **s'enfuir**). Quelques heures plus tard, les gendarmes _____ (*past tense of* **arriver**) avec Jean Valjean chez l'évêque. L'évêque leur a dit qu'ils pouvaient le _____ (*verb*) _____ (*verb*). Il a donné deux chandeliers à Valjean pour qu'il _____ (*subjunctive of* **devenir**) honnête homme. Mais l'honnêteté est difficile. Ayant rencontré Petit-Gervais sur son chemin, le galérien a mis _____ (*article*) _____ (*noun*) sur sa pièce d'argent pour la lui _____ (*verb*). Jean Valjean savait qu'il _____ (*use construction* **ne ... que** *with* **être** *in the past tense*) un misérable. Alors, pour la _____ (*adjective*) fois depuis dix-neuf ans, il _____ (*past tense of* **se mettre**) à pleurer, signe de sa conversion. Nous retrouvons le galérien à Montreuil-sur-Mer. _____ (*preposition*) dix ans, il était devenu riche, on l'_____ (*past tense of* **appeler**) monsieur Madeleine. Il _____ (*past tense of* **donner**) beaucoup d'argent aux pauvres. Sa vie _____ (*past tense of* **être**) simple. Un jour, le père Fauchelevent _____ (*past tense of* **avoir**) un accident. Monsieur Madeleine, qui était d'une _____ (*noun*) prodigieuse, _____ (*past tense of* **soulever**) la voiture sous _____ (*appropriate form of the relative pronoun* **lequel**) le vieux était écrasé, le sauvant d'une _____ (*noun*) certaine. À la fin de l'histoire, l'ancien galérien va à Arras pour sauver la _____ (*noun*) d'un homme accusé à sa place, Jean Valjean _____ (*past tense of* **redevenir**) honnête.

PART THREE

Part Three is devoted to a different genre: the theater, with a one-act comedy by Tristan Bernard (1866–1947), *L'Anglais tel qu'on le parle*. It has enjoyed tremendous success over the years and continues to be performed on French stages today. It is a light and lively play which progresses at a fast pace through a series of very funny situations. It is about the linguistic difficulties of a self-styled interpreter who knows only French, and the sentimental difficulties of an Anglo-French pair of lovers. This play will certainly appeal to the struggling foreign language students who will be able to laugh at the phony and yet resourceful interpreter, and to empathize with the young couple's real but short plight.

The play appears here as originally written. It provides students with an excellent opportunity to practice conversational French in everyday situations.

STUDY GUIDE

The following suggestions will help you in your reading of *L'Anglais tel qu'on le parle* and in preparing for class activities.

1. Glance over the vocabulary exercises before reading the play, particularly those dealing with the familiar phrases used in daily life.
2. Be sure to review the subjunctive and the use of adverbs and adjectives.
3. Try to guess the general meaning of each line within its situa-

tional context before you verify your understanding by means of the footnotes and vocabulary. Reread the scenes aloud with the aid of the footnotes when necessary.

4. Get prepared for the *Communicative Activity*. Write down the lines spoken by the characters and practice them aloud several times in order to improve your conversational skill. When taking part in performing one of the scenes, rehearse your part thoroughly and make an effort to speak in a natural way.

5. Prepare in advance the topics for discussion. Write down your thoughts and practice stating and supporting your opinions aloud several times in order to improve your oral proficiency.

L'Anglais tel qu'on le parle[1]

TRISTAN BERNARD

[1]**tel qu'on le parle** as it is spoken.

Personnages   EUGÈNE   UN GARÇON[2]
                 HOGSON   UN AGENT DE POLICE
                 UN INSPECTEUR   LA CAISSIÈRE[3]
                 JULIEN CICANDEL   BETTY

5   EUGÈNE: *Interprète. Homme de trente ans, petit, assez gros, nerveux;
    quand il parle, il s'exprime d'une façon très vive,[4] en faisant des gestes
    avec la tête, les mains et les épaules, tout à la fois.[5] Cela le rend assez
    drôle, surtout puisqu'il se croit très adroit.[6] Cependant, il ne manque pas
    d'humour.*

10 HOGSON: *Père de Betty. Un Anglais de cinquante ans, grand, distingué,
    et habillé avec grand soin.*

    JULIEN CICANDEL: *Un Français, jeune et beau, à la mode,[7] une canne
    à la main, etc. Il parle l'anglais avec un accent tout parisien, en faisant
    de petits gestes expressifs.*

15 L'INSPECTEUR: *Homme brusque, sans humour, qui se prend au sérieux
    et qui laisse voir une grande confiance en lui-même.[8]*

    LE GARÇON: *Il porte une blouse[9] bleue, avec un mouchoir autour du
    cou. Il a l'air intelligent, vif et un peu rusé.[10]*

    BETTY: *Une jeune Anglaise, jolie et blonde. Elle semble toujours in-
20 quiète, même effrayée.[11] D'abord, elle porte un costume de voyage,[12] puis
    une robe de ville.*

    LA CAISSIÈRE: *Une jeune Française, habillée en noir, d'un air chic et
    important.*

    *Tous les costumes sont modernes. La scène[13] représente le vestibule d'un
25 petit hôtel, à Paris. À droite, une porte au premier plan.[14] Au fond,[15] un
    couloir d'entrée,[16] avec sortie à droite et à gauche. Au premier plan, à
    gauche, une porte; au second plan, une sorte de comptoir, en angle,[17]
    avec un casier[18] pour les clefs des chambres. Affiches de chemin de fer[19]*

---

[2]**garçon** porter. [3]**caissière** cashier. [4]**vif (vive)** lively. [5]**tout à la fois** all at
once. [6]**adroit** clever. [7]**à la mode** stylish. [8]**laisse voir... lui-même** shows a
great deal of confidence in himself. [9]**blouse** smock. [10]**rusé** sly. [11]**effrayé**
frightened. [12]**costume de voyage** traveling dress. [13]**scène** stage. [14]**au premier
plan** in the foreground. [15]**au fond** in the back. [16]**couloir d'entrée** entrance
hall. [17]**comptoir, en angle** counter standing at an angle. [18]**casier** set of
pigeonholes. [19]**affiche de chemin de fer** railroad poster.

illustrées, un peu partout. Horaires[20] *de trains et de bateaux. Au premier plan, à droite, une table; sur la table, des journaux, des livres et un appareil téléphonique.*

Scène I

JULIEN, BETTY, LE GARÇON, LA CAISSIÈRE

JULIEN: (*au garçon*) Il nous faudrait deux chambres.

LE GARÇON: Je vais le dire à madame.   5

JULIEN: Y a-t-il un bureau de poste près d'ici?

LE GARÇON: Il y a un bureau de poste, place de la Madeleine. Monsieur a-t-il quelque chose à y faire porter?

JULIEN: (*comme à lui-même*) J'ai un télégramme pour Londres... Non, je préfère y aller moi-même. (*Le garçon sort.*)   10

BETTY: My dear, I should like a room exposed to the sun.

JULIEN: Yes, my dear.

BETTY: I am very tired. My clothes are dirty.

JULIEN: Il faut vous habituer à[21] parler français. Nous nous ferons moins remarquer.[22]   15

BETTY: Oh! je sais si peu bien parler français.

JULIEN: Mais non, vous savez très bien. Seulement, il faut vous habituer à le faire.

LA CAISSIÈRE: Monsieur désire?

JULIEN: (*à la caissière*) Deux chambres, pas trop loin l'une de 20 l'autre.

LA CAISSIÈRE: Nous avons le 11 et le 12. C'est au deuxième étage.[23]

JULIEN: Le 11 et le 12.

LA CAISSIÈRE: Monsieur veut-il écrire son nom?   25

---

[20]**horaire** timetable. [21]**s'habituer à** to get used to. [22]**Nous nous ferons moins remarquer** We won't be noticed so much. [23]**deuxième étage** third floor.

JULIEN: Ah! oui, le registre... Écrivez M. et Madame Philibert.

LA CAISSIÈRE: Voulez-vous attendre un instant? Je vais faire préparer les chambres. (*Elle sort.*)

BETTY: (*à Julien*) Oh? monsieur Phéléber! Oh! madame Phéléber!
5 Oh! Oh!

JULIEN: Eh bien, oui, je ne peux pas donner nos véritables noms.
Si j'avais dit M. Julien Cicandel et mademoiselle Betty Hogson!
Vous dites que votre père connaît cet hôtel et qu'il est fichu de
venir nous relancer.[24]

10 BETTY: Il est fichu de nous relancer?...

JULIEN: Oui, il est capable de nous suivre et de nous chasser... ce
qui serait bien drôle, n'est-ce pas?

BETTY: C'est une abominable chose.[25] Vous avez parlé plus que
deux fois[26] de cet hôtel à la maison. Il a beaucoup mémoire.[27]
15 Il doit se souvenir ce mot:[28] Hôtel de Cologne. C'est facile se
souvenir[29]... Et puis je vais vous dire encore une terrible chose[30]...
Je crois que je l'ai vu, tout à l'heure, mon père! J'ai vu de loin
son chapeau gris.

JULIEN: Il y a beaucoup de chapeaux gris à Paris.

20 BETTY: J'ai reconnu le paternel chapeau.[31]

JULIEN: La voix du sang... Tu dis des bêtises.

BETTY: Des bêtises?... (*tendrement*) My dear.

JULIEN: Ne dis pas: my dear. Dis-moi: petit chéri.

BETTY: (*avec tendresse*) Petit chéri!... Petit chéri! Oh! je voudrais je

---

[24]**il est fichu... relancer** he is quite capable of hunting us down.   [25]**C'est une
abominable chose** (*instead of* **c'est abominable**).   [26]**Vous avez parlé plus que
deux fois** (*instead of* **Vous avez parlé plus de deux fois**).   [27]**Il a beaucoup
mémoire** (*instead of* **Il a une bonne mémoire**).   [28]**se souvenir ce mot** (*instead of*
se souvenir de ce mot).   [29]**C'est facile se souvenir** (*instead of* **Il est facile de s'en
souvenir**).   [30]**encore une terrible chose** (*instead of* **encore quelque chose de
terrible**).   [31]**le paternel chapeau** (*instead of* **le chapeau de mon père**).

fusse mariée[32] bientôt avec toi. Nous avons fait une terrible chose,[33] de partir comme ça tous les deux.

JULIEN: Il fallait bien. C'était le seul moyen de faire consentir votre père.

BETTY: Mais si votre patron[34] avait voulu... comment vous 5 disiez?[35]... to take as a partner?

JULIEN: Associer.

BETTY: (*avec soin*) As-so-cier... mon papa aurait... comment vous disiez?... consenti me marier contre vous.[36]

JULIEN: Je le sais. Mais mon patron n'a pas voulu m'associer; il 10 veut prendre son temps. Il me dit: Nous verrons dans trois mois. Votre père veut me faire attendre aussi jusqu'à ce que je sois associé. Zut! Il a fallu employer les grands moyens.[37]

BETTY: Vous deviez[38]... quitter tout de suite votre patron. Vous deviez lui dire: «Vous voulez pas me associer[39]... je pars!» Voilà. 15

JULIEN: Oui, mais je n'ai pas de poste. S'il m'avait pris au mot,[40] s'il avait accepté, je me serais trouvé le bec dans l'eau.[41]

BETTY: Votre bec dans l'eau?... Oh! pourquoi votre bec dans l'eau?... (*riant*) Oh! monsieur Phéléber!

JULIEN: Et puis je devais venir en France au compte de la maison, 20 qui me fait trois mille francs de frais.[42] Comme ça, les frais de l'enlèvement seront au compte de la maison.[43]

---

[32]**je voudrais je fusse mariée** (*instead of* **je voudrais être mariée**). [33]**une terrible chose** (*instead of* **une chose terrible**). [34]**patron** boss. [35]**comment vous disiez** (*instead of* **comment se dit**). [36]**consenti me marier contre vous** (*instead of* **consenti à ce que je me marie avec vous**). [37]**Zut!... moyens** Darn it! I had to take extreme measures. [38]**vous deviez** (*instead of* **vous auriez dû**). [39]**Vous voulez... associer** (*instead of* **Vous ne voulez pas m'associer**. [40]**prendre au mot** to take at one's word. [41]**le bec dans l'eau** in the lurch. [42]**au compte... frais** at the expense of the firm that pays me three thousand francs in business expenditures. [43]**les frais... maison** the firm will be responsible for the elopement costs.

BETTY: Oui, mais puisque vous êtes à Paris... au compte de la maison... vous serez obligé me quitter[44] pour des affaires.

JULIEN: De temps en temps, j'aurai une course[45]... ça ne sera pas long. Et puis, il vaut mieux se quitter de temps en temps; si on
5 était toujours ensemble sans se quitter, on finirait par s'ennuyer.[46] Il vaut mieux se quitter quelques instants, et se retrouver ensuite.

BETTY: Oh! moi, je me ennuie pas[47] avec vous.

JULIEN: Eh bien alors, disons que je n'ai rien dit. Je ne m'ennuie pas non plus. Voyez-vous? J'ai toujours peur que vous vous en-
10 nuyiez. Mais du moment que[48] vous ne vous ennuyez pas, je ne m'ennuierai pas non plus...[49] Je vais vous quitter pendant une demi-heure... Je vais aller au bureau de poste télégraphier à mon patron, et puis j'irai voir un client rue du Quatre-Septembre... une petite course de vingt minutes...

15 BETTY: (*effrayée*) Oh! mais vous me laissez seule! Si je voulais demander quelque chose?

JULIEN: Mais vous parlez très bien le français. (*Entre la caissière.*)

BETTY: Je peux parler français seulement avec ceux qui sait aussi anglais, à cause je sais qu'il puissent me repêcher[50] si je sais plus.[51]
20 Mais les Français, j'ai peur de ne plus tout à coup savoir,[52] et je ne parle pas.

JULIEN: En tout cas,[53]... (*à la caissière*) il y a un interprète ici?

LA CAISSIÈRE: Mais oui, monsieur, il y a toujours un interprète. Il va arriver tout à l'heure.[54] Il sera à votre service. Les chambres
25 sont prêtes.

JULIEN: (*à Betty*) Je vais vous conduire à votre chambre et j'irai ensuite au bureau de poste. (*Ils sortent par la gauche.*)

---

[44]**obligé me quitter** (*instead of* **obligé de me quitter**).   [45]**course** errand.
[46]**s'ennuyer** to get bored.   [47]**je me ennuie pas** (*instead of* **je ne m'ennuie pas**).
[48]**du moment que** seeing that.   [49]**pas non plus** not either.   [50]**repêcher** to
rescue.   [51]**ceux qui sait... plus** (*instead of* **ceux qui savent aussi l'anglais, parce
que je sais qu'ils pourront me repêcher si je ne sais plus**).   [52]**j'ai peur de ne plus
tout à coup savoir** (*instead of* **j'ai peur de tout oublier brusquement**).   [53]**En tout
cas** at any rate.   [54]**tout à l'heure** shortly.

Scène II

LA CAISSIÈRE, LE GARÇON, puis EUGÈNE

LA CAISSIÈRE: Charles, qu'est-ce qui se passe?[55] Pourquoi l'interprète n'est-il pas arrivé?

LE GARÇON: M. Spork? Vous ne vous rappelez pas qu'il ne vient pas aujourd'hui? C'est le divorce de sa sœur. Toute la famille dîne au restaurant, à Neuilly. Mais, M. Spork a envoyé quelqu'un pour 5 le remplacer. Il vient d'arriver. Le voilà dans le couloir.

LA CAISSIÈRE: Dites-lui de venir. (*Le garçon va au fond dans le couloir et fait un signe à droite. Eugène entre lentement, et salue.*) C'est vous qui venez remplacer M. Spork? (*Eugène fait un signe de tête.*) On vous a dit les conditions. Six francs pour la journée. C'est un 10 bon prix. Le patron veut absolument qu'il y ait un interprète sérieux. Vous n'avez rien d'autre à faire qu'à rester ici et à attendre les étrangers.[56] Vous avez compris? (*Eugène fait signe que oui. La caissière sort un instant à gauche.*)

EUGÈNE: (*au garçon, après avoir regardé tout autour de lui*) Est-ce 15 qu'il vient beaucoup d'étrangers ici?[57]

LE GARÇON: Comme ci comme ça.[58] Ça dépend des saisons. Il vient pas mal[59] d'Anglais.

EUGÈNE: (*inquiet*) Ah!... Est-ce qu'il en vient beaucoup en ce moment? 20

LE GARÇON: Pas trop en ce moment.

EUGÈNE: (*satisfait*) Ah!... Et pensez-vous qu'il en vienne aujourd'hui?

LE GARÇON: Je ne peux pas dire. Je vais vous donner votre casquette. (*Il lui apporte une casquette avec l'inscription* INTER- 25 PRETER. *Puis il sort.*)

EUGÈNE: (*lisant l'inscription*) In-ter-pre-terr!... (*Il met la casquette sur sa tête.*) Voilà! J'espère qu'il ne viendra pas d'Anglais! Je ne sais pas un mot d'anglais, pas plus que d'allemand... d'italien, d'espa-

---

[55]**qu'est-ce qui se passe?** what's happening? [56]**étranger** foreigner. [57]**Est-ce qu'il vient beaucoup d'étrangers?** Do many foreigners come? [58]**Comme ci comme ça** So-so. [59]**pas mal** quite a lot.

gnol... de tous ces dialectes! C'est cependant bien utile pour un
interprète... Ça m'avait un peu fait hésiter pour accepter ce poste.
Mais, je ne roule pas sur l'or. Je prends ce qui se trouve.[60] En
tout cas, je désire vivement qu'il ne vienne pas d'Anglais, parce
5 que notre conversation manquerait d'animation.

LA CAISSIÈRE: (*entrant*) Dites donc![61] j'ai oublié de vous demander
quelque chose d'assez important. Il y a des interprètes qui parlent
comme ci comme ça plusieurs langues, et qui savent à peine[62] le
français. Vous savez bien le français?

10 EUGÈNE: Parfaitement!

LA CAISSIÈRE: C'est parce que tout à l'heure[63] vous ne m'aviez pas
répondu et, voyez-vous, j'avais peur que vous sachiez mal notre
langue.

EUGÈNE: Oh! Vous pouvez avoir l'esprit tranquille,[64] madame. Je
15 parle admirablement le français.

LA CAISSIÈRE: (*satisfaite*) En tout cas, nous n'avons pas beaucoup
d'étrangers en ce moment. (*une sonnerie*[65]) Ah! le téléphone! (*Elle
va jusqu'à la table de droite. À l'appareil,*[66] *après un silence*) On téléphone de Londres. (*Eugène, qui reste debout devant le comptoir, ne*
20 *bouge pas. Elle regagne son comptoir.*) Eh bien, on téléphone de
Londres! On téléphone en anglais! Allez à l'appareil!

EUGÈNE: (*Il va lentement à l'appareil et prend les récepteurs.*[67]) Allô!...
Allô! (*au public, avec désespoir*[68]) Ça y est![69] des Anglais! (*Un silence.
Au public*) Je n'y comprends rien, rien! (*dans le récepteur*) Yes! Yes!

25 LA CAISSIÈRE: (*de son comptoir*) Qu'est-ce qu'ils disent?

EUGÈNE: Qu'est-ce qu'ils disent? Des bêtises... des choses de bien
peu d'intérêt.

LA CAISSIÈRE: Après tout, ils ne téléphonent pas de Londres pour
dire des bêtises.

---

[60]**je ne roule... trouve** I'm not rolling in money. I take what's available.   [61]**Dites
donc!** Listen!   [62]**à peine** hardly.   [63]**tout à l'heure** just now.   [64]**avoir l'esprit
tranquille** to rest assured.   [65]**sonnerie** ringing.   [66]**appareil** telephone.
[67]**récepteur** receiver.   [68]**désespoir** despair.   [69]**Ça y est!** Now I'm in for it!

EUGÈNE: (*dans l'appareil*) Yes! Yes! (*À la caissière, d'un air embarrassé*) Ce sont des Anglais... ce sont des Anglais qui désirent des chambres. Je leur réponds: Yes! Yes!

LA CAISSIÈRE: Mais enfin,[70] il faut leur demander plus de détails. Combien de chambres leur faut-il? 5

EUGÈNE: (*avec assurance*) Quatre.

LA CAISSIÈRE: Pour quand?

EUGÈNE: Pour mardi prochain.

LA CASSIÈRE: Pour mardi prochain?... À quel étage?

EUGÈNE: Au premier. 10

LA CASSIÈRE: Dites-leur que nous n'avons que deux chambres au premier pour le moment, que la troisième ne sera libre que jeudi le 15. Mais nous leur en donnerons deux belles au second.

EUGÈNE: Faut-il que je leur dise tout ça?

LA CAISSIÈRE: Mais oui... dépêchez-vous... (*Il hésite.*) Qu'est-ce que 15 vous attendez?

EUGÈNE: (*au public*) Eh bien, tant pis![71] (*en donnant de temps en temps des coups d'œil[72] à la caissière*) Manchester, chapeau-chapeau, Littletich, Regent Street. (*Silence. Au public*) Oh! les mauvais mots qu'ils me disent là-bas. (*Il remet le récepteur. Au public.*) Zut! C'est 20 fini! S'ils croient que je vais me laisser insulter comme ça pendant une heure.

LA CAISSIÈRE: Il faut que ce soit des gens chics.[73] Il paraît que[74] pour téléphoner de Londres, ça coûte dix francs les trois minutes.

EUGÈNE: Dix francs les trois minutes, combien est-ce que ça fait 25 l'heure?

LA CAISSIÈRE: (*après avoir réfléchi un moment*) Ça fait deux cents francs l'heure. (*Elle sort.*)

---

[70]**mais enfin** but still. [71]**tant pis** too bad. [72]**donner des coups d'œil** to look at.
[73]**gens chics** people with class. [74]**il paraît que** apparently.

EUGÈNE: Je viens d'être insulté à deux cents francs l'heure...
J'avais déjà été insulté dans ma vie, mais jamais à deux cents
francs l'heure... Comme c'est utile cependant de savoir les
langues! Voilà qui prouve mieux que n'importe quel argument la
5 nécessité de savoir l'anglais! Je voudrais avoir ici tout le monde
et en particulier les interprètes, et leur recommander au nom de
Dieu d'apprendre les langues! Au lieu de nous laisser vieillir sur
les bancs de nos écoles, à apprendre le latin,[75] une langue morte,
est-ce que nos parents ne feraient pas mieux... Je ne parle pas
10 pour moi, puisque je n'ai jamais appris le latin... Allons! espérons
que ça va bien se passer tout de même![76] (*Il s'appuie*[77] *contre le
comptoir et regarde vers la gauche. Hogson arrive par le fond à droite.
Il va poser sa valise sur une chaise à gauche de la table de droite. Il
s'approche ensuite d'Eugène qui ne l'a pas vu et continue à lui tourner*
15 *le dos.*)

Scène III
EUGÈNE, HOGSON, LA CAISSIÈRE

HOGSON: Is this the Hôtel de Cologne?

EUGÈNE: (*se retournant*) Yes! Yes! (*Il retourne sa casquette sur sa tête
pour que l'inscription «interpreter» ne soit pas vue de l'Anglais*).

HOGSON: Very well. I want to ask the landlady if she has not
20 received a young gentleman and a lady.

EUGÈNE: Yes! Yes! (*Il recule jusqu'à la porte de gauche, premier plan,
et disparaît.*)

HOGSON: (*au public*) What is the matter with him? I wish to speak
to the interpreter... Where is he?... (*gagnant le fond*[78]) Interpreter!
25 Interpreter!...

LA CAISSIÈRE: (*arrivant par la gauche*) Qu'est-ce qu'il y a? Qu'est-ce
que ça veut dire?[79]

---

[75]**Au lieu de... latin** Instead of letting us waste our time at school learning
Latin.   [76]**Allons!... même!** Well! Let's hope that everything will be all right just
the same!   [77]**s'appuyer** to lean.   [78]**gagnant le fond** going upstage.   [79]**Qu'est-ce
qu'il y a?... dire?** What's the matter? What does this mean?

HOGSON: Oh! good morning, madam! Can you tell me if master Cicandel is here?

LA CAISSIÈRE: Cécandle?

HOGSON: Cicandel?

LA CAISSIÈRE: C'est le nom d'un voyageur... Nous n'avons pas ici 5 de Cécandle. (*remuant la tête*) Non! non!

HOGSON: Now look here! Have you received this morning a young gentleman and a young lady?

LA CAISSIÈRE: (*souriante et un peu effrayée*) Ah! je ne comprends pas. Interprète! Interprète! Mais où est-il donc? Qu'est-ce qu'il 10 est devenu? (*au garçon qui vient*) Vous n'avez pas vu l'interprète?

LE GARÇON: Il était là tout à l'heure.

HOGSON: (*cherchant dans un petit dicionnaire*) Commissaire... police... here. (*Il fait un signe pour dire:* «ici»)

LE GARÇON: (*S'appuyant contre le comptoir. À la caissière.*) En tout 15 cas, il ne parle pas français... Qu'est-ce qu'il dit?

LA CAISSIÈRE: Je crois qu'il voudrait un commissaire de police. (*à l'Anglais, en criant, et en lui montrant le fond*) Tout près d'ici!

HOGSON: (*faisant signe de ramener*[80] *quelqu'un*) Commissaire police... here!
20

LE GARÇON: Moi, je n'y comprends rien![81] Qu'est-ce qu'il dit?

LA CAISSIÈRE: Je crois qu'il voudrait qu'on fasse venir ici le commissaire de police.

HOGSON: (*tendant une pièce d'or au garçon*) Commissaire... police... Come here...
25

LE GARÇON: Il m'a donné dix francs.

LA CAISSIÈRE: Ça vaut douze francs cinquante ce qu'il vous a donné[82]... Eh bien, écoutez! Trottez-vous[83] jusqu'au bureau du

---

[80]**ramener** to bring back. [81]**n'y rien comprendre** not to understand at all. [82]**Ça vaut douze francs cinquante...** (The porter mistakes the coin for a ten-franc piece; a half-sovereign, it was worth more.) [83]**Trottez-vous** Run.

commissaire. Vous lui ramènerez un inspecteur. Il lui dira ce qu'il
a à lui dire.

LE GARÇON: Mais il ne sait pas le français.

LA CAISSIÈRE: Nous avons l'interprète.

5 HOGSON: Now I want a room.

LA CAISSIÈRE: Ça veut dire: chambre, ça. On va vous en donner
une, de room. (*au garçon*) Conduisez-le au 17 en passant. (*Elle
prend une clef dans le casier et la lui donne.*)

HOGSON: (*au moment de sortir par la porte de droite, premier plan*)
10 Take my luggage.

LE GARÇON: (*sans comprendre*) Oui, monsieur.

HOGSON: Take my luggage.

LE GARÇON: Parfaitement!

HOGSON: (*en se fâchant*) Take my luggage. (*Il montre sa valise. Le
15 garçon la prend avec colère.*) What is the matter with this fellow? I
don't like repeating twice... Now then, follow me. (*Ils sortent par
la droite.*)

LA CAISSIÈRE: Où est donc cet interprète? (*Elle sort par le fond à
droite. Entrent par le fond à gauche Betty et Julien*)

Scène IV
BETTY, JULIEN

20 BETTY: Alors, vous partez! Vous ne resterez pas longtemps?

JULIEN: Je vais jusqu'au bureau de poste.

BETTY: J'ai si peur! Avez-vous entendu crier tout à l'heure? Je
pense c'était[84] la voix de mon père.

JULIEN: Mais non, mais non. C'est une obsession. Ce matin c'était
25 son chapeau gris que vous aviez aperçu. Maintenant c'est sa voix
que vous croyez entendre! Allons, au revoir.

---

[84]**je pense c'était** (*instead of* **je crois que c'était**).

BETTY: Au revoir, my dear.

JULIEN: Dites: petit chéri.

BETTY: Petit chéri. (*Elle rentre à gauche. Il sort par la droite.*)

Scène V
EUGÈNE, LA CAISSIÈRE, puis HOGSON, puis L'INSPECTEUR

EUGÈNE: (*Peu après, se glisse sur la scène, en rentrant, premier plan, à gauche. Il a toujours sa casquette à l'envers.*[85]) Personne!... Et il n'est 5 que dix heures et demie. Ah! si l'on croit que je vais rester ici jusqu'à ce soir, à minuit! (*allant au fond consulter une affiche en couleur*) Voyons l'horaire. Il n'arrive pas de train de Londres avant sept heures. Je vais être presque tranquille, alors, jusqu'à sept heures. 10

LA CAISSIÈRE: (*entrant au deuxième plan, à droite*) Interprète! Ah! vous voilà! Où étiez-vous donc tout à l'heure?

EUGÈNE: J'étais parti... j'étais très pressé... j'avais entendu crier: au secours![86] au secours!.. en espagnol, vous savez... mais je m'étais trompé, ce n'était pas ici. 15

LA CAISSIÈRE: Vous étiez si pressé que vous aviez mis votre casquette à l'envers.

EUGÈNE: (*touchant sa casquette*) Oui! Oui!

LA CAISSIÈRE: Eh bien, qu'est-ce que vous attendez pour la remettre à l'endroit?[87]... Remettez-la... Essayez de ne plus bouger 20 maintenant. (*Il s'assied devant le comptoir, où la caissière regagne sa place.*[88]) Il va venir un Anglais qui ne sait pas un mot de français... Il a demandé un inspecteur de police... Je ne sais pas ce qu'il veut...

EUGÈNE: (*à lui-même*) Moi non plus. Il y a des chances pour que 25 je ne le sache jamais.

---

[85]**à l'envers** on backwards. [86]**au secours!** help! [87]**remettre à l'endroit** to put back on frontwards. [88]**regagner sa place** to go back to her place.

VOIX DE HOGSON: (*à droite*) Look here, waiter!... waiter!... Give us a good polish on my patent leather boots and bring us a bottle of soda water!

EUGÈNE: Oh! quel jargon! quel jargon! Où est le temps où la
5 langue française était universellement connue à la surface de la terre? Il y a cependant une société pour la propagation de la langue française. Qu'est-ce qu'elle fait donc?

HOGSON: (*entrant par la droite, premier plan, en même temps que l'Inspecteur entre par le fond*) Well, what about that Inspector?

10 L'INSPECTEUR: Hein! Qu'est-ce qu'il y a? C'est ce monsieur qui me demande! Eh bien! Vous n'avez pas peur. Vous ne pourriez pas vous déranger[89] pour venir jusqu'au bureau?

HOGSON: Yes!

L'INSPECTEUR: Il n'y a pas de «Yes»! C'est l'usage.[90]

15 HOGSON: Yes!

L'INSPECTEUR: Je vois que vous êtes un homme bien élevé. Alors, une autre fois, il faudra vous conformer aux habitudes du pays, n'est-ce pas?

HOGSON: Yes!

20 L'INSPECTEUR: (*à la caissière*) Allons! Il n'est pas difficile.[91]

LA CAISSIÈRE: Il ne sait pas un mot de français.

L'INSPECTEUR: Et moi je ne sais pas un mot d'anglais... Nous sommes faits pour nous entendre.

LA CAISSIÈRE: (*à Eugène qui a gagné le fond sans être vu*) Interprète!

25 EUGÈNE: (*s'arrêtant court*) Voilà!...

L'INSPECTEUR: Faites-lui raconter son affaire.[92] (*Eugène s'approche de Hogson.*)

HOGSON: (*regardant la casquette d'Eugène—avec satisfaction*) Oh! Interpreter!...

---

[89]**se déranger** to take the trouble.   [90]**C'est l'usage** That's the custom.
[91]**difficile** hard to please.   [92]**Faites-lui raconter son affaire** Have him tell his story.

EUGÈNE: Yes! Yes!

HOGSON: Tell him I am James Hogson, from Newcastle-on-Tyne... Tell him!... I have five daughters. My second daughter ran away from home in company with a young gentleman, master Cicandel... Tell him. (*Eugène continue à le regarder sans bouger.*) Tell 5 him!... (*se fâchant*) Tell him, I say!

L'INSPECTEUR: Qu'est-ce qu'il dit? Je n'y comprends rien.

EUGÈNE: Voilà... c'est très compliqué... c'est toute une histoire...[93] Ce monsieur est Anglais...

L'INSPECTEUR: Je le sais. 10

EUGÈNE: Moi aussi. Il vient pour visiter Paris comme tous les Anglais.

L'INSPECTEUR: Et c'est pour ça qu'il fait chercher le commissaire?

EUGÈNE: Non... attendez!... attendez!... Laissez-moi le temps de dire ce qu'il a dit. 15

HOGSON: Oh! tell him also this young man is a Frenchman and a clerk in a banking house of Saint James Street.

EUGÈNE: Précisément!... (*à l'Inspecteur*) Pourquoi un Anglais à peine arrivé à Paris peut-il avoir besoin d'un commissaire? (*embarrassé*) Pour un vol[94] de... de portefeuille.[95] (*Une idée lumineuse lui* 20 *vient soudain.*) Voilà, Monsieur descend du train...

HOGSON: Tell him that the young gentleman...

EUGÈNE: (*à Hogson, en faisant un geste de la main de lui fermer la bouche*) Ferme! (*à l'Inspecteur*) Monsieur descend du train à la gare du Nord[96] quand un homme le pousse et lui prend son porte- 25 feuille. (*l'Inspecteur fait quelques pas vers la gauche pour prendre des notes.*)

HOGSON: (*approuvant ce que vient de dire Eugène*) Yes!... Very well... yes...

---

[93] **c'est toute une histoire** it's a long story. [94] **vol** theft. [95] **portefeuille** wallet.
[96] **gare du Nord** North Station (one of the railroad stations in Paris).

EUGÈNE: (*étonné*) Yes?... Eh bien, mon vieux,[97] tu n'es pas diffi-cile... (*Il gagne le fond avec précaution. Hogson s'approche de l'Inspec-teur, en tirant son portefeuille.*)

L'INSPECTEUR: (*étonné*) Vous avez donc deux portefeuilles?[98] (*à
l'interprète*) Il avait donc deux portefeuilles!

EUGÉNE Toujours! toujours!... les Anglais.

HOGSON: (*tendant son portefeuille à l'Inspecteur*) That is the likeness, the young man's photo... photograph!

L'INSPECTEUR: (*étonné*) La photographie de votre voleur?

HOGSON: Yes!

L'INSPECTEUR: Ils sont étonnants, ces Anglais!... un inconnu les pousse dans la gare ou dans la rue et vole leur portefeuille. Ils ont déjà sa photographie... (*après réflexion*) Mais comment a-t-il fait cela?

EUGÈNE: Je ne vous ai pas dit que l'homme qui l'a poussé était un homme qu'il connaissait très bien?

L'INSPECTEUR: Non! Comment s'appelle-t-il? Demandez-le-lui.

EUGÈNE: Il faut que je lui demande? Il m'a déjà dit son nom... Il s'appelle... John... John... (*Il pousse une sorte de gloussement.*)[99] Lroukx.

L'INSPECTEUR: Comment est-ce que ça s'écrit?

EUGÈNE: Comment est-ce que ça s'écrit?... W... K... M... X...

L'INSPECTEUR: Comment prononcez-vous cela?

EUGÈNE: (*poussant un autre gloussement*) Crouic!

L'INSPECTEUR: Enfin![1] J'ai pas mal de renseignements.[2] Je vais commencer des recherches actives.

---

[97]**mon vieux** old chap. [98]**Vous avez donc deux portefeuilles?** So you have two wallets? [99]**gloussement** cluck. [1]**Enfin!** Well! [2]**pas mal de renseignements** lots of information.

EUGÈNE: Oui! oui! allez. (*montrant l'Anglais*) Il est très fatigué. Je crois qu'il va aller se coucher.

L'INSPECTEUR: Je m'en vais. (*à l'Anglais*) Je vais commencer d'actives recherches. (*Il sort.*)

Scenes I–V

READING COMPREHENSION

Answer the following questions.

1. Pourquoi Julien ne donne-t-il pas leurs véritables noms à la caissière?
2. Comment s'appelle l'hôtel où Julien et Betty sont descendus?
3. Pourquoi Julien et Betty ne peuvent-ils pas se marier?
4. Pourquoi l'interprète ordinaire n'est-il pas là?
5. Montrez qu'Eugène a peur de sa fonction d'interprète.
6. Que se passe-t-il quand on téléphone de Londres?
7. Que dit Eugène au sujet des langues à apprendre?
8. Que fait Eugène pour ne pas avoir à parler à Hogson?
9. Pourquoi Hogson donne-t-il une pièce d'or au garçon?
10. Pourquoi Betty a-t-elle peur quand Julien part pour la poste?
11. Qu'est-ce que Hogson veut dire à l'inspecteur?
12. Quel scénario Eugène invente-t-il?
13. Pourquoi l'inspecteur est-il étonné de voir la photo?
14. Quel nom Eugène invente-t-il?

VOCABULARY STUDY

Write sentences of your own with the following words or phrases using one or more in each sentence.

la caissière	un horaire
le garçon (d'hôtel)	le premier étage = *second floor*
un étranger	le deuxième étage = *third floor*
le casier avec les clefs	être libre ou prêt
une affiche de chemin de fer	faire porter la valise

Rewrite each of these sentences substituting the appropriate expression in the following list for the near-equivalent in italics.

comme ci, comme ça	une affaire
pas mal de	à peine
falloir à quelqu'un	manquer d'animation
relancer	ne pas rouler sur l'or

1. *Nous avons besoin de* deux chambres.
2. Le père de Betty était capable de venir *poursuivre* Julien et Betty.
3. Eugène *n'était pas riche*.
4. La conversation *n'est pas très animée* quand on ne parle pas la même langue.
5. Cet interprète parle *plus ou moins bien* plusieurs langues.
6. L'inspecteur a pris *beaucoup de* renseignements.
7. Cette Anglaise ne savait *presque pas* parler français.
8. Hogson a raconté son *histoire*.

Match each of the situations under Column A with the corresponding expression under Column B.

A	B
1. on demande au client ce qu'il veut	a. allô!
2. on dit des choses peu intelligentes	b. qu'est-ce qui se passe?
	c. Monsieur désire?
3. on est déçu	d. tant pis!
4. on veut savoir ce qu'il y a	e. comment est-ce qu'on prononce…?
5. on veut indiquer une quantité qui n'est pas grande	f. au secours!
6. on attire l'attention de quelqu'un avant de parler	g. comment est-ce que ça s'écrit?
7. on répond au téléphone	h. je n'y comprends rien
8. on ne comprend pas ce que quelqu'un a dit	i. comme ci, come ça
9. on a besoin de secours	j. le voilà!
10. on dit que quelqu'un est là	k. dites donc!
11. on demande comment s'écrit un mot	l. ce sont des bêtises
12. on demande comment se prononce un mot	m. zut!
13. on se résigne à faire quelque chose malgré les conséquences	

STRUCTURES

A. The Use of the Infinitive after **dire**

Rewrite the following sentences according to the example.

EXAMPLE: Il faut qu'il **vienne** ici.

Dites-lui de venir ici.

1. Il faut qu'il attende les clients.
2. Il faut qu'il prenne la valise.
3. Il faut qu'il aille téléphoner.
4. Il faut qu'il fasse son service.
5. Il faut qu'il soit sérieux.
6. Il faut qu'il réponde en français.

B. The Negation **ne ... pas non plus** *(not . . . either)*

Rewrite the following sentences according to the example.

EXAMPLE: Je ne m'ennuie pas. Et vous?

*Je **ne** m'ennuie **pas non plus**.*

1. Je ne veux pas attendre. Et vous?
2. Je ne veux pas manger. Et vous?
3. Je ne me rappelle pas. Et vous?
4. Je ne dîne pas au restaurant. Et vous?
5. Je ne peux pas m'y habituer. Et vous?

C. The Pronoun **en**

Rewrite the following sentences according to the example.

EXAMPLE: Nous leur donnerons deux belles chambres.

*Nous leur **en** donnerons deux belles.*

1. Je vous demande deux petites chambres.
2. Vous lui donnerez une belle chambre.
3. On va leur donner une chambre.
4. Tu leur recommanderas deux ou trois hôtels.
5. On lui a volé un joli portefeuille.
6. Nous leur enverrons une longue lettre.

D. The Partitive Articles de and des with Adjectives Preceding or Following the Noun

The partitive article **de** is used when the plural adjective precedes the noun, and **des** when it follows.

Je vais commencer **d'actives** recherches.
Je vais commencer **des** recherches **actives.**

Rewrite these sentences so that the adjectives follow the nouns.

1. Je vais commencer de difficiles recherches.
2. J'ai vu d'étonnants Anglais à Paris.
3. J'ai vu d'admirables choses à Paris.
4. On peut manger d'abominables choses dans ce restaurant.
5. J'ai d'importantes courses à faire.
6. Il y a d'intéressants spectacles à voir.

E. The Subjunctive with souhaiter and the Indicative with espérer

Although **souhaiter** (*to wish*) and **espérer** (*to hope*) are somewhat related in meaning, they are not used with the same mood.

J'**espère** qu'il ne **viendra** pas d'Anglais. (*indicative*)
but:
Je **souhaite** qu'il ne **vienne** pas d'Anglais. (*subjunctive*)

Rewrite the following sentences with **souhaiter.**

1. J'espère que votre père ne viendra pas ici.
2. J'espère que vous saurez parler français.
3. J'espère que nous serons bientôt mariés.
4. J'espère qu'il y aura un interprète.
5. J'espère que vous ne direz pas de bêtises.
6. J'espère que vous m'attendrez à l'hôtel.
7. J'espère que vous ne me suivrez pas à la poste.
8. J'espère que mon patron voudra m'associer.
9. J'espère que vous me conduirez à ma chambre.
10. J'espère que vous me répondrez en français.
11. J'espère que vous me comprendrez en français.
12. J'espère que votre père ne se souviendra pas de cet hôtel.

F. Common Mistakes Made by English Speakers

Using the footnotes as a guide, correct the following mistakes made by Betty.

1. Je sais si peu bien parler français.
2. C'est une abominable chose.
3. Vous avez parlé plus que deux fois.
4. Il a beaucoup mémoire.
5. Il doit se souvenir ce mot.
6. C'est facile se souvenir.
7. Je vais vous dire encore une terrible chose.
8. J'ai reconnu le paternel chapeau.
9. Je voudrais je fusse mariée.
10. Comment vous disiez?
11. Mon papa aurait consenti marier contre vous.
12. Vous deviez quitter tout de suite votre patron.
13. Vous serez obligé me quitter.
14. Je me ennuie pas avec vous.

COMMUNICATIVE ACTIVITY

Prepare one of the topics listed below to be discussed in class. Be ready to read aloud lines from the play in support of your views.

1. Eugène a beaucoup de présence d'esprit et d'imagination en jouant le rôle d'un interprète.
2. Betty a toujours peur.
3. Hogson est impatienté.
4. Julien et Betty s'aiment.

L'Anglais tel qu'on le parle (suite)

Scène VI
HOGSON, EUGÈNE, LA CAISSIÈRE

HOGSON: (*à Eugène*) What did he say to me? (*Eugène fait un signe de tête.*)

HOGSON: (*plus fort*) What did he say to me?

EUGÈNE: Yes! Yes!

5 HOGSON: (*furieux*) What: yes! yes!

LA CAISSIÈRE: Qu'est-ce qu'il a dit?

EUGÈNE: Rien.

LA CAISSIÈRE: Il a l'air furieux!... Demandez-lui ce qu'il a.[3]

EUGÈNE: Non! non! Il faut le laisser tranquille. Il dit qu'il veut
10 absolument qu'on le laisse tranquille. Il dit que si on a le malheur[4]
de lui parler, il quittera l'hôtel tout de suite.

LA CAISSIÈRE: C'est un fou!

EUGÈNE: (*à part*)[5] Ou un martyr!... Non, c'est moi qui suis le
martyr.

15 HOGSON: (*à la caissière, avec force*) Bad, bad interpreter!

LA CAISSIÈRE: Qu'est-ce qu'il dit?

HOGSON: (*avec plus de force encore*) Mauvais! mauvais interpreter!

LA CAISSIÈRE: Ah! il a dit: mauvais interprète!

EUGÈNE: (*d'un geste expressif*) Humph... Humph... Movey! Movey!
20 Est-ce que vous savez seulement[6] ce que ça veut dire en anglais?

HOGSON: (*furieux, à la caissière*) Look here, madam... I never saw
such a hotel in my blooming life. (*allant à l'interprète*) Never... and
such a fool of an interpreter. Do you think I have come all the

---

[3]**ce qu'il a** what's the matter with him. [4]**malheur** misfortune. [5]**à part** aside.
[6]**Est-ce que vous savez seulement... ?** Do you really know . . . ?

way from London to be laughed at? It is the last time... (*en s'en allant*) I get a room in your inn. (*Il sort, premier plan, à gauche.*)

LA CAISSIÈRE: Il est furieux!

EUGÈNE: Mais non!... Il est très content... (*Il donne une imitation de sa marche.*)[7] C'est un air anglais. Quand ils sont contents, ils mar- 5 chent comme ça.

LA CAISSIÈRE: Je m'en vais un instant. Essayez de rester ici et de n'en plus bouger.[8] (*Elle sort.*)

EUGÈNE: (*s'essuyant la figure avec son mouchoir*[9] *et s'asseyant près du comptoir*) Ah! une petite maison de campagne[10] en Touraine,[11] 10 tout au milieu de la France! Ici, nous sommes envahis par des étrangers... J'aurais une vie en paix... Les paysans me parleraient patois.[12] Mais je ne serais pas forcé de leur répondre. Je ne suis pas un interprète de patois.

Scène VII
EUGÈNE, BETTY

BETTY: Interpreter! 15

EUGÈNE: Allons! Bon![13] (*Il fait signe à Betty qu'il a mal à la gorge.*) Mal... gorge... la voix... disparue... (*à part*) Elle ne comprend pas. Il faudrait lui dire ça en anglais.

BETTY: Vous ne pouvez pas parler?

EUGÈNE: (*parlant de sa voix naturelle*) Vous parlez français! Il fallait 20 donc le dire tout de suite.

BETTY: Vous pouvez parler maintenant.

EUGÈNE: (*parlant comme s'il souffrait encore d'un mal à la gorge*) Ah! pas tout à fait encore... mais ça va mieux. (*avec sa voix naturelle*) Ah! voilà! ça va bien! n'en parlons plus. 25

BETTY: Do you know if the post office is far from here?

---

[7]**marche** walk. [8]**de n'en plus bouger** to stay put. [9]**s'essuyant... mouchoir** wiping his face with his handkerchief. [10]**maison de campagne** house in the country. [11]**Touraine** province lying south of Paris. [12]**patois** local dialect.
[13]**Allon! Bon!** All right!

EUGÈNE: Oh! puisque vous savez un peu parler français, pourquoi vous amusez-vous à parler anglais? Ce n'est pas le moyen de
bien apprendre le français.

BETTY: Je sais si peu.

5 EUGÈNE: Parfaitement! De plus, moi, je veux vous habituer à
parler français. Si vous me parlez anglais, mon parti est pris,[14] je
ne répondrai pas.

BETTY: Oh! I speak French with such difficulty.

EUGÈNE: (*brusquement*) Je ne veux pas comprendre! Mon parti est
10 pris. Je ne veux pas comprendre!

BETTY: Eh bien! je vais vous dire... (*apercevant le chapeau gris de
Hogson sur la table*) Oh! Oh!

EUGÈNE: Qu'est-ce qu'il y a?

BETTY: Quel est ce gris chapeau?[15]

15 EUGÈNE: C'est un chapeau qu'un Anglais a laissé tout à l'heure.

BETTY: (*s'approchant*) Oh! (*Elle regarde à l'intérieur du chapeau.*) My
father's hat! (*à l'interprète, avec émotion*) Oh! my friend is out! My
friend left me alone! He is not returned yet! I am going to my
room!

20 EUGÈNE: Oui! oui! c'est entendu.[16]

BETTY: Je vais me en aller[17] dans ma chambre.

EUGÈNE: Oui... oui... c'est ça... Partez! partez! (*Elle s'en va.*) Au
moins, avec elle, il y a moyen de causer.[18] Ce n'est pas comme
avec cet Anglais. Ils ne se dérangeraient pas pour apprendre no-
25 tre langue, ces gens-là. Voilà bien l'orgueil[19] des Anglais!

---

[14]**mon parti est pris** my mind is made up.   [15]**ce gris chapeau** (*instead of* **chapeau
gris**).   [16]**c'est entendu** of course.   [17]**Je vais me en aller** (*instead of* **Je vais m'en
aller**).   [18]**il y a moyen de causer** I can talk.   [19]**orgueil** pride

Scène VIII
EUGÈNE, JULIEN

JULIEN: (*arrivant par la gauche*) Interpreter!

EUGÈNE: Ça y est! Encore![20]... Non! non! j'en ai assez! c'est fini!
Il y a trop d'Anglais. Ils sont trop. (*à Julien*) Tête de bois! Cochon
de rosbif![21] Ferme ta bouche! Tu es dégoûtant![22]

JULIEN: Tu es encore plus dégoûtant! En a-t-il du culot, celui-là![23]   5

EUGÈNE: (*lui serrant la main*) Ah! vous parlez français, merci!
merci! Ça fait plaisir d'entendre sa langue maternelle! Répétez
un peu: j'ai du culot! Dites donc! puisqu'enfin je retrouve un
compatriote,[24] je vais lui demander un service, un grand service.
Imaginez-vous que je sais très peu l'anglais. Je ne sais que l'es-   10
pagnol, l'italien, le turc, le russe, et le japonais.

JULIEN: Vous savez l'espagnol?... ¿Qué hora es?[25]

EUGÈNE: Ne perdons pas de vue[26] le sujet de notre conversation!... Je vous disais donc...

JULIEN: Je vous ai posé une question. ¿Qué hora es? Répondez à   15
ma question.

EUGÈNE: Vous voulez une réponse immédiate? Je demande un
moment de réflexion.

JULIEN: Vous avez besoin de réflexion pour me dire l'heure qu'il
est?   20

EUGÈNE: (*avec confiance*) Il est onze heures et demie... Écoutez...
Vous allez me rendre un service.[27] Il s'agit de parler[28] à un Anglais
que est ici. Il parle un anglais que je ne comprends pas. Je ne sais
pas du tout ce qu'il me veut.

---

[20]**Ça y est! Encore!** Here we go again!   [21]**Cochon de rosbif!** Dirty roast beef
eater!   [22]**Dégoûtant** disgusting.   [23]**En a-t-il du culot, celui-là!** Isn't that fellow
impudent!   [24]**compatriote** fellow countryman.   [25]**¿Qué hora es?** What time is
it? (*Spanish*)   [26]**perdre du vue** to lose sight.   [27]**rendre un service** to do a favor.
[28]**Il s'agit de parler...** It's about talking . . .

JULIEN: Où est-il cet Anglais?

EUGÈNE: Nous allons le trouver... Oh! vous êtes gentil[29] de me rendre ce service.

JULIEN: Eh bien! Allons-y.

5 EUGÈNE: Il doit être tout près. Tenez![30] Voilà ma casquette! (*Il la lui met sur la tête.*) Vous voilà interprète! (*s'approchant de la porte de gauche*) Monsieur! Monsieur!

JULIEN: Dites-lui: Seur!

EUGÈNE: Seur! Seur! (*revenant à Julien*) Je voudrais lui dire qu'il
10 y a ici un bon interprète. Comment ça se dit-il?[31]

JULIEN: Good interpreter!

EUGÈNE: Bien! Bien! Good interpreter! (*satisfait*) Nous allons, je pense, assister à une chic[32] conversation anglaise entre ces deux gentlemannes... (*allant à la porte*) Seur! Seur! Good interpreter!
15 (*Entre Hogson. Julien l'aperçoit et se retourne immédiatement.*)

Scène IX
LES MÊMES, HOGSON, puis L'INSPECTEUR, BETTY, LA CAISSIÈRE, LE GAR-ÇON, UN AGENT

HOGSON: (*au dehors*) Allô! a good interpreter?... All right! (*Il entre.*)

HOGSON: (*à Julien*) Oh! is this the new man? Very well. I want my breakfast served in the dining room, but on a separate table. (*Ju-*
20 *lien gagne doucement[33] d'abord, puis rapidement le fond et s'en va par la droite, en traversant la scène en angle.[34]*)

EUGÈNE: (*étonné*) Tiens![35] il paraît que je ne suis pas le seul que les Anglais font disparaître!

HOGSON: (*à Eugène*) What is the matter with him?

---

[29]**gentil (gentille)** kind. [30]**Tenez!** Here! [31]**Comment ça se dit-il?** How does one say that? [32]**assister à une chic conversation** to be present at a swell conversation. [33]**doucement** here, slowly. [34]**en traversant la scène en angle** crossing the stage at an angle. [35]**Tiens!** What do you know!

EUGÈNE: Non, mon vieux, ce n'est plus moi, c'est lui!... (*d'une voix aimable*) Au revoir, monsieur! au revoir, monsieur!

HOGSON: (*furieux*) What do you mean, you rascal, stupid scoundrel, you brute, frog-eating beggar! (*Il sort par la gauche.*)

EUGÈNE: (*seul*) Non! je ne serai jamais en bons termes avec ce 5 rosbif-là. Je préfère en prendre mon parti une fois pour toutes. (*On entend du bruit à gauche.*) Qu'est-ce que c'est que ce tapage-là?[36] On s'assassine! On se bat![37] Ce sont des gens qui parlent français! Des compatriotes! Ça va bien. Ça ne me regarde pas.[38]

L'INSPECTEUR: (*Entre, suivi d'un agent qui tient Julien par le bras. À* 10 *Eugène.*) Je tiens mon voleur! Je le tiens! Au moment où je passais devant la porte, je l'ai vu qui marchait très vite, et je l'ai reconnu par la photographie. Ah! Ah! Faites-moi chercher[39] cet Anglais! Nous allons lui montrer ce que c'est que la police française. Aussitôt connus, aussitôt pincés![40] (*à l'interprète*) Allez me chercher cet 15 Anglais! Et revenez avec lui, puisque nous aurons besoin de vos services.

EUGÈNE: Vous faites bien de me dire ça![41]... (*à part*) Je ne connais pas le toit de l'hôtel. Je vais aller le visiter. (*Il sort par le fond à gauche.*) 20

JULIEN: Mais enfin! Qu'est-ce que ça veut dire? Vous m'arrêtez! Vous m'arrêtez! On n'arrête pas les gens comme ça. Vous aurez de mes nouvelles![42]

L'INSPECTEUR: Oh! Oh! pas de résistance! pas de colère! C'est 25 bien vous qui vous appelez... (*Il essaie de prononcer le nom écrit dans ses notes.*) Doublevé Ka Emme Ix?... Oh! ne faites pas semblant[43] d'être étonné!... Vous vous expliquerez au bureau. (*au garçon*) Faites-moi venir cet Anglais de ce matin, ce grand monsieur, avec un chapeau gris. 30

JULIEN: (*essayant d'échapper à l'agent*) Avec un chapeau gris!

---

[36]**ce tapage-là** that racket. [37]**se battre** to fight. [38]**Ça ne me regarde pas.** It's no concern of mine. [39]**Faites-moi chercher** Go and get me . . . [40]**Aussitôt connus, aussitôt pincés!** No sooner known than nabbed! [41]**Vous faites bien de me dire ça!** It's a good thing you are telling me that! [42]**Vous aurez de mes nouvelles!** You shall hear from me! [43]**ne faites pas semblant...** don't pretend . . .

L'INSPECTEUR: Ah! ah! ah! Ça te dit quelque chose![44] (*à l'agent*) Tenez-le solidement!

BETTY: (*entrant par la porte de droite*) Oh! petit chéri! petit chéri!

L'INSPECTEUR: Arrêtez cette femme! Nous en tenons deux!
5 (*L'agent prend Betty par le bras.*)

BETTY: Oh! my dear! Qu'est-ce que c'est?

JULIEN: Vous aviez raison[45] ce matin. Le chapeau gris est là...
(*Betty, effrayée, essaie d'échapper, mais l'agent la tient plus solidement.*)

L'INSPECTEUR: Pas de conversation! Pas de signes! Je me souvien-
10 drai de cette histoire de chapeau gris. (*à l'agent*) Avez-vous vu leur mouvement quand on a parlé de chapeau gris? C'est une bande des plus dangereuses!

LE GARÇON: (*rentrant à gauche, premier plan, avec Hogson*) Voici ce monsieur!

15 HOGSON: (*Apercevant Betty qui se cache[46] le visage. D'une voix de re-proche.*) Oh! Betty! Are you still my daughter? Is that you? Have you thought of your poor mother's anxiety and despair? (*sèche-ment,[47] à l'Inspecteur qui veut l'interrompre*) Leave me alone! (*à Betty*) Have you thought of the abominable example of immorality for
20 your dear sisters! Have you thought... (*à l'Inspecteur, sèchement*) Leave me alone! All right! (*à Betty*) Have you thought of the tre-mendous scandal...

L'INSPECTEUR: Vous savez que vous perdez votre temps. Il y a assez longtemps que j'ai cessé de faire des reproches à des mal-
25 faiteurs.[48]

HOGSON: (*à l'Inspecteur, avec effusion*) My friend, I have five daughters. My second daughter, Betty, ran away from...

L'INSPECTEUR: (*montrant Julien*) C'est bon! C'est bon! C'est bien l'homme qui vous a volé votre portefeuille?

30 HOGSON: (*avec énergie*) Yes!

---

[44]**Ça te dit quelque chose!** That means something to you!   [45]**aviez raison** were right.   [46]**se cacher** to hide.   [47]**sèchement** curtly.   [48]**malfaiteur** criminal.

JULIEN: Comment? Il m'accuse de vol maintenant? You told this man I robbed your wallet?

HOGSON: My wallet!... but I never said such a thing!

JULIEN: Vous voyez! Il dit qu'il n'a jamais dit ça.

L'INSPECTEUR: Vous savez que je ne sais pas l'anglais. Vous 5 pouvez lui faire raconter ce qui vous plaira... Allons! au bureau l'homme et la femme!

JULIEN: (*à Hogson*) Do you know he will send your daughter to prison!

HOGSON: My daughter! my daughter to prison! (*Il retient sa fille* 10 *par le bras.*)

LA CAISSIÈRE: (*arrivant*) Qu'est-ce que ça veut dire?

L'INSPECTEUR: Ah! vous m'ennuyez tous, à la fin. Je vous emballe tous.[49] Vous vous expliquerez tous au bureau.

BETTY: Mais je suis sa fille! 15

L'INSPECTEUR: Qu'est-ce que ça veut dire, tout ça? (*sonnerie prolongée de téléphone*)

LA CAISSIÈRE: (*à l'appareil*) On sonne de Londres.[50] M. Julien Cicandel.

JULIEN: C'est moi! 20

LA CAISSIÈRE: Vous vous appelez Philibert.

JULIEN: Je m'appelle aussi Cicandel.

L'INSPECTEUR: Et puis Doublevé Ka Emme Ix! Oh! c'est louche,[51] ça! c'est de plus en plus louche!

JULIEN: Laissez-moi répondre. (*Il vient à l'appareil, toujours tenu* 25 *par l'agent.*) Allô! allô! c'est de mon patron de Londres!... yes! yes!... Il paraît qu'il a déjà téléphoné tout à l'heure et qu'on lui a

---

[49]**vous m'ennuyez... tous.** I'm beginning to get tired of all of you. I'll pack you off, all of you. [50]**On sonne de Londres.** There's a call from London. [51]**louche** suspicious.

donné la communication[52] avec une maison de fous![53] All right!
oh! Thank you! Thank you! (*à part*) C'est mon patron qui me
téléphone qu'il consent à m'associer dans la maison.

BETTY: (*sautant de joie*) Oh! papa! papa! He will give Julian an
5 interest in the bank!

HOGSON: He will, he really...?

BETTY: Yes! oh! I am happy! I am happy!

JULIEN: Que votre père écoute lui-même! (*à Hogson*) Listen
yourself!

10 HOGSON: (*s'approchant du téléphone, à l'Inspecteur*) Ah! It is a good
thing! (*s'asseyant*) Allô! Allô! Speak louder; I can't hear you... allô!
allô! all right!... If you give Julian an interest, I have nothing
more to say... That is good... thank you... Good-bye. (*se levant, à
Julien*) My friend, I give you my daughter. (*Betty l'embrasse et va*
15 *dans les bras de Julien.*)

EUGÈNE: (*arrivant par la gauche, premier plan*) Qu'est-ce qui se
passe?

L'INSPECTEUR: Il se passe des choses pas ordinaires! Vous vous
rappelez l'Anglais de tout à l'heure qui se plaignait[54] d'avoir été
20 volé. Eh bien! Je fais de mon mieux[55] pour lui retrouver son
voleur. Je fais des recherches. Je prends mon homme. Je le lui
amène. Il lui donne la main de sa fille! Maintenant, tout ce qu'on
me dira des Anglais, vous savez, ça ne m'étonnera plus. (*Il sort.*)

EUGÈNE: (*regardant Julien et Betty*) Vous êtes heureux?

25 JULIEN: Oh! oui!

EUGÈNE: C'est pourtant à cause de moi que tout ça est arrivé.

JULIEN: Comment ça?

EUGÈNE: C'est toute une histoire, vous savez... mais si vous étiez
chic, vous me trouveriez une place[56] à Londres.

30 JULIEN: Comme interprète?

---

[52]**communication** connection. [53]**maison de fous** insane asylum. [54]**se plaindre**
to complain. [55]**fais de mon mieux** do my best. [56]**place** job.

EUGÈNE: (*avec horreur*) Non! J'en ai fini avec ce métier[57] d'interprète. Je veux me mettre à apprendre les langues.

JULIEN: Mon beau-père[58] vous trouvera ça à Londres.

HOGSON: (*serrant la main d'Eugène*) My fellow, since you are his friend, you are my friend.   5

EUGÈNE: (*à Hogson*) Peut-être bien. (*à Julien*) Je voudrais lui dire quelque chose de gentil, d'aimable... que je ne comprends pas un mot de ce qu'il dit.

JULIEN: Dites-lui: I cannot understand!

EUGÈNE: (*serrant la main de Hogson*) Canote endoustan!   10

RIDEAU

EXERCISES

Scenes VI–IX

READING COMPREHENSION

Answer the following questions.

1. Comment Eugène explique-t-il à la caissière la colère de Hogson?
2. Pourquoi Betty a-t-elle peur en voyant le chapeau gris?
3. Quel service Eugène demande-t-il à Julien?
4. Quel test Julien donne-t-il à Eugène?
5. Que fait Julien à l'arrivée de Hogson?
6. Pourquoi l'agent de police tient-il Julien par le bras?
7. Quelle est la réaction de Hogson en voyant Betty?
8. Que veut faire l'inspecteur de Julien, de Betty et de son père?
9. Qui téléphone à ce moment critique?
10. Que fait alors Hogson quand on lui confirme la nouvelle?
11. Que demande Eugène à Julien?
12. Que dit Eugène à Hogson à la fin de la pièce?

---

[57]**métier** profession. [58]**beau-père** father-in-law.

VOCABULARY STUDY

A. Vocabulary Usage

Match each of the situations under *Column A* with the corresponding expression under *Column B*.

A	**B**
1. on est sûr qu'une chose va arriver	a. allons-y!
	b. vous aurez de mes nou- velles!
2. on fait un compliment pour remercier	c. j'en ai assez!
3. on veut aller faire quelque chose	d. tiens!
4. on ne veut pas continuer	e. vous êtes gentil.
5. on est surpris	f. ça y est!
6. on fait du bruit	g. qu'est-ce que c'est que ce tapage?
7. on menace	

B. The Various Meanings of faire

Translate the following sentences.

1. Eugène a fait un signe de tête.
2. Hogson a fait signe de ramener le commissaire.
3. Hogson a fait disparaître Julien.
4. Faites-moi chercher l'Anglais.
5. Ne faites pas semblant d'être étonné.
6. L'inspecteur ne fait plus de reproches aux voleurs.
7. L'inspecteur a fait de son mieux pour retrouver le voleur.
8. L'inspecteur a fait d'actives recherches.
9. Julien et Betty ne voulaient pas se faire remarquer.
10. La caissière a fait préparer la chambre.
11. La banque de Julien lui faisait trois mille francs de frais.
12. Dix francs les trois minutes, ça fait deux cents francs l'heure.
13. L'inspecteur a fait quelques pas vers la gauche pour prendre des notes.

STRUCTURES

A. The Superlative of Adjectives

> To give emphasis to a plural adjective, the phrase **des plus** may be used.
>
> C'est une bande **des plus** dangereuses.
> *It is one of the most dangerous gangs.*

Rewrite the following sentences, replacing **très** with **des plus** + *adjective* in the plural.

EXAMPLE: C'est un roman **très** extraordinaire.

   *C'est un roman **des plus** extraordinaires.*

1. C'est une personne très louche.
2. C'est une femme très chic.
3. C'est une langue très utile.
4. C'est un interprète très stupide.
5. C'est un Anglais très gentil.
6. C'est une chose très ordinaire.

B. The Construction de plus en plus *with Adjectives and Verbs*

> The construction **de plus en plus** expresses an increase.
>
> C'est **de plus en plus** curieux.
> *It is more and more curious.*
>
> Cela me surprend **de plus en plus.**
> *It surprises me more and more.*

Rewrite the following sentences using **de plus en plus** before adjectives and immediately after verbs.

1. Eugène était content.
2. La France était envahie pas les étrangers.
3. Hogson devenait furieux.
4. Nous avons besoin de vos services.
5. Les étrangers venaient en France.

6. Je me souviens.
7. Vous m'ennuyez.
8. Julien marchait vite.
9. Tout ça m'étonne.
10. C'est louche.

COMMUNICATIVE ACTIVITY

A. Prepare one of the topics listed below to be discussed in class. You should be ready to quote lines from the play in support of the views expressed.

1. Eugène contine à avoir de la chance.
2. Le téléphone sonne à un moment critique pour Julien et pour Betty.
3. Certains détails sont relatifs à ce que les Français pensent des Anglais.
4. Certains détails sont relatifs à ce que les Anglais pensent des Français.

B. Analyze one of the following aspects of the play to be discussed in class. You may choose to act out one of the scenes to support your position.

Analyse du comique de la pièce.

1. Le comique des personnages.
2. Le comique des situations.
3. Le comique des gestes.
4. Le comique des mots.

REVIEW EXERCISE

Review the vocabulary and the grammar points covered in *Part III*, then rewrite each sentence with the correct form of the words in parentheses.

Betty Hogson et Julien Cicandel arrivent à _____ (*article*) _____ (*noun*) de Cologne. Ils ont l'intention de se marier mais le père de Betty veut les faire _____ (*verb*) jusqu'à ce que Julien _____ (**être**) associé dans sa maison de Londres. Julien ne s'ennuie pas à Paris et Betty ne s'ennuie pas _____ _____ (*adverb*). Eugène _____ (*verb*) l'interprète qui ne peut pas venir. Il ne sait pas _____ (*article*) _____ (*noun*) d'anglais et désire qu'il ne _____ (**venir**) pas d'Anglais. La caissière veut savoir combien de chambres on désire au téléphone et Eugène repond qu'il _____ (*pronoun replacing* **chambres**) faut quatre. Quand Hogson arrive, Eugène _____ (*verb*), puis revient quand Hogson va dans sa chambre. Voyant la _____ (*noun*) d'interprète à l'envers, la caissière lui dit de la remettre _____ _____ (*prepositional phrase*). Hogson revient et demande à Eugène d'expliquer à l'inspecteur pourquoi il est à Paris. Eugène invente une histoire de _____ (*noun*) volé. Avec les _____ (*noun*) inventés par Eugène, l'inspecteur va commencer _____ (*article*) recherches actives. Hogson devient progressivement _____ furieux (*replace* **progressivement** *with near-synonym*). Betty et Julien reviennent et Eugène est content qu'ils parlent français, leur expliquant qu'il ne _____ (*verb*) que l'espagnol et _____ _____ (*article* + **autre**) langues. Mais il est incapable de répondre _____ (*preposition*) une question _____ (*adjective*) en espagnol et Julien commence à comprendre. Dans la scène finale, Julien devient associé et pourra donc _____ _____ (*verb*) avec Betty. Eugène, lui, veut _____ _____ (*verb*) à apprendre les langues.

PART FOUR

Part Four introduces the reader into the world of exotic lands and fairy tales. *L'Île mystérieuse* was written by Jules Verne (1828–1905), the main creator of science fiction in France. The three episodes that have been extracted from this novel deal with the adventures of five Americans who have been stranded on a Pacific Island and who meet the mysterious captain of an ultra-modern submarine shortly before an explosion nearly destroys them all. This now universal classic was certainly written in praise of the American pioneering spirit at a time when the United States was becoming a world power. Then follow three fairy tales. *La Belle et la Bête* is one of the best-remembered tales by Mme Leprince de Beaumont (1711–1780). It is typical of the genre in that it proposes a lesson: beauty is not everything. *Le Chat botté* was probably written by Charles Perrault (1628–1703), who is well-known for collecting the so-called Mother Goose stories that belong to the oral tradition of French folklore. This masterpiece contains no explicit lesson; it is the story of the financial and social progress of a poor miller's son thanks to a resourceful cat. The last tale, *Penda*, belongs to the cultural heritage of oral folk tales of Africa. It was transcribed by Ousmane Socé Diop (born in 1911), a contemporary African writer. Refreshing and exotic, it portrays a whimsical princess who has to have her wild fling before returning to the fold of her community.

The four selections appear in order of increasing complexity in vocabulary, but they should not present any difficulty, particularly as two of the fairy tales are also known in English. Except for *L'Île mystérieuse*, which has been abridged, the other stories are reproduced in their original version. They all use the **passé simple,** a past tense which replaces in written French the **passé composé,** which is used in spoken French. It is very important that students learn to recognize—but not produce at this point—this tense, since it is so prevalent in both literary and nonliterary written language.

STUDY GUIDE

The following suggestions will help you in your reading of the selections:

1. Glance over the vocabulary exercises before reading the story.
2. Be sure to review the formations of the **passé simple** (only for recognition), the immediate past, the immediate future, the progressive construction, and reflexive verbs. Review also the use and position of pronouns, possessive adjectives, possessive pronouns, and **savoir** *vs.* **connaître.**

L'Île mystérieuse

Jules Verne

1. Un Ballon en difficulté

«Remontons-nous?

—Non! Au contraire! Nous descendons!

—Pis que cela, monsieur Cyrus! Nous tombons!

—Pour Dieu! Jetez du lest![1]

5 —Voilà le dernier sac vidé!

—Le ballon se relève-t-il?

—Non!

—J'entends comme des vagues!

—La mer est sous la nacelle![2]

10 —Elle ne doit pas être à cinq cents pieds de nous!»

Alors une voix puissante déchira[3] l'air, et ces mots retentirent:[4]

«Dehors tout ce qui pèse!... tout! et à la grâce de Dieu![5]»

Telles sont les paroles qui éclataient[6] en l'air, au-dessus de ce
15 vaste désert d'eau du Pacifique, vers quatre heures du soir, dans
la journée du 23 mars 1865.

Un drame se jouait dans les airs agités par l'ouragan.[7] Au-
dessous du ballon oscillait une nacelle qui contenait cinq passagers. Ils n'avient pas hésité à jeter par-dessus bord les objets
20 même les plus utiles. Le ballon se dégonflait[8] peu à peu, descendant jusqu'à une hauteur de deux mille pieds. Il était évident que
les passagers ne pouvaient plus le maintenir dans les zones élevées
et que le gaz leur manquait.

Ils étaient donc perdus!

25 Au-dessous d'eux, c'était l'immense océan. Pas une terre en
vue, pas un navire. Malgré les efforts des infortunés, l'heure de
l'inévitable catastrophe approchait.

En ce moment, une voix mâle—la voix d'un homme dont le
cœur était inaccessible à la peur—se fit entendre.[9] À cette voix
30 répondirent des voix non moins énergiques.

«Tout est-il jeté?

—Non! Il y a encore dix mille francs d'or!»

---

[1]**lest** ballast. [2]**nacelle** basket. [3]**une voix puissante déchira** (p.s. **déchira**) a
powerful voice tore. [4]**retentirent** (*p.s.* **retentir**) rang. [5]**à la grâce de Dieu** may
God help us. [6]**éclataient** (*impf.* **éclater**) exploded. [7]**ouragan** hurricane. [8]**se
dégonflait** (*impf.* **se dégonfler**) was deflating. [9]**se fit entendre** (*p.s.* **faire**) was
heard.

Un sac lourd tomba aussitôt à la mer.

«Le ballon se relève-t-il?

—Un peu, mais il ne tardera pas à[10] retomber!

—Que reste-t-il à jeter au-dehors?

—Rien!   5

—Si![11]... La nacelle!

—Accrochons-nous au filet![12] et à la mer la nacelle!»

C'était, en effet, le seul et dernier moyen d'alléger[13] le ballon.
Les cordes qui rattachaient la nacelle furent coupées, et le ballon
remonta de deux mille pieds.   10

Les cinq passagers s'étaient accrochés dans le filet, regardant
l'abîme. Mais, après s'être un instant stabilisé dans les zones su-
périeures, le ballon commença à redescendre. Le gaz s'échappait
par un trou qu'il était impossible de réparer.

Les passagers avaient fait tout ce qu'ils pouvaient faire. Aucun 15
moyen humain ne pouvait les sauver désormais.[14] Ils n'avaient
plus à compter que sur l'aide de Dieu.

À quatre heures, le ballon n'était plus qu'à cinq cents pieds
de la surface des eaux.

Un aboiement sonore[15] se fit entendre. Un chien accom- 20
pagnait les passagers et se tenait accroché près de son maître dans
le filet.

«Top a vu quelque chose!» s'écria l'un des passagers. Puis,
aussitôt, une voix forte se fit entendre:

«Terre! terre!»   25

Le ballon, que le vent ne cessait d'entraîner[16] vers le sud-
ouest, avait franchi une distance considérable, et une terre assez
élevée venait, en effet, d'apparaître dans cette direction.

Mais cette terre se trouvait encore à trente milles. Il ne fallait
pas moins d'une grande heure pour l'atteindre,[17] à la condition 30
de ne pas dériver.[18] Une heure! Le ballon aurait-il assez de gaz?

Telle était la terrible question! Les passagers voyaient dis-
tinctement ce point solide, qu'il fallait atteindre à tout prix. Ils ne
savaient pas ce qu'il était, île ou continent, sur quelle partie du

---

[10]**ne tardera pas à** (*fut.* **tarder**) won't take long to.   [11]**Si** Yes, there is.
[12]**accrochons-nous** (*imper.* **s'accrocher**) **au filet** let's hang on to the net.
[13]**alléger** to lighten.   [14]**désormais** henceforth.   [15]**aboiement sonore** loud bark.
[16]**entraîner** to carry along.   [17]**atteindre** to reach.   [18]**dériver** to change course.

monde l'ouragan les avait entraînés! Mais cette terre, habitée ou
pas, il fallait y arriver!

Une demi-heure plus tard, la terre n'était plus qu'à un mille,
mais le ballon ne conservait plus de gaz que dans sa partie su-
5 périeure. Les passagers, accrochés au filet, pesaient encore trop
pour lui, et bientôt, à demi-plongés dans la mer, ils furent battus
par les vagues furieuses. Le vent poussa le ballon comme un navire. Peut-être arriverait-il ainsi à la côte!

Il n'en était qu'à peu de distance, quand des cris terribles,
10 sortis de quatre poitrines à la fois, retentirent. Le ballon, qui semblait incapable de se relever, venait de refaire encore un bond[19]
inattendu, après avoir été frappé d'une vague formidable. Il remonta à une hauteur de quinze cents pieds, mais deux minutes
plus tard, il retombait sur le sable du rivage.[20]
15 Les passagers, s'aidant les uns les autres, se dégagèrent[21] du
filet. Le ballon fut repris par le vent, et comme un oiseau blessé
qui retrouve un instant de vie, il disparut dans l'espace.

La nacelle avait contenu cinq passagers, plus un chien, et le
ballon n'en jetait que quatre sur le rivage.
20 Le passager manquant[22] avait évidemment été enlevé par la
vague énorme qui venait de frapper le filet, et c'est ce qui avait
permis au ballon de remonter une dernière fois, puis, quelques
instants après, d'atteindre la terre.

À peine les quatre passagers avaient-ils pris pied sur le sol,
25 que tous, pensant à l'absent, s'écriaient:

«Il essaye peut-être de nager vers le rivage! Sauvons-le!
sauvons-le!»

2. Un Télégramme!

(Le passager qui était tombé dans la mer était le chef du groupe, l'ingé-
30 *nieur Cyrus Smith. Nab, son fidèle serviteur, commença alors les recher-*
ches et, suivant de mystérieuses traces de pas dans le sable, avait fini par

---

[19]**bond** leap. [20]**rivage** shore. [21]**se dégagèrent** (*p.s.* **se dégager**) disentangled
themselves. [22]**manquant** missing.

le retrouver en vie, couché dans une petite caverne. Les autres passagers du ballon était le reporter Gédéon Spilett, Pencroff, un marin, et Harbert, un jeune garçon de quinze ans et un chien. Les cinq Américains, prisonniers des Sudistes à Richmond, en Virginie, avaient voulu utiliser un ballon pour s'évader. Ils ne savaient pas que l'ouragan allait les emporter 5
vers une île du Pacifique.[23]

L'île que les Américains avaient baptisée du nom de Lincoln était assez grande et ils y trouvèrent tout ce qu'il fallait pour survivre. Après quatre ans d'efforts énergiques et intelligents, leur niveau de vie[24] *était tout à fait satisfaisant. Ils ne souffraient ni de la faim ni du froid. Ils* 10
avaient même un ascenseur[25] *pour monter à Granite-house, une caverne transformée en résidence, chauffée*[26] *et éclairée. Pour aller d'un point à l'autre de l'île, ils utilisaient une charrette tirée par des animaux sauvages domestiqués. Granite-house pouvait communiquer avec leur corral au moyen d'une ligne télégraphique. Grâce aux talents de Pencroff, ils purent* 15
construire le Bonadventure, *un petit voilier*[27] *qui leur permit de découvrir l'île Tabor. Sur cette île, ils trouvèrent un homme abandonné, du nom de Ayrton, qui expiait*[28] *un crime depuis douze ans. Ramené à l'île Lincoln, Ayrton s'occupa de leur corral.*

Il ne restait plus qu'à construire un navire plus grand pour retourner 20
dans leur pays. Ils ne voulaient pas abandonner leur île, mais leur rêve était d'en faire un port américain.

Cependant la main mystérieuse qui avait arraché Cyrus Smith à une mort certaine continuait à se faire sentir. Ainsi cette caisse[29] *pleine d'objets utiles, trouvée sur le rivage; ce médicament qui guérit Harbert, gravement* 25
malade; l'explosion inexpliquée d'un bateau de convicts qui avait attaqué l'île. Qui était donc cette personne providentielle?

Et voilà qu'un jour un télégramme arrive: «Venez au corral tout de suite». *Les colons*[30] *trouvèrent alors au corral un message leur demandant de suivre un nouveau fil électrique. Ce fil descendait jusqu'à la surface* 30
de la mer, où ils virent une ouverture dans les rochers. Un canot les

---

[23]Note that a hurricane could not actually have blown the balloon from Virginia to an island in the Pacific. However, knowledge of the nature of hurricanes was not very accurate when Jules Verne wrote his novel. [24]**niveau de vie** standard of living. [25]**ascenseur** elevator. [26]**chauffée** heated. [27]**voilier** sailboat. [28]**expiait** (*impf.* **expier**) had been atoning for. [29]**caisse** box. [30]**colons** settlers.

attendait. À peu de distance de cette ouverture, ils entrèrent dans une
caverne énorme, avec un petit lac. Tout était éclairé comme par un soleil.)

Au centre du lac, un long objet flottait à la surface des eaux,
5 silencieux, immobile. Une intense lumière électrique sortait de
ses flancs. C'était un sous-marin long de deux cent cinquante
pieds environ et haut de dix à douze pieds au-dessus du niveau
de la mer.

Le canot s'en approcha lentement. À l'avant,[31] Cyrus Smith
10 s'était levé. Saisissant le bras du reporter:

«Mais c'est lui! Ce ne peut être que lui! s'écria-t-il, lui!...»

Puis, il retomba sur son banc, en murmurant un nom que
Gédéon Spilett fut seul à entendre.

Sans doute, le reporter connaissait ce nom, car cela fit sur lui
15 un prodigieux effect, et il répondit d'une voix sourde:[32]

«Lui! un homme hors la loi![33]

«Lui!» dit Cyrus Smith.

Sur l'ordre de l'ingénieur, le canot s'approcha. Ils montèrent
sur la plate-forme. Un capot[34] s'ouvrait là. Après être descendu
20 avec ses compagnons, Cyrus Smith poussa une porte. Ils traversèrent rapidement une salle richement ornée,[35] puis, une bibliothèque dans laquelle un plafond lumineux versait un torrent de
lumière.[36]

Au fond de la bibliothèque, une large porte, fermée égale-
25 ment, fut ouverte par l'ingénieur.

Un vaste salon, sorte de musée où étaient entassées,[37] avec
tous les trésors de la nature minérale, des œuvres de l'art, des
merveilles de l'industrie, apparut aux yeux des colons, qui se
crurent transportés dans le monde des rêves.

30 Couché sur un riche divan, ils virent un homme qui ne sembla
pas s'apercevoir de leur présence.

Alors Cyrus Smith éleva la voix, et, à l'extrême surprise de
ses compagnons, il prononça ces paroles:

«Capitaine Nemo, vous nous avez demandés? Nous voici.»

À ces mots, l'homme couché se releva, et son visage apparut

---

[31]**avant** bow. [32]**d'une voix sourde** in a low voice. [33]**hors la loi** outlaw. [34]**capot**
hatch. [35]**orné** decorated. [36]**un plafond... lumière** a bright ceiling shed a flood
of light. [37]**entassées** piled up.

en pleine lumière: tête magnifique, front haut, regard fier, barbe
blanche, chevelure abondante et rejetée en arrière.[38] Son regard
était calme. On voyait qu'une maladie lente l'avait miné[39] peu à
peu, mais sa voix parut forte encore, quand il dit en anglais, et
d'un ton qui annonçait une extrême surprise: 5
   «Je n'ai pas de nom, monsieur.
   —Je vous connais!» répondit Cyrus Smith.
   Le capitaine Nemo fixa un regard ardent sur l'ingénieur,
comme pour le tuer.
   Puis, retombant sur le divan: 10
   «Qu'importe, après tout, murmura-t-il, je vais mourir!»
   Cyrus Smith s'approcha du capitaine Nemo, et Gédéon Spilett
prit sa main qu'il trouva brûlante. Le capitaine avait aussitôt retiré
sa main, et d'un signe, il pria l'ingénieur et le reporter de s'asseoir.
   Tous le regardaient avec une émotion véritable. Il était donc   15
là celui qu'ils appelaient le «génie de l'île», l'être puissant dont
l'intervention, en tant de circonstances, avait été si efficace![40] Devant les yeux, ils n'avaient qu'un homme, là où Pencroff et Nab
croyaient presque trouver un dieu, et cet homme était près de
mourir!   20

EXERCISES

1–2

READING COMPREHENSION

Answer the following questions.

1. Où se trouvaient les cinq passagers?
2. Pourquoi le ballon descendait-il?
3. Comment pouvait-on faire remonter le ballon?
4. Comment les passagers sont-ils restés en l'air en jetant la nacelle?
5. Comment s'expliquait l'aboiement du chien?

---

[38]**rejetée en arrière** brushed back. [39]**miné** undermined. [40]**efficace** efficient.

6. Qu'est-il arrivé à Cyrus Smith et aux autres passagers quand le ballon a atteint l'île?
7. Pourquoi les cinq Américains avaient-ils été ensemble dans le ballon?
8. Leur ballon a-t-il vraiment pu aller de Richmond à l'île du Pacifique?
9. Qu'est-ce que les passagers ont fait en quatre ans?
10. Pourquoi Ayrton avait-il été abandonné sur l'île Tabor?
11. Comment se faisait sentir la présence d'une personne invisible sur l'île Lincoln?
12. Que disait le télégramme qui est arrivé un jour?
13. Qu'est-ce que les colons ont vu en entrant dans la caverne?
14. Quelle a été la première réaction de Cyrus Smith?
15. Décrivez l'intérieur du sous-marin.
16. Qui était le capitaine?

VOCABULARY STUDY

Write sentences of your own with each of the following words and phrases.

le ballon:

le filet	peser
la nacelle	alléger
le gaz	jeter par-dessus bord
le lest	fuir
franchir beaucoup de dis-	se dégonfler
tance	tomber (retomber)
dériver	descendre (redescendre)
lourd	monter (remonter)

le corps humain:

la tête	le regard
la chevelure	la voix
la barbe	élever la voix
le visage	s'écrier
le front	se faire entendre
les yeux	pousser un cri
le bras	la poitrine
le cœur	le pied

STRUCTURES

A. *The Formation of the* passé simple

Whereas the **passé composé** is largely used in spoken French, the **passé simple** is used in written French and is the preferred tense for written narratives. Its endings in the third person, singular and plural, are:

-a, -èrent	il **tomba,** ils **tombèrent** (tomber)
-it, -irent	il **descendit,** ils **descendirent** (descendre)
-ut, -urent	il **dut,** ils **durent** (devoir)

The stem of the **passé simple** is often similar to that of the past participle, but note some of the more irregular forms:

il eut, ils **eurent** (avoir)
il fut, ils **furent** (être)
il tint, ils **tinrent** (tenir)
il vint, ils **vinrent** (venir)
il vit, ils **virent** (voir)

To train yourself to recognize the **passé simple,** rewrite the following sentences in the **passé composé,** making sure to use the correct auxiliary (**avoir** or **être**)

1. Les passagers partirent de Richmond.
2. Leur ballon perdit beaucoup de gaz.
3. Il fallut jeter du lest.
4. Un sac d'or tomba à la mer.
5. Le ballon remonta.
6. Le chien vit l'île le premier.
7. Cyrus fut sauvé.
8. Ils découvrirent une autre île.
9. Ayrton vint avec eux.
10. Un jour ils reçurent un télégramme.
11. Ils suivirent le fil électrique.
12. Ils purent voir un sous-marin.

B. The Formation of the First Person Plural in the Imperative

Compare nonreflexive with reflexive verbs in the following sentences:

Jetons la nacelle.	*Let us throw the basket.*
Accrochons-*nous* au filet.	*Let us hang on to the net.*

With reflexive verbs like **s'accrocher, nous** follows the verb.

Rewrite the following sentences in the first-person plural in the imperative.

EXAMPLES: Il faut sauver le capitaine.

Sauvons le capitaine.

Il faut s'occuper de lui.

Occupons-nous de lui.

1. Il faut faire quelque chose.
2. Il faut sortir de la nacelle.
3. Il faut se rattacher au filet.
4. Il faut couper la nacelle.
5. Il faut s'aider les uns les autres.
6. Il faut rester sur cette île.
7. Il faut s'occuper du corral.
8. Il faut s'approcher du sous-marin.

C. The Interrogative Constructions

Compare the following sentences:

Nous avez-vous demandés?   (*formal*)
Vous nous avez demandés?   (*informal*)

In informal spoken French, intonation alone indicates a question.

Rewrite the following sentences, using the informal construction.

EXAMPLE: Est-ce un sous-marin?

C'est un sous-marin?

1. L'île est-elle encore loin?
2. Tout est-il jeté?
3. Le ballon descend-il toujours?
4. Le ballon remonte-t-il?
5. Est-ce vous, le capitaine Nemo?
6. Parlez-vous anglais?
7. M'avez-vous sauvé la vie?
8. Vous êtes-vous occupé de moi?

D. The Relative Pronouns qui, que, and dont

1. **Qui** is a subject pronoun referring to people or things.

Les passagers sont dans un ballon. Le ballon tombe lentement.

Les passagers sont dans un ballon qui tombe lentement.
(**Qui,** *replacing* **ballon,** *is the subject of the relative clause.*)

2. **Que** is a direct object pronoun referring to people or things.

Les colons voient le sous-marin. Le sous-marin est immobile.

Le sous-marin **que** les colons voient est immobile.   (**Que** *is the direct object of the relative clause.*)

3. **Dont** is a relative pronoun referring to people or things and replacing a noun introduced by **de.**

L'ingénieur parle du hors la loi. Le nom du hors la loi est Nemo.

L'ingénieur parle du hors la loi dont le nom est Nemo.
(**Dont** *replaces* **du hors la loi.**)

Rewrite the following sentences, using the appropriate relative pronoun **qui, que,** or **dont.**

1. C'était un ballon _____ les passagers étaient des Américains.
2. Jeter la nacelle, c'était le seul moyen _____ restait.

3. C'était le seul moyen _____ les passagers pouvaient choisir.
4. Le ballon, _____ la nacelle avait été détachée, remonta.
5. Le ballon, _____ le vent poussait avec force, s'approchait de l'île.
6. L'homme _____ attendait les passagers était le capitaine Nemo.
7. Les hommes _____ le capitaine attendait étaient des Américains.
8. L'homme _____ Cyrus Smith connaissait le nom était malade.
9. Le capitaine _____ Cyrus Smith connaissait depuis longtemps s'appelait Nemo.
10. Le capitaine, _____ ne connaissait pas les Américains, les avaient beaucoup aidés.

COMMUNICATIVE ACTIVITY

Prepare one of the topics listed below to be discussed in class. You should be ready to quote lines from the text in support of the views expressed.

1. Les plaisirs et les dangers d'un voyage en ballon.
2. Ayrton a été abandonné sur l'île Tabor pour expier un crime en douze ans. Qu'en pensez-vous? Quelles autres formes de réhabilitation peut-on proposer? Justifiez votre point de vue.

L'Île mystérieuse (suite)

3. Le Prince Dakkar

Le capitaine Nemo était un Indien, le prince Dakkar. Son père l'avait envoyé en Europe dès l'âge de dix ans. Grand de cœur et d'esprit, le prince fit des études brillantes dans tous les domaines: sciences, lettres, arts. De retour en Inde, il devint le chef de la résistance indienne contre la domination britannique. Il fut 5
vaincu,[41] et perdit toute sa famille dans le désastre. Désespéré, resté seul de sa race, le prince Dakkar voulut aller chercher dans les mers cette indépendance qu'il n'avait pas obtenue pour son pays. Il fit alors construire le *Nautilus,* un sous-marin extraordinaire pour l'époque, dont les machines et les instruments étaient 10
électriques, et qui pouvait rester en immersion aussi longtemps qu'on le désirait.

Suivi de quelques fidèles compagnons, le prince, devenu le capitaine Nemo, explora les profondeurs des océans, enfin libre. Ils se nourrissaient exclusivement des produits de la mer et accu- 15
mulaient des trésors naturels ou ceux perdus dans les épaves.[42] Leur sous-marin était souvent pris pour une monstrueuse baleine[43] ou pour un sous-marin pirate, et on essaya de l'attaquer: le *Nautilus* contre-attaqua chaque fois victorieusement et jamais on n'apprit son secret. 20

Cependant un jour, le capitaine Nemo, ayant dû neutraliser un navire qui s'était approché trop près, recueillit[44] à bord trois passagers qui, tombés à l'eau, risquaient de périr.[45] Devenus prisonniers contre leur volonté, les trois hommes avaient finalement réussi à s'évader pendant que le *Nautilus* traversait un maëlstrom. 25
Après leur évasion, on commença à parler de cet étrange capitaine Nemo qui voulait rester libre sous les mers.

Le capitaine regardait l'ingénieur, placé près de lui.

«Vous savez le nom que j'ai porté, monsieur? demanda-t-il.

—Je le sais, répondit Cyrus Smith, comme je sais le nom de 30
cet admirable sous-marin.

---

[41]**vaincu** (*p.p.* **vaincre**) defeated, vanquished. [42]**épave** shipwreck. [43]**baleine** whale. [44]**recueillit** (*p.s.* **recueillir**) picked up. [45]**périr** to perish.

—Le *Nautilus?* dit en souriant à demi le capitaine.

—Le *Nautilus.*

—Mais savez-vous... savez-vous qui je suis?

—Je le sais.

5 —Il y a pourtant trente années que je n'ai plus aucune communication avec le monde habité, trente ans que je vis dans les
profondeurs de la mer, le seul milieu où j'ai trouvé l'indépendance! Qui donc a pu trahir mon secret?

—Un homme qui n'avait jamais pris d'engagement envers
10 vous, capitaine Nemo, et qui, par conséquent, ne peut être accusé
de trahison.

—Ce Français que le hasard jeta à mon bord il y a seize ans?

—Lui-même.

—Cet homme et ses deux compagnons n'ont donc pas péri
15 dans le maëlstrom, où le *Nautilus* s'était engagé?

—Ils n'ont pas péri, et il a paru, sous le titre de *Vingt mille
Lieues sous les mers,*[46] un ouvrage qui contient votre histoire.

—Mon histoire de quelques mois seulement, monsieur!

—Il est vrai, reprit Cyrus Smith, mais quelques mois de cette
20 vie étrange ont suffi à vous faire connaître...

—Comme un grand coupable,[47] sans doute?» répondit le capitaine Nemo.

L'ingénieur ne répondit pas.

—Eh bien, monsieur?

25 —Je n'ai point à juger le capitaine Nemo, répondit Cyrus
Smith, mais ce que je sais, c'est que, depuis notre arrivée à l'île,
tous nous devons la vie à un être bon, généreux, puissant, et que
cet être puissant, généreux et bon, c'est vous, capitaine Nemo!

—C'est moi», répondit simplement le capitaine.

30 Pendant une assez longue prostration qui le tint presque sans
connaissance, Cyrus Smith et Gédéon Spilett observèrent avec
attention l'état du malade. Il était visible que le capitaine s'éteignait[48] peu à peu. La force allait manquer à ce corps autrefois si
robuste. Toute la vie était concentrée au cœur et à la tête.

---

[46]**Vingt mille Lieues sous les mers** *Twenty Thousand Leagues under the Seas*
(title of Jules Verne's novel to which *L'Île mystérieuse* is a sequel).   [47]**coupable**
guilty man (Nemo had sunk a British frigate that had tried to stop his
submarine).   [48]**s'éteignait** (*impf.* **s'éteindre**) was dying.

L'ingénieur et le reporter s'étaient consultés à voix basse.[49] Y avait-il quelque soin à donner à ce mourant? Pouvait-on, sinon le sauver, du moins prolonger sa vie pendant quelque jours? Lui-même avait dit qu'il n'y avait aucun remède, et il attendait tranquillement la mort, qu'il ne craignait[50] pas.

«Nous ne pouvons rien, dit Gédéon Spilett.

—Mais de quoi meurt-il? demanda Pencroff.

—Il s'éteint, répondit le reporter.

—Cependant, reprit le marin, si nous le transportions en plein air, en plein soleil, peut-être...?

—Non, Pencroff, répondit l'ingénieur. D'ailleurs, le capitaine Nemo ne consentirait pas à quitter son bord. Il y a trente ans qu'il vit sur le *Nautilus,* c'est sur le *Nautilus* qu'il veut mourir.»

Sans doute, le capitaine Nemo entendit la réponse de Cyrus Smith, car il se releva un peu, et d'une voix plus faible, mais toujours intelligible:

«Vous avez raison, monsieur, dit-il. Je dois et je veux mourir ici. Aussi ai-je une demande à vous faire.»

Cyrus Smith et ses compagnons s'étaient rapprochés du divan.

On put voir alors le regard du capitaine s'arrêter sur toutes les merveilles de ce salon, éclairé par les rayons électriques. Il regarda, l'un après l'autre, ces chefs-d'œuvre[51] des maîtres italiens, flamands,[52] français et espagnols, les marbres[53] et les bronzes, l'orgue[54] magnifique, les plus admirables produits de la mer, plantes marines, perles, et, enfin, ses yeux s'arrêtèrent sur cette devise[55] inscrite sur le mur de ce musée, la devise du *Nautilus:*

Mobilis in mobili.[56]

Cyrus Smith avait respecté le silence que gardait le capitaine Nemo. Il attendait que le mourant reprît la parole.

Après quelques minutes, pendant lesquelles il revit passer de-

---

[49]**à voix basse** in a low voice. [50]**craignait** (*impf.* **craindre**) feared.
[51]**chef-d'œuvre** masterpiece. [52]**flamand** Flemish [53]**marbre** marble. [54]**orgue** organ. [55]**devise** motto. [56]**Mobilis in mobili** (*Latin*) Moving in the moving world (*the motto refers to Nemo's voyages in the seas*).

vant lui, sans doute, sa vie tout entière, le capitaine Nemo se
retourna vers les colons et leur dit:

«Vous croyez, messieurs, me devoir quelque reconnaissance?...

5 —Capitaine, nous donnerions notre vie pour prolonger la
vôtre!

—Bien, reprit le capitaine Nemo, bien!... Promettez-moi
d'exécuter mes dernières volontés, et je serai payé de tout ce que
j'ai fait pour vous.

10 —Nous vous le promettons», répondit Cyrus Smith.

Et, par cette promesse, il engageait[57] ses compagnons et lui.

«Messieurs, reprit le capitaine, demain, je serai mort.»

Il arrêta d'un signe Harbert, qui voulut protester.

«Demain, je serai mort, et je désire ne pas avoir d'autre tom-
15 beau que le *Nautilus*. Tous mes amis reposent au fond des mers,
je veux y reposer aussi.»

Les colons écoutaient religieusement les paroles du mourant.

«Demain, après ma mort, monsieur Smith, reprit le capitaine,
vous et vos compagnons, vous quitterez le *Nautilus*, car toutes
20 les richesses qu'il contient doivent disparaître avec moi. Un seul
souvenir vous restera du prince Dakkar, dont vous savez maintenant l'histoire. Ce coffret[58]... là... contient plusieurs millions de
diamants et une collection de perles recueillies[59] par mes amis et
moi au fond des mers. Avec ce trésor, vous pourrez faire, à un
25 jour donné, de bonnes choses. Entre des mains comme les vôtres
et celles de vos compagnons, monsieur Smith, l'argent ne peut
être un péril. Je serai donc, de là-haut, associé à vos œuvres,[60] et
je ne les crains pas!»

Après quelques instants de repos, nécessités par son extrême
30 faiblesse,[61] le capitaine Nemo reprit en ces termes:

«Demain, vous prendrez ce coffret, vous quitterez ce salon,
dont vous fermerez la porte; puis, vous remonterez sur la plate-
forme du *Nautilus,* et vous fermerez solidement le capot.

—Nous le ferons, capitaine, répondit Cyrus Smith.

35 —Bien. Vous vous embarquerez alors sur le canot qui vous a
amenés. Mais, avant d'abandonner le *Nautilus,* allez à l'arrière,[62]

---

[57]**engageait** (*impf.* **engager**) pledged, committed. [58]**coffret** box. [59]**recueillies**
(*p.p.* **recueillir**) collected. [60]**œuvres** works. [61]**faiblesse** weakness.
[62]**arrière** stern.

et là, ouvrez deux larges robinets.[63] L'eau pénétrera dans les réservoirs, et le *Nautilus* s'enfoncera peu à peu sous les eaux pour aller reposer au fond de l'abîme.»

Et, sur un geste de Cyrus Smith, le capitaine ajouta:

«Ne craignez rien! Je serai mort!»   5

Ni Cyrus Smith, ni aucun de ses compagnons ne voulurent faire une observation au capitaine Nemo. C'étaient ses dernières volontés qu'il leur transmettait, et ils n'avaient qu'à s'y conformer.

«J'ai votre promesse, messieurs? ajouta le capitaine Nemo.

—Vous l'avez, capitaine», répondit l'ingénieur.   10

Le capitaine fit un signe de remerciement et pria les colons de le laisser seul pendant quelques heures. Gédéon Spilett insista pour rester près de lui, mais le mourant refusa, en disant:

«Je vivrai jusqu'à demain, monsieur!»

3–4

READING COMPREHENSION

Answer the following questions.

1. Où le prince Dakkar a-t-il fait ses études?
2. Qu'a-t-il fait en retournant en Inde?
3. Quelles étaient les caractéristiques du *Nautilus*?
4. Comment le capitaine a-t-il utilisé son indépendance sous les mers?
5. Comment a-t-on appris son existence?
6. Quel roman racontait une partie de ses voyages?
7. Comment Cyrus Smith jugeait-il le capitaine?
8. Et vous, comment le jugez-vous?
9. Quels signes montraient que le capitaine était près de mourir?
10. Comment voulait-il mourir? Qu'en pensez-vous?
11. Quelles merveilles se trouvaient dans le salon?
12. Quelles étaient les dernières volontés du capitaine?
13. Que contenait le coffret?
14. Comment le *Nautilus* pouvait-il aller au fond de l'eau?
15. Pourquoi Cyrus Smith a-t-il d'abord hésité à accepter?

---

[63]**robinet** faucet.

VOCABULARY STUDY

A. Write sentences of your own using the following words and phrases.

désespéré	la trahison
fidèle	la volonté
coupable	prendre un engagement envers
étrange	quelqu'un
la faiblesse	devoir de la reconnaissance à
trahir	quelqu'un
	donner sa vie pour
	le remerciement

B. Rewrite each of these sentences substituting the appropriate expression in the following list for the near-equivalents in italics.

grand de cœur et d'esprit	dans les profondeurs
se nourrir de	s'engager
périr	religieusement
devoir la vie à quelqu'un	s'éteindre
reprendre	craindre

1. Le capitaine *mourait peu à peu*.
2. Les colons l'écoutaient *avec respect*.
3. Nous *sommes en vie grâce à vous*.
4. L'ingénieur attendait que le capitaine *continue de parler*.
5. Les trois hommes risquaient de *mourir*.
6. Le capitaine préférait rester *au fond* des mers.
7. Il ne *mangeait* pas de viande.
8. Il était *très généreux et très intelligent*.
9. Il n'*avait* pas *peur de* la mort.
10. Le sous-marin *est entré* dans un maëlstrom.

C. *The Meanings of* aussi

Aussi has several meanings:

1. *as:* Le prince était **aussi** riche que son père.

2. *also:* Il construisit **aussi** un sous-marin.

3. *and so, therefore (at the beginning of a sentence only):*
Aussi construisit-il un sous-marin.

Translate the following sentences.

1. Il y avait des hommes dans la mer. Le *Nautilus* était là aussi.
2. Le *Nautilus* avançait vers les hommes aussi lentement que possible.
3. Aussi le *Nautilus* avançait-il lentement.
4. Le capitaine aimait beaucoup le *Nautilus*. Aussi voulait-il y mourir.
5. Il avait beaucoup voyagé dans le *Nautilus*. Il voulait aussi y mourir.
6. Il est resté sous les mers aussi longtemps que possible.
7. Il trouvait Cyrus Smith aussi généreux que lui.
8. Aussi lui a-t-il donné le coffret.
9. Il lui a aussi communiqué ses dernières volontés.
10. Les réservoirs étaient vides. Aussi fallait-il les remplir.

STRUCTURES

A. The Use of **si** to Make Suggestions

Si, followed by a verb in the imperfect, is used to make a suggestion.

Si nous le transportions?   *What about carrying him?*

Rewrite the following sentences.

EXAMPLE: Nous lui donnons des soins.

Si nous lui donnions des soins?

1. On le porte dehors.
2. On prolonge sa vie avec un remède.
3. Nous le sortons de la caverne.
4. On le met au soleil.
5. Nous attendons qu'il reprenne connaissance.

B. The Use of the Future Tense to Give Instructions

Rewrite the sentences following the example.

EXAMPLE: Prenez ce coffret.

Vous prendrez ce coffret.

1. Quittez ce salon.
2. Fermez la porte.

3. Remontez sur la plate-forme.
4. Allez à l'arrière.
5. Ouvrez les deux robinets.
6. Faites bien attention.
7. Embarquez-vous sur le canot.
8. Ne vous approchez plus du sous-marin.

C. *The Use of the Present Tense with* **depuis** *and* il y a ... que

The present tense is used with **depuis** or **il y a ... que** to describe the duration of an action that has been in progress.

Je vis sur ce sous-marin **depuis trente ans.**

or:

Il y a trente ans que je vis sur ce sous-marin.

I have been living on this submarine for thirty years.

Rewrite the sentences following the example.

EXAMPLE: Je voyage depuis trente ans.

Il y a trente ans que je voyage.

1. Je ne communique plus avec le monde depuis trente ans.
2. Je me nourris de produits de la mer depuis trente ans.
3. Mes camarades sont morts depuis longtemps.
4. Je vous regarde travailler depuis quatre ans.
5. Je vous connais depuis quatre ans.

COMMUNICATIVE ACTIVITY

Prepare one of the topics listed below to be discussed in class. You should be ready to quote lines from the text in support of the views expressed.

1. La tension dramatique de ces passages est due au comportement des personnages, à ce qu'ils disent, et à la situation dans laquelle ils sont plongés.
2. Les raisons pour lesquelles on peut aimer ou ne pas aimer un voyage en sous-marin.
3. Comment l'homme peut-il exploiter les mers?

L'Île mystérieuse (suite)

5. La Mort du capitaine

Tous quittèrent le salon, traversèrent la bibliothèque, la salle à manger, et arrivèrent à l'avant, dans la chambre des machines électriques, qui, en même temps que la chaleur et la lumière, produisaient la force mécanique du *Nautilus*.

Le *Nautilus* était un chef-d'œuvre qui contenait des chefs- 5
d'œuvre, et l'ingénieur fut émerveillé.[64]

Les colons montèrent sur la plate-forme, où ils se couchèrent.

Le lendemain, après être redescendus à l'intérieur du *Nautilus,* ils prirent quelque nourriture et rentrèrent dans le salon.

Le capitaine Nemo était sorti de sa prostration, et ses yeux 10
avaient retrouvé leur vivacité. On voyait comme un sourire sur ses lèvres.

Les colons s'approchèrent de lui.

«Messieurs, leur dit le capitaine, vous êtes des hommes courageux, honnêtes et bons. Vous avez tous travaillé sans réserve à 15
l'œuvre commune. Je vous ai souvent observés. Je vous ai aimés, je vous aime!... Votre main, monsieur Smith!»

Cyrus Smith tendit sa main au capitaine, qui la serra affectueusement.

«Cela est bon!» murmura-t-il. 20

Puis, reprenant:

«Mais c'est assez parler de moi! J'ai à vous parler de vous-mêmes et de l'île Lincoln, sur laquelle vous avez trouvé refuge... Vous allez l'abandonner?

—Pour y revenir, capitaine! répondit Pencroff. 25

—Y revenir?... En effet, Pencroff, répondit le capitaine en souriant, je sais combien vous aimez cette île. Elle s'est modifiée par vos soins, et elle est bien la vôtre!

—Notre projet, capitaine, dit alors Cyrus Smith, serait de la rattacher aux États-Unis et d'y fonder pour notre marine un port 30
qui serait heureusement situé dans cette portion du Pacifique.

—Vous pensez à votre pays, messieurs, répondit le capitaine.

---

[64]**émerveillé** amazed.

Vous travaillez pour sa prospérité, pour sa gloire. Vous avez raison. La patrie!... c'est là qu'il faut retourner! C'est là que l'on doit mourir! Et moi, je meurs loin de tout ce que j'ai aimé!

—Auriez-vous quelque dernière volonté à transmettre? dit
5 l'ingénieur, quelque souvenir à donner aux amis que vous avez pu laisser dans ces montagnes de l'Inde?

—Non, monsieur Smith. Je n'ai plus d'amis! Je suis le dernier de ma race... et je suis mort depuis longtemps pour tous ceux que j'ai connus... Mais revenons à vous. Vous devez tout essayer pour
10 quitter l'île Lincoln et pour revoir le pays où vous êtes nés. Je sais que ces misérables[65] ont détruit le voilier que vous aviez fait...

—Nous construisons un navire, dit Gédéon Spilett, un navire assez grand pour nous transporter aux terres les plus rapprochées; mais si nous réussissons à la quitter tôt ou tard, nous re-
15 viendrons à l'île Lincoln.

—C'est ici que nous avons connu le capitaine Nemo, dit Cyrus Smith.

—Ce n'est qu'ici que nous retrouverons votre souvenir tout entier! ajouta Harbert.

20 —Et c'est ici que je reposerai dans l'éternel sommeil» répondit le capitaine.

La journée se termina sans changement. Les colons ne quittèrent pas un instant le *Nautilus*. La nuit était venue.

Le capitaine Nemo ne souffrait pas, mais il déclinait. Sa noble
25 figure était calme. On sentait que la vie se retirait peu à peu de ce corps, dont les extrémités étaient déjà froides. Une ou deux fois encore, ils parla aux colons près de lui, et il leur sourit de ce dernier sourire qui se continue jusque dans la mort.

Vers une heure du matin, murmurant ces mots: «Dieu et
30 Patrie!» il expira doucement.

Cyrus Smith ferma les yeux de celui qui avait été le prince Dakkar et qui n'était même plus le capitaine Nemo.

Harbert et Pencroff pleuraient. Nab était à genoux près du reporter, changé en statue.

35 Cyrus Smith, élevant la main au-dessus de la tête du mort:

---

[65]**ces misérables...** A pirate ship had tried to land on the island.

«Que Dieu ait son âme!»[66] dit-il, et, se retournant vers ses amis, il ajouta:

«Prions pour celui que nous avons perdu!»

Quelques heures après, les colons remplissaient la promesse faite au capitaine, ils accomplissaient les dernières volontés du mort.   5

Cyrus Smith et ses compagnons quittèrent le *Nautilus*, après avoir emporté l'unique souvenir de leur bienfaiteur, ce coffret qui contenait cent fortunes.

Le merveilleux salon, toujours inondé de lumière, avait été fermé soigneusement. Le capot fut alors hermétiquement fermé,   10 de telle sorte que pas une goutte d'eau ne pût[67] pénétrer à l'intérieur des chambres du *Nautilus*.

Puis, les colons descendirent dans le canot. Arrivés à l'arrière du sous-marin, ils ouvrirent les robinets. Les réservoirs se remplirent, et le *Nautilus*, s'enfonçant peu à peu, disparut sous la   15 surface liquide.

Mais les colons purent le suivre encore quelque temps. Sa puissante lumière éclairait les eaux transparentes, tandis que[68] la crypte redevenait obscure. Puis, tout s'éteignit, et bientôt le *Nautilus*, devenu le tombeau du capitaine Nemo, reposait au fond des   20 mers.

6. Le Volcan

Quelques mois après, le volcan de l'île Lincoln se réveilla. Les colons comprirent tout de suite que si la lave pénétrait, à la suite d'une dislocation du roc, dans la grande crypte où était mort le capitaine Nemo, il y aurait une explosion qui risquait de détruire   25 leur île.[69] Alors commença une course[70] entre le volcan de plus en plus actif, et les colons qui construisaient leur navire. Hélas!

---

[66]**Que Dieu ait son âme!** God rest his soul!   [67]**pût** (*impf. subj.* **pouvoir**) could.
[68]**tandis que** while.   [69]**Les colons... île.** The mixture of lava and water would bring about a build-up of steam pressure that would cause a violent explosion.   [70]**course** race.

Juste au moment où ils voulurent lancer à la mer leur grand voilier presque terminé, une énorme colonne de vapeur sortit du cratère, montant à plus de trois mille pieds de hauteur. La lave avait pénétré dans la caverne. Quelques minutes plus tard, une
5 terrible explosion jeta en l'air des morceaux de montagnes qui retombèrent dans le Pacifique. L'Océan recouvrait la place où avait été l'île Lincoln.

Un roc isolé, long de trente pieds, large de quinze, émergeant de dix à peine, c'était tout ce qui restait de Granite-house! Tout
10 avait disparu dans l'abîme autour de ce point culminant. De l'île Lincoln, on ne voyait plus que cet étroit rocher qui servait alors de refuge aux six colons et à leur chien Top.

Les animaux avaient également péri dans la catastrophe, les oiseaux aussi bien que les autres représentants de la faune de l'île,
15 tous écrasés[71] ou noyés.[72]

Si Cyrus Smith, Gédéon Spilett, Harbert, Pencroff, Nab, Ayrton avaient survécu, c'est que, réunis alors sous leur tente, ils avaient été précipités à la mer, au moment où les débris de l'île pleuvaient partout.

20 Lorsqu'ils revinrent à la surface, ils ne virent plus que ce roc, vers lequel ils nagèrent, et sur lequel ils se réfugièrent, de même que leur chien.

C'était sur ce roc nu qu'ils vivaient depuis neuf jours! Quelques provisions, prises avant la catastrophe au magasin de
25 Granite-house, un peu d'eau de pluie, voilà tout ce que les infortunés possédaient. Leur dernier espoir, leur navire, avait été brisé. Ils n'avaient aucun moyen de quitter ce roc. Pas de feu ni de quoi en faire. Ils étaient destinés à périr!

Ce jour-là, 18 mars, il ne leur restait plus de conserves que
30 pour deux jours. Toute leur science, toute leur intelligence ne pouvait rien dans cette situation. Ils étaient uniquement entre les mains de Dieu.

Cyrus Smith était calme. Gédéon Spilett, plus nerveux, et Pencroff, plein d'une colère sourde, allaient et venaient sur ce
35 roc. Harbert ne quittait pas l'ingénieur, et le regardait, comme pour lui demander un secours que celui-ci ne pouvait apporter. Nab et Ayrton étaient résignés à leur sort.[73]

---

[71]**écrasés** crushed to death.   [72]**noyés** drowned.   [73]**sort** fate.

Pendant les cinq jours qui suivirent, Cyrus Smith et ses malheureux compagnons ne mangèrent juste que ce qu'il fallait pour ne pas succomber à la faim. Leur affaiblissement[74] était extrême. Harbert et Nab commencèrent à donner quelques signes de délire. 5

Dans cette situation, pouvaient-ils conserver même un tout petit espoir? Non! Quelle était leur seule chance? Qu'un navire passe près d'eux? Mais ils savaient bien, par expérience, que les navires ne visitaient jamais cette région du Pacifique!

Non! ils ne pouvaient conserver aucun espoir d'être sauvés, 10 et une horrible mort, la mort par la faim et par la soif, les attendait sur ce roc!

Et, déjà, ils étaient couchés sur ce roc, inanimés, n'ayant plus la conscience de ce qui se passait autour d'eux. Seul, Ayrton, par un suprême effort, relevait encore la tête et jetait un regard 15 désespéré sur cette mer déserte!...

Mais voilà que, dans la matinée du 24 mars, Ayrton se releva, à genoux d'abord, puis debout, sa main sembla faire un signal...

Un navire était en vue de l'île. Il se dirigeait vers eux en droite ligne, en forçant sa vapeur.[75] Les malheureux l'auraient aperçu 20 depuis plusieurs heures déjà, s'ils avaient eu la force d'observer l'horizon!

«Le *Duncan*!» murmura Ayrton, et il retomba inanimé.

7. Le Retour

Lorsque Cyrus Smith et ses compagnons eurent repris connaissance, ils se trouvaient dans la chambre d'un steamer, sans pou- 25 voir comprendre comment ils avaient échappé à la mort. Un mot d'Ayrton suffit à leur tout apprendre.

«Le *Duncan*!» murmura-t-il.

—«Le *Duncan*!» répondit Cyrus Smith.

Et, levant les bras au ciel, il s'écria: 30

«Ah! Dieu tout puissant! tu as donc voulu nous sauver!»

C'etait le *Duncan*, en effet, le yacht de Lord Glenarvan, alors commandé par Robert, le fils du capitaine Grant, qui avait été

---

[74]**affaiblissement** weakness. [75]**forçant sa vapeur** full steam ahead.

expédié à l'île Tabor pour y chercher Ayrton et le rapatrier après douze ans d'expiation!...

Les colons étaient sauvés, ils étaient déjà sur le chemin du retour!

5   «Capitaine Robert, demanda Cyrus Smith, qui donc a pu vous donner la pensée, après avoir quitté l'île Tabor, où vous n'aviez plus trouvé Ayrton, d'aller à cent milles de là dans le nord-est?

—Monsieur Smith, répondit Robert Grant, c'était pour aller chercher, non seulement Ayrton, mais vos compagnons et vous!

10   —Mes compagnons et moi?

—Sans doute! À l'île Lincoln!

—L'île Lincoln! s'écrièrent à la fois Gédéon Spilett, Harbert, Nab et Pencroff, au dernier degré de l'étonnement.[76]

—Comment connaissez-vous l'île Lincoln? demanda Cyrus
15 Smith, puisque cette île n'est même pas indiquée sur les cartes?

—Je l'ai connue par la notice que vous aviez laissée à l'île Tabor, répondit Robert Grant.

—Une notice? s'écria Gédéon Spilett.

—Sans doute, et la voici, répondit Robert Grant, en pré-
20 sentant un document qui indiquait en longitude et en latitude la situation de l'île Lincoln, «résidence actuelle d'Ayrton et de cinq colons américains.»

—Le capitaine Nemo!... dit Cyrus Smith, après avoir lu la notice et reconnu qu'elle était de la même main qui avait écrit le
25 document trouvé au corral!

—Ah! dit Pencroff, c'était donc lui qui avait pris notre *Bon-adventure*, lui qui était allé, seul, jusqu'à l'île Tabor!...

—Pour y mettre cette notice! répondit Harbert.

—J'avais donc bien raison de dire, s'écria le marin, que, même
30 après sa mort, le capitaine nous rendrait encore un dernier service!»

En ce moment, Ayrton, s'approchant de l'ingénieur, lui dit simplement:

«Où faut-il mettre ce coffret?»

35   C'était le coffret qu'Ayrton avait sauvé au péril de sa vie, au

---

[76]**au dernier degré de l'étonnement** amazed beyond words.

moment où l'île s'enfonçait dans l'océan, et qu'il venait fidèlement remettre à l'ingénieur.

«Ayrton! Ayrton!» dit Cyrus Smith avec une émotion profonde.»

Puis, s'adressant à Robert Grant:

«Monsieur, ajouta-t-il, où vous aviez laissé un coupable, vous retrouvez un homme que l'expiation a refait honnête, et auquel je suis fier de donner la main!»

Quinze jours[77] après, les colons débarquaient en Amérique accompagnés de leur chien, et ils retrouvaient leur patrie pacifiée, après cette terrible guerre qui avait amené le triomphe de la justice et du droit.

Des richesses contenues dans le coffret donné par le capitaine Nemo aux colons de l'île Lincoln, la plus grande partie fut employée à l'acquisition d'un vaste domaine dans l'État d'Iowa.

Là, sur ce domaine, les colons appelèrent au travail, c'est-à-dire à la fortune et au bonheur, tous ceux auxquels ils avaient voulu offrir l'hospitalité de l'île Lincoln. Là fut fondée une vaste colonie à laquelle ils donnèrent le nom de l'île disparue dans les profondeurs du Pacifique.

Là, sous la main intelligente de l'ingénieur et de ses compagnons, tout prospéra. Pas un des anciens colons de l'île Lincoln ne manquait, car ils avaient juré de toujours vivre ensemble, Nab là où était son maître, Ayrton prêt à se sacrifier à toute occasion, Pencroff plus fermier qu'il n'avait jamais été marin, Harbert, dont les études se terminèrent sous la direction de Cyrus Smith, Gédéon Spilett lui-même, qui fonda le *New Lincoln Herald,* lequel fut le journal le mieux renseigné du monde entier.

Là, enfin, tous furent heureux, unis dans le présent comme ils l'avaient été dans le passé; mais jamais ils ne devaient oublier cette île, sur laquelle ils étaient arrivés, pauvres et nus, cette île qui, pendant quatre ans, avait suffi à leurs besoins, et dont il ne restait plus qu'un morceau de granit battu par les vagues du Pacifique, tombeau de celui qui fut le capitaine Nemo!

---

[77]**quinze jours** two weeks.

EXERCISES

5–7

READING COMPREHENSION

Answer the following questions.

1. Qu'est-ce qui produisait la chaleur, la lumière et la force mécanique du sous-marin?
2. Que voulaient faire les colons de leur île?
3. Pourquoi ne pouvaient-ils pas partir tout de suite?
4. Comment est mort le capitaine Nemo?
5. Que pensez-vous de ses derniers mots?
6. Qu'ont fait les colons pour accomplir les dernières volontés
du capitaine?
7. Pourquoi l'île risquait-elle d'être détruite?
8. Que s'est-il passé quand les colons ont voulu lancer leur
voilier?
9. Quel a été le résultat de l'explosion?
10. Pourquoi les colons étaient-ils destinés à mourir?
11. Qu'a vu Ayrton le quatorzième jour?
12. Où les colons ont-ils repris connaissance?
13. Pourquoi ce navire était-il venu dans cette région du Pacifique?
14. Comment savait-on que le capitaine Nemo avait écrit la notice?
15. Quel objet Ayrton avait-il apporté du roc?
16. À quoi a été employée une partie du trésor?
17. Qu'ont fait alors les six colons?
18. Qu'est-ce qu'ils ne pouvaient pas oublier?

VOCABULARY STUDY

A. Write sentences of your own with each of the following words and
phrases.

La catastrophe:

mourir de faim	disparaître dans l'abîme
de soif	donner des signes de délire
d'une mort horrible	jeter des regards désespérés

succomber à la faim	ne conserver aucun espoir
être écrasé	perdre connaissance
noyé	reprendre connaissance
jeté en l'air	échapper à la mort
précipité à la mer	s'échapper (s'évader)
destiné à périr	
résigné à son sort	

B. *The Use of* de plus en plus

De plus en plus is used with an adjective, an adverb, or a verb to denote a progressive increase in quantity or quality.

La mer montait **de plus en plus**.

*The sea was rising **more and more**.*

Rewrite the sentences using **de plus en plus**.

EXAMPLE: La situation devenait terrible.

La situation devenait **de plus en plus** terrible.

1. Le volcan était actif.
2. Les colons travaillaient vite.
3. Le danger devenait grand.
4. La colonne de vapeur est montée haut.
5. Les colons étaient faibles.
6. L'eau et la nourriture manquaient souvent.

STRUCTURES

A. *The Use of* c'est ... que *for Emphasis*

Part of a sentence can be emphasized with **c'est ... que.**

Il faut retourner là.

C'est là qu'il faut retourner.

Rewrite the following sentences emphasizing the phrases in italics with **c'est ... que.**

EXAMPLE: Le capitaine est mort *en lisant ces mots.*

     C'est en lisant ces mots que *le capitaine est mort.*

1. Je reposerai *ici.*
2. Il est mort *en murmurant ces mots.*
3. Les colons travailleront *pour leur patrie.*
4. Ils avaient trouvé refuge *sur l'île Lincoln.*
5. Ils ont vu mourir le capitaine *avec émotion.*
6. Le tombeau du capitaine se trouve *su fond des mers.*
7. L'énergie électrique était produite *dans la chambre des machines.*

B. The Use of de, d' in Negation

Compare the following sentences:

J'ai **des** amis.	*I have friends.*
Je n'ai plus **d'**amis.	*I have **no more** friends.*

Rewrite the following sentences in the negative.

1. J'ai de l'eau.
2. Il y a de l'électricité.
3. Les animaux font du bruit.
4. Le sous-marin contient de l'eau.
5. On voit de la lumière.

C. The Use of sans Followed by a Verb

When a verb follows **sans** it is always in the infinitive.

Il a regardé sans comprendre.
He looked without understanding.

Rewrite the following sentences following the example.

EXAMPLE: Ils travaillaient. Ils ne s'arrêtaient pas.
Ils travaillaient sans s'arrêter.

1. Le capitaine est mort. Il n'a pas repris connaissance.
2. Il a expiré. Il n'a pas ouvert les yeux.
3. Il a voyagé. Il n'a pas connu le repos.
4. Ayrton est retombé. Il n'a pas vu arriver le navire.
5. Ils ont travaillé. Ils n'ont pas fait attention au volcan.
6. Ils resteront probablement dans l'Iowa. Ils ne reverront pas l'île Lincoln.

The Formation of the Pluperfect

The pluperfect is a compound tense that is formed as follows: imperfect of **avoir** or **être** + *past participle*.

Le capitaine leur **avait donné** un coffret.
Le capitaine **était devenu** malade.
Il n'**était** pas **sorti** de la caverne.
L'île **s'était** modifiée.

Verbs that use **avoir** in the **passé composé** will also use **avoir** in the pluperfect. Those like **aller** and reflexive verbs, which use **être** in the **passé composé,** will also use **être** in the pluperfect.

Rewrite the following sentences in the pluperfect, using the correct auxiliary **avoir** or **être**.

1. Les cinq Américains s'évadent de prison.
2. Ils arrivent pauvres et nus sur une île déserte.
3. Après quatre ans, l'île change.
4. Le capitaine Nemo aide les colons.
5. L'île devient civilisée.
6. Cyrus s'approche du capitaine.
7. Le capitaine aime beaucoup les Américains.
8. Il meurt pendant la nuit.
9. Il leur donne une fortune colossale.
10. Le volcan se réveille.

11. La lave pénètre dans la caverne.
12. Toute l'île disparaît.
13. Les colons se résignent à mourir.
14. Le *Duncan* retrouve les colons.
15. Les colons sortent vivants de la catastrophe.
16. Ils échappent à une mort horrible.

COMMUNICATIVE ACTIVITY

Prepare one of the topics listed below to be discussed in class. You should be ready to quote lines from the text in support of the views expressed.

A. Ce que vous pensez de la personnalité du capitaine, de ses dernières volontés, de sa façon de mourir, de la dévotion des colons.

B. Les colons ont acheté un vaste domaine dans l'Iowa, Si on vous donnait une fortune colossale, qu'en feriez-vous? Justifiez votre réponse.

C. Les cinq Américains avaient tous des talents qui leur ont permis de survivre sur l'île Lincoln. Supposez que vous devez choisir sur la liste suivante huit seulement des douze candidats pour émigrer sur une planète nouvelle. Donnez les raisons de votre choix.

1. Un astronaute, 65 ans.
2. Une fermière, mère de trois enfants, 40 ans.
3. Un spécialiste de physique nucléaire, 40 ans.
4. Un riche banquier philanthrope, 55 ans.
5. Une étudiante en pharmacie, 25 ans.
6. Un étudiant en médecine, 25 ans.
7. Une femme architecte, 30 ans.
8. Une journaliste de la télévision, 30 ans.
9. Un agent de police, 40 ans.
10. Un philosophe, coureur de marathon, 50 ans.
11. Une cuisinière d'un restaurant de famille, 30 ans.
12. Une championne de ski, 20 ans.

REVIEW EXERCISE

Review the vocabulary and the grammar points covered in the story, then rewrite each sentence with the correct form of the words in parentheses.

Le ballon qui transportait les cinq _____ avait un trou par lequel le gaz _____. Ils ont été obligés de _____ par-dessus bord tout ce _____ pesait. D'abord le ballon est remonté, mais ensuite il _____. L'île _____ les colons _____ (*pluperfect of* **baptiser**) du nom de Lincoln était assez grande et fertile. Après quatre ans de travail, ils _____ (*pluperfect of* **arriver**) à un niveau de _____ acceptable. Un jour, un télégramme _____ ils ne connaissaient pas l'auteur les a invités à descendre dans une grande _____. C'est là _____ ils ont vu un _____ électrique dans lequel ils _____ (*pluperfect of* **entrer**). Le capitaine, _____ le nom était Nemo, leur a raconté sa vie. «Je _____ (*correct tense of* **vivre**) depuis trente ans dans les _____ de la mer, leur a-t-il expliqué. Mes camarades sont tous morts et c'est au _____ des mers _____ j'aimerais reposer. Vous _____ (*future of* **aller**) à l'arrière du sous-marin et vous _____ (*future of* **ouvrir**) les robinets _____ permettent de _____ les réservoirs.» Les colons _____ (*pluperfect of* **exécuter**) les dernières _____ du capitaine, et le sous-marin _____ (*pluperfect of* **disparaître**) sans _____ (*correct form of* **faire**) de bruit. Quelques semaines plus tard, le volcan, _____ les colons craignaient beaucoup, _____ (*pluperfect of* **se réveiller**). Après une terrible explosion, il n'y avait plus _____ île, plus _____ maison, plus _____ plantations, plus rien. Seul un roc _____ (*pluperfect of* **rester**).

La Belle et la Bête

Madame Leprince de Beaumont

1

Il y avait une fois[1] un marchand qui était extrêmement riche. Il avait six enfants, trois garçons et trois filles, et comme ce marchand était bon père, il leur donna toutes sortes de maîtres pour faire leur éducation.

5　　Ses filles étaient très belles; mais la cadette[2] surtout se faisait admirer, et on ne l'appelait, quand elle était petite, que la Belle Enfant; en sorte que[3] le nom lui resta, ce qui donna beaucoup de jalousie à ses sœurs. Cette cadette, qui était plus belle que ses sœurs, était aussi meilleure qu'elles. Les deux aînées[4] avaient
10　beaucoup d'orgueil,[5] parce qu'elles étaient riches: elles faisaient les dames[6] et ne voulaient pas recevoir les visites des autres filles de marchands; il leur fallait[7] des gens de qualité pour leur compagnie. Elles allaient tous les jours au bal, à la comédie,[8] à la promenade, et se moquaient de leur cadette, qui employait la plus
15　grande partie de son temps à lire de bons livres.

Comme on savait que ces filles étaient très riches, plusieurs gros marchands[9] les demandèrent en mariage; mais les deux aînées répondirent qu'elles ne se marieraient jamais, sauf avec un duc ou, au moins, avec un comte. La Belle remercia ceux qui
20　voulaient l'épouser; mais elle leur dit qu'elle était trop jeune, et qu'elle souhaitait tenir compagnie à son père pendant quelques années.

Un jour, le marchand perdit sa fortune, et il ne lui resta qu'une petite maison de campagne[10] bien loin de la ville.

25　　Il dit en pleurant à ses enfants qu'il fallait aller demeurer dans cette maison et y travailler comme des paysans.[11] Les amis des deux filles aînées ne voulurent plus les regarder quand elles furent pauvres. Personne ne les aimait à cause de leur orgueil et on disait:

30　　«Elles ne méritent pas qu'on les plaigne;[12] elles n'ont qu'à faire les dames en gardant les moutons.»

---

[1]**Il y avait une fois** Once upon a time there was.　[2]**cadette** younger sister.　[3]**en sorte que** so that.　[4]**aînée** *n.* elder sister.　[5]**beaucoup d'orgueil** excessive pride.　[6]**faisaient les dames** put on airs.　[7]**il leur fallait** they had to have.　[8]**à la comédie** to the theater.　[9]**gros marchands** big (wealthy) merchants.　[10]**maison de campagne** house in the country.　[11]**paysan** peasant.　[12]**Elles ne... plaigne** they don't deserve any pity.

Mais en même temps tout le monde disait:

«Pour la Belle, nous regrettons beaucoup son malheur: c'est une si bonne fille! Elle parlait aux pauvres gens avec tant de bonté! Elle était si douce, si gentille!»

Il y eut même plusieurs gentilshommes qui voulurent l'épou- 5
ser; mais elle leur dit qu'elle ne pouvait abandonner son pauvre père dans son malheur, et qu'elle le suivrait à la campagne pour le consoler et l'aider à travailler.

2

La pauvre Belle avait été bien malheureuse de perdre sa fortune; mais elle s'était dit à elle-même: 10

«Même si je pleurais, mes larmes ne me rendront pas mon bien,[13] il faut essayer d'être heureuse sans fortune.»

Quand ils furent arrivés à la maison de campagne, le marchand et ses trois fils cultivèrent la terre. La Belle se levait à quatre heures du matin, nettoyait[14] la maison et préparait les 15
repas de la famille. Elle eut d'abord beaucoup de peine,[15] car elle n'était pas habituée à travailler comme une servante; mais au bout de deux mois elle devint plus forte, et la fatigue lui donna une santé[16] parfaite. Quand elle avait fait son travail, elle lisait, elle jouait du clavecin,[17] ou bien elle chantait. Ses deux sœurs, au 20
contraire, s'ennuyaient à la mort;[18] elles se levaient à dix heures du matin, se promenaient toute la journée, regrettant leurs beaux habits[19] et les compagnies:

«Voyez notre cadette, elle a l'âme si basse et si stupide qu'elle est contente de sa malheureuse situation.» 25

Le bon marchand ne pensait pas comme ses filles. Il admirait la vertu de cette jeune fille, surtout sa patience; car ses sœurs, non contentes de lui laisser faire tout le travail, l'insultaient à tout moment.

Il y avait un an que cette famille vivait dans la solitude lorsque 30
le marchand reçut une lettre lui annonçant l'arrivée d'un navire

---

[13]**ne me rendront pas mon bien** will not bring back my wealth. [14]**nettoyer** to clean. [15]**peine** trouble. [16]**santé** health. [17]**clavecin** harpsichord.
[18]**s'ennuyaient à la mort** were bored to death. [19]**habits** clothes.

chargé de marchandises qui lui appartenaient. Folles de joie,[20] les deux aînées le prièrent de leur apporter toutes sortes de vêtements et de bijoux.[21] La Belle ne demandait rien; car elle pensait en elle-même que tout l'argent des marchandises ne suffirait pas
5 pour acheter ce que ses sœurs souhaitaient.

«Tu ne me pries pas de t'acheter quelque chose? lui demanda son père.

—Puisque[22] vous avez la bonté de penser à moi, lui dit-elle, je vous prie de m'apporter une rose, car il n'y en a pas ici.»

3

10 Le marchand partit; mais quand il fut arrivé, il perdit toutes ses marchandises dans un procès,[23] et il revint aussi pauvre qu'avant.

Il n'avait plus que trente milles à faire[24] pour arriver à sa maison; mais, comme il fallait traverser une grande forêt, il se perdit.
15   Il neigeait horriblement, le vent était si fort qu'il le jeta deux fois à bas[25] de son cheval; et, la nuit étant venue, il pensa qu'il mourrait de faim ou de froid,[26] ou qu'il serait mangé par des loups[27] qu'il entendait hurler[28] autour de lui. Tout à coup, il vit une grande lumière qui sortait d'un palais qui était tout illuminé.
20 Arrivé à ce château, il fut bien surpris de ne trouver personne. Son cheval qui le suivait, voyant une grande écurie[29] ouverte, entra dedans. Le marchand l'attacha, et marcha vers la maison où il ne trouva personne; mais étant entré dans une grande salle, il y trouva un grand feu et une table chargée de mets,[30] où il n'y
25 avait qu'un couvert.

Comme la pluie et la neige l'avaient mouillé jusqu'aux os,[31] il s'approcha du feu pour se sécher,[32] et attendit le maître de la maison. Personne ne vint. Onze heures ayant sonné[33] il ne put

---

[20]**fou (folle) de joie** overjoyed. [21]**bijoux** jewels. [22]**puisque** since. [23]**procès** lawsuit. [24]**il n'avait plus... à faire** he had only thirty miles to go. [25]**jeta à bas** threw off. [26]**mourrait de faim ou de froid** would starve or freeze to death. [27]**loups** wolves. [28]**hurler** to howl. [29]**écurie** stable. [30]**chargée de mets** covered with dishes of food [31]**mouillé jusqu'aux os** drenched to the bone. [32]**se sécher** to dry oneself. [33]**onze heures ayant sonné** when the clock struck eleven.

résister à la faim et prit un poulet[34] qu'il mangea en deux bouchées[35] et en tremblant; et, devenu plus hardi,[36] il sortit de la
salle et traversa plusieurs grands appartements[37] magnifiquement
meublés.[38] À la fin, il trouva une chambre où il y avait un bon lit;
et comme il était minuit passé et qu'il était fatigué, il se coucha et 5
s'endormit.

4

Il était dix heures du matin quand il s'éveilla, et il fut bien surpris
de trouver un habit propre[39] à la place du sien qui était sale.[40] Il
regarda par la fenêtre et ne vit plus de neige, mais des fleurs
admirables. 10

Il rentra dans la grande salle où il avait soupé et vit une petite
table où il y avait du chocolat.

«Je vous remercie, madame la fée, dit-il tout haut,[41] d'avoir
eu la bonté de penser à mon déjeuner.»[42]

Après avoir pris son chocolat, il sortit pour aller chercher son 15
cheval; en passant sous des roses, il se souvint que la Belle lui en
avait demandé et cueillit[43] une branche où il y en avait plusieurs.
En même temps, il entendit un grand bruit et vit venir à lui une
bête horrible.

«Vous êtes bien ingrat,[44] lui dit la Bête d'une voix terrible; je 20
vous ai sauvé la vie en vous recevant dans mon château, et puis
vous me volez mes roses que j'aime mieux que toutes choses au
monde. Il faut mourir pour réparer cette faute; je ne vous donne
qu'un quart d'heure pour demander pardon à Dieu.»

Le marchand se jeta à genoux[45] et dit à la Bête: 25

«Monseigneur, pardonnez-moi; je ne croyais pas vous offenser en cueillant une rose pour une de mes filles qui m'en avait
demandé.

—Je ne m'appelle pas Monseigneur, répondit le monstre,
mais la Bête. Je n'aime pas les compliments, moi; je veux qu'on 30

---

[34]**poulet** chicken. [35]**manger en deux bouchées** to eat up in two bites. [36]**devenu
plus hardi** getting bolder. [37]**appartement** here: room. [38]**meublé** furnished.
[39]**propre** clean. [40]**sale** dirty. [41]**tout haut** in a loud voice. [42]**déjeuner** here:
breakfast. [43]**cueillir** to pick. [44]**ingrat** ungrateful. [45]**se jeta à genoux** fell
down on his knees.

dise ce qu'on pense; ne croyez donc pas me toucher avec des flatteries. Mais vous m'avez dit que vous aviez des filles; je veux vous pardonner, à condition qu'une de vos filles meure à votre place. Partez. Et si vos filles refusent de mourir pour vous, jurez[46]
5 que vous reviendrez dans trois mois.»

Le marchand n'avait pas l'intention de sacrifier une de ses filles mais il pensa:

«Au moins, j'aurai le plaisir de les embrasser encore une fois.»

Il jura donc de revenir et la Bête lui dit qu'il pouvait partir
10 quand il voudrait.

«Mais, ajouta-t-elle, je ne veux pas que tu t'en ailles les mains vides.[47] Retourne dans la chambre où tu as couché, tu y trouveras un grand coffre[48] vide; tu peux y mettre tout ce que tu voudras, je le ferai porter chez toi.»

15 Ayant trouvé une grande quantité de pièces d'or,[49] le marchand remplit le grand coffre, le ferma. Puis, il prit son cheval et en peu d'heures il arriva dans sa petite maison.

En revoyant ses enfants, le marchand se mit à pleurer. Il tenait à la main la branche de roses qu'il apportait à la Belle: il la
20 lui donna et lui dit:

«La Belle, prenez ces roses, elles coûteront bien cher à votre malheureux père.»

Et il leur raconta l'aventure qui lui était arrivée.

EXERCISES

1–4

READING COMPREHENSION

Answer the following questions.

1. Pourquoi les sœurs étaient-elles jalouses de la Belle?
2. Quelles étaient les occupations des sœurs et celles de la Belle?

---

[46]**jurer** to swear.   [47]**vide** empty.   [48]**coffre** chest.   [49]**pièce d'or** gold coin.

3. Avec qui les deux sœurs ne voulaient-elles pas se marier?
4. Que répondait la Belle quand on voulait l'épouser?
5. Pourquoi toute la famille a-t-elle été obligée de quitter la ville?
6. Que faisaient le père et ses enfants à la campagne?
7. Qu'est-ce que les enfants ont demandé à leur père quand il est redevenu riche?
8. Comment le marchand a-t-il perdu ses marchandises?
9. Qu'a-t-il fait après être entré dans la forêt?
10. De quoi avait-il peur en traversant la forêt?
11. Quel temps faisait-il quand il s'est réveillé?
12. Qui est arrivé quand le marchand a cueilli les roses?
13. Pourquoi devait-il mourir?
14. Quelle promesse a-t-il dû faire?
15. Pourquoi est-il retourné dans la chambre à coucher avant de partir?

Vocabulary Study

A. Select the word or expression in Column B that is opposite in meaning to each term in Column A.

A	B
haut	sale
vide	flatterie
content	rempli
perdre	aîné(e)
se lever	bas
s'éveiller	trouver
faire des compliments	malheureux
tenir compagnie	s'endormir
insulte	se moquer
cadet (cadette)	abandonner

B. Write sentences using one or several of the following phrases concerning time in each.

à tout moment	la plus grande partie (la plupart)
à dix heures du matin / soir	du temps
toute la journée	en même temps
un jour	il y avait (il était) une fois
tous les jours	dans trois mois
	en peu d'heures

C. Study the following expressions, then select the appropriate expression from the list to replace the near-equivalents expressed in italics in the sentences below.

extrêmement	tant de
tout	en une bouchée
être fou de joie	mourir de faim
être mouillé jusqu'aux os	mourir de froid
se mettre à	trembler

1. Le marchand *commence* à pleurer.
2. Le marchand mange le poulet *très vite*.
3. Le vent est *très* fort.
4. Le château est *complètement* illuminé.
5. Le pauvre cheval est *très mouillé*.
6. Les sœurs ont *beaucoup* d'orgueil.
7. Il n'y a rien à manger et j'*ai très faim*.
8. La Belle *a beaucoup de joie*.
9. Il neige et le marchand *a très froid*.
10. Le marchand *a très peur* en voyant la Bête.

STRUCTURES

A. *The Use of the Subjunctive with* à condition que

> The subjunctive is used after **à condition que.**
>
> **À condition qu'**une de vos filles **meure** à votre place.
> *Provided one of your daughters dies in your place.*

Complete the following sentences with the appropriate form of the subjunctive of the verb in parentheses.

À condition...

1. qu'elle _____ (prendre) votre place.
2. que vous _____ (revenir) ici.
3. que vous _____ (dire) ce que vous pensez.
4. que tu _____ (être) bon.
5. que nous _____ (avoir) de la patience.
6. que tu t'en _____ (aller) d'ici.
7. qu'elle _____ (faire) ce que je dirai.
8. qu'elle se _____ (souvenir) de la rose.

B. The Use of the Subjunctive with **mériter, regretter, vouloir, souhaiter, attendre, être surpris**

Complete the following sentences with the appropriate form of the subjunctive of the verb in parentheses.

1. Elles ne méritent pas qu'on les _____ (recevoir).
2. Je regrette que vous _____ (avoir) perdu votre fortune.
3. Le marchand était surpris que personne ne _____ (venir) souper avec lui.
4. Le monstre ne voulait pas que le marchand _____ (partir) les mains vides.
5. Je souhaite que tu _____ (prendre) de l'or.
6. Attendez que je _____ (faire) porter le coffre chez vous.

C. The Use of the Conditional in Indirect Discourse

> The conditional replaces the future in indirect discourse.
>
> «Je **suivrai** mon père,» dit   La Belle dit qu'elle **suivrait**
> la Belle.   son père.

Rewrite the following sentences according to the model below and make all the necessary changes.

EXAMPLE: Les deux aînées répondirent: «Nous ne nous marie-rons jamais, sauf avec un duc.»

      Les deux aînées répondirent **qu'elles ne se marieraient jamais,** *sauf avec un duc.*

1. La Belle déclara: «Il faudra travailler.»
2. Les sœurs crièrent: «On ne nettoiera pas la maison.»
3. Le Belle répondit: «Je ne me marierai jamais.»
4. Les fils annoncèrent: «Nous n'irons plus à la promenade.»
5. La Belle pensa: «Mes sœurs auront beaucoup de peine.»
6. Le marchand répéta: «Elles ne seront pas contentes.»
7. La Belle et la Bête affirmèrent: «Nous essaierons d'être heureux.»
8. La fée expliqua: «La fortune reviendra.»

D. Possessive Adjectives

Possessive adjectives agree with the nouns they introduce.

Singular		Plural	
Masculine	*Feminine*	*Masculine*	*Feminine*
mon	ma	mes	
ton	ta	tes	
son	sa	ses	
notre	notre	nos	
votre	votre	vos	
leur	leur	leurs	

Fill in the blanks with the correct form of the possessive adjective.

1. Le marchand aimait _____ six enfants.
2. Les enfants avaient _____ maîtres.
3. Les aînées se promenaient avec _____ compagnie.
4. La Belle était toujours avec _____ livres.
5. Le père perdit _____ fortune.
6. Le marchand entre avec _____ cheval.
7. «Cette rose est pour _____ fille,» dit le marchand.
8. «Vous avez volé _____ roses,» dit le monstre.
9. «Merci d'avoir pensé à _____ déjeuner,» dit le marchand.
10. «Une de _____ filles doit mourir à _____ place,» dit le monstre au marchand.

E. Possessive Pronouns

Possessive pronouns agree with the nouns they replace.

Singular		Plural	
Masculine	*Feminine*	*Masculine*	*Feminine*
le mien	la mienne	les miens	les miennes
le tien	la tienne	les tiens	les tiennes
le sien	la sienne	les siens	les siennes
le nôtre	la nôtre	les nôtres	les nôtres
le vôtre	la vôtre	les vôtres	les vôtres
le leur	la leur	les leurs	les leurs

Fill in the blanks by replacing the words in italics with the correct form of the possessive pronoun.

EXAMPLE: Il trouva un habit propre à la place de son *habit.*

Il trouva un habit propre à la place **du sien.**

1. Les nouveaux habits étaient propres. *Ses habits* étaient sales.
2. Le monstre donna au marchand de l'or pour *ses enfants.*
3. Votre maison est plus belle que *ma maison.*
4. Vos fleurs sont plus belles que *mes fleurs.*
5. Voici mon couvert. Où sont *leurs couverts?*
6. Ma chambre est grande. Et *ta chambre?*
7. Ma sœur est là. Elles ne sont pas venues, *tes sœurs?*
8. Notre compagnie est noble. *Sa campagnie* est basse.

F. Verbs Followed by an Infinitive

French verbs are frequently followed by an infinitive. There are three patterns:

1. *main verb + infinitive:*

aimer	**laisser**
aller	**souhaiter**
croire	**voir**
entendre	**vouloir**
falloir (il faut)	**pouvoir**

2. *main verb +* **à** *+ infintive:*

aider à	**passer son temps à**
se mettre à	

3. *main verb +* **de** *+ infinitive:*

essayer de	**prier de**
jurer de	**refuser de**
mériter de	**remercier de**

NOTE: Only verbs appearing in the story are listed.

Complete the following sentences using the appropriate pattern.

1. La Belle aidait son père _____ vivre heureux.
2. Il fallait essayer _____ faire le travail.
3. Elle ne voulait pas _____ se marier.
4. Elle aimait _____ jouer du clavecin.

5. Les sœurs aînées refusaient ———— recevoir les filles de marchands.
6. Elles laissaient ———— faire à leur sœur tout le travail.
7. Elles ne méritaient pas ———— recevoir des bijoux.
8. La Belle pria son père ———— lui apporter une rose.
9. Le marchand voulut ———— chercher son cheval.
10. Il entendit ———— approcher quelqu'un.
11. Il vit ———— venir à lui un monstre.
12. Je ne croyais pas ———— vous offenser.
13. Le marchand jura ———— revenir.
14. La Bête lui demanda ———— remplir le coffre.
15. En revoyant ses enfants, le marchand se mit ———— pleurer.

La Belle et la Bête (suite)

5

Les deux aînées insultèrent alors la Belle, qui ne pleurait pas.

«Voyez ce que produit l'orgueil de cette petite créature! disaient-elles. Pourquoi ne demandait-elle pas des vêtements comme nous? Mais non, mademoiselle voulait se distinguer. Elle va causer la mort de notre père et elle ne pleure pas! 5

—Pourquoi pleurerais-je la mort de notre père? Il ne périra pas. Si le monstre veut bien accepter une de ses filles, en mourant j'aurai la joie de sauver mon père et de lui montrer ma tendresse.

—Non, ma sœur, lui dirent ses trois frères, vous ne mourrez pas; nous irons trouver ce monstre et nous périrons sous ses 10 coups[50] si nous ne pouvons pas le tuer.

—Ne l'espérez pas, mes enfants, leur dit le marchand; la force de la Bête est trop grande. Je ne veux pas expose la Belle à la mort. Je suis vieux, il ne me reste que quelque temps à vivre.

—Je vous assure, mon père, lui dit la Belle, que vous n'irez 15 pas à ce palais sans moi; vous ne pouvez pas m'empêcher[51] de vous suivre.»

Ses sœurs en étaient contentes parce que les vertus de cette cadette leur avaient inspiré beaucoup de jalousie. Le marchand était si occupé de la douleur de perdre sa fille qu'il ne pensait pas 20 au coffre qu'il avait rempli d'or. Aussitôt qu'il fut dans sa chambre, il fut étonné de le trouver à côté de son lit. D'abord il ne voulut pas distribuer cet or à ses deux aînées; mais la Belle l'encouragea à le faire parce que deux gentilshommes voulaient les épouser. Elle pria son père de les marier; car elle était si bonne 25 qu'elle les aimait et leur pardonnait de tout son cœur le mal qu'elles lui avaient fait.

Les deux méchantes filles se frottèrent les yeux avec un oignon pour pleurer lorsque la Belle partit avec son père; mais ses frères pleuraient sincèrement, aussi bien que le marchand: il n'y 30 avait que la Belle qui ne pleurait pas, parce qu'elle ne voulait pas augmenter leur douleur.

Le cheval prit la route du palais et, en arrivant le soir, il alla

---

[50]**coup** blow. [51]**empêcher** to prevent.

tout seul à l'écurie. Le marchand entra avec sa fille dans la grande salle où ils trouvèrent une table magnifiquement servie avec deux couverts.

Le marchand n'avait pas le cœur de manger; mais la Belle,
5 essayant de paraître tranquille, se mit à table et le servit.

6

Quand ils eurent soupé, ils entendirent un grand bruit, et le marchand dit adieu à sa fille en pleurant, car il pensait que c'était la Bête. La Belle trembla en voyant cette horrible figure; puis elle resta calme. Le monstre lui ayant demandé si elle était venue
10 volontairement, elle lui dit que oui.

«Vous êtes bien bonne, lui dit la Bête, et je vous suis bien obligé. Votre père doit partir demain matin et ne plus revenir. Adieu, la Belle.

—Adieu, la Bête,» répondit-elle, et tout de suite le monstre
15 se retira.

Pendant son sommeil,[52] la Belle vit une dame qui lui dit:

«Je suis contente de votre bon cœur, la Belle; la bonne action que vous faites, en donnant votre vie pour sauver celle de votre père, sera recompensée.»

20 La Belle, en s'éveillant, raconta ce rêve à son père; cela le consola un peu mais quand il dut se séparer de sa chère fille, il pleura à grands cris. Lorsqu'il fut parti, la Belle s'assit dans la grande salle, et se mit à pleurer aussi; mais comme elle avait beaucoup de courage, elle se recommanda à Dieu, pensant que
25 la Bête la mangerait le soir. Elle voulut se promener en attendant, et visiter ce beau château. Elle fut très surprise de trouver une porte sur laquelle il y avait écrit: *Appartement de la Belle.* Elle ouvrit cette porte et elle fut éblouie[53] par la magnificence qui y régnait; mais ce qui frappa le plus sa vue[54] fut une grande bibliothèque,[55]
30 un clavecin et plusieurs livres de musique.

«On ne veut pas que je m'ennuie, dit-elle tout bas,[56] si je n'avais qu'un jour à rester ici, on ne m'aurait pas préparé tout cela.»

---

[52]**sommeil** sleep. [53]**ébloui** dazzled. [54]**frappa sa vue** struck her eye.
[55]**bibliothèque** bookcase. [56]**tout bas** softly.

Elle ouvrit la bibliothèque et vit un livre où il y avait écrit en lettres d'or:

Souhaitez, commandez, vous êtes ici la reine et la maîtresse.

«Hélas! dit-elle, je ne souhaite rien que de revoir mon pauvre père et de savoir ce qu'il fait en ce moment.» Elle avait dit cela 5
en elle même.

Quelle fut sa surprise, en jetant les yeux sur[57] un grand miroir, d'y voir sa maison où son père arrivait avec un visage extrêmement triste; ses sœurs faisaient des grimaces pour paraître tristes, mais il était évident que la mort de la Belle leur donnait 10
de la joie. Un moment après, tout cela disparut. La Belle pensa que la Bête était bien bonne et qu'elle n'avait rien à craindre d'elle.

À midi, elle trouva la table mise, et elle entendit un excellent concert, mais aucun musicien n'était visible. 15

Le soir, comme elle allait se mettre à table, elle entendit le bruit que faisait la Bête et elle trembla.

«La Belle, lui dit ce monstre, voulez-vous bien que je vous regarde manger?

—Vous êtes le maître, répondit la Belle. 20

—Non, continua la Bête, il n'y a ici de maîtresse que vous; vous n'avez qu'à me dire de m'en aller si je vous ennuie;[58] je sortirai tout de suite. Dites-moi: n'est ce pas que vous me trouvez laid?[59]

—Cela est vrai, dit la Belle, car je ne sais pas mentir; mais je 25
crois que vous êtes très bon.

—Vous avez raison, dit le monstre, et en plus, je n'ai pas d'esprit[60] car je ne suis qu'une bête.

—On n'est pas bête quand on croit ne pas avoir d'esprit: un sot[61] n'a jamais su cela. 30

—Mangez donc, la Belle, lui dit le monstre, et assayez de ne pas vous ennuyer dans votre maison; car tout ceci est à vous. J'aurais du chagrin si vous n'étiez pas contente.

—Je suis très contente de votre bon cœur: quand j'y pense, vous ne me paraissez plus si laid.

---

[57]**jetant les yeux** glancing at. [58]**ennuyer** to bother. [59]**laid** ugly.
[60]**esprit** mind. [61]**sot** idiot.

—Oh! oui, répondit la Bête, j'ai le cœur bon, mais je suis un monstre.

—Il y a bien des hommes qui sont plus monstres que vous, dit la Belle; et je vous aime mieux avec votre figure que ceux
5 qui, avec la figure d'homme, cachent un cœur faux,[62] corrompu, ingrat.

—Si j'avais de l'esprit, continua la Bête, je vous ferais un grand compliment pour vous remercier, mais je suis un stupide, et tout ce que je peux vous dire, c'est que je vous suis bien obligé.»
10 La Belle mangea de bon appétit. Elle n'avait presque plus peur du monstre; mais elle trembla de nouveau[63] quand il lui dit:

«La Belle, voulez-vous être ma femme?»

Elle ne répondit pas tout de suite: elle avait peur d'exciter la colère[64] du monstre en le refusant; elle lui dit en tremblant:
15 «Non, la Bête.»

Il fit alors un sifflement épouvantable[65] et lui dit adieu. Il sortit de la chambre en se retournant de temps en temps pour la regarder encore.

La Belle, se voyant seule, sentit une grande compassion pour
20 cette pauvre bête.

«Hélas! disait-elle, c'est bien dommage[66] qu'elle soit laide, elle est si bonne!»

EXERCISES

5–6

READING COMPREHENSION

Answer the following questions

1. Pourquoi la Belle ne pleurait-elle pas?
2. Comment ses frères voulaient-ils sauver leur père?
3. Pourquoi les deux sœurs étaient-elles contentes de la décision de la Belle?
4. Pourquoi la Belle voulait-elle que son père donne de l'or à ses sœurs?

---

[62]**faux (fausse)** false. [63]**de nouveau** again. [64]**colère** anger. [65]**il fit...**
épouvantable he then uttered a frightful hiss. [66]**c'est bien dommage** what a
pity indeed.

5. Pourquoi les deux sœurs ont-elles pris un oignon?
6. Qu'ont fait le père et sa fille en arrivant au palais?
7. Quelle a été la réaction de la Belle en voyant la Bête?
8. De quoi a-t-elle rêvé pendant la nuit?
9. Qu'a-t-elle trouvé pendant sa promenade?
10. Comment a-t-elle pu voir son père et ses sœurs?
11. De quoi la Belle et la Bête ont-elles parlé?
12. Qu'a fait la Bête quand la Belle lui a dit qu'elle ne voulait pas se marier avec lui?

VOCABULARY STUDY

Write sentences of your own with each of the following words and phrases.

avoir la joie de	pleurer à grands cris
pardonner de tout son cœur	ingrat
faire une bonne action	ennuyer quelqu'un
s'ennuyer	faire du mal à quelqu'un
avoir du chagrin	corrompu
mentir	sot
exciter la colère de quelqu-un	avoir du courage

STRUCTURES

A. The Position of Pronouns with verbs + infinitive

> The pronouns **le, la, les, lui, leur, en,** and **y** are placed in front of the infinitive used with a conjugated verb.
>
> Je vais suivre mon père.
> Je vais **le** suivre.

Rewrite the following sentences replacing the words in italics with their corresponding pronouns.

1. Je ne veux pas exposer *à la mort* mes trois filles.
2. Il ne voulait pas distribuer *l'or* à ses aînées.
3. Il ne voulait pas donner *d'or* à ses aînées.
4. La Belle ne voulait pas augmenter *la douleur.*
5. Le père et la fille vont aller *au palais.*
6. La Belle pria son père de marier *ses filles.*

B. *The use of the Subjunctive with* c'est dommage

Rewrite the following sentences according to the example.

EXAMPLE: La Bête est laide.

   C'est dommage que la Bête **soit** *laide.*

1. La Bête fait un sifflement.
2. La Bête veut épouser la Belle.
3. La Bête a du chagrin.
4. Il dit adieu.
5. Il ne peut pas l'épouser.
6. Les sœurs font des grimaces.
7. Les musiciens sont invisibles.
8. La Belle ne suit pas le monstre.

C. *The Use of the Immediate Future*

Rewrite the following sentences in the immediate future according to the example.

EXAMPLE: Elle causera la mort de son père.

   Elle va causer la mort de son père.

1. Je sauverai mon père.
2. Mon père ne mourra pas.
3. Je le suivrai au palais.
4. Elle partira avec lui.
5. Le cheval prendra la route du palais.
6. Le père et la fille se mettront à table.
7. La fille aura assez de courage.

D. *The Use of the Demonstrative Pronouns*

Demonstrative pronouns agree with the nouns they replace			
Singular		**Plural**	
Masculine	*Feminine*	*Masculine*	*Feminine*
celui	**celle**	**ceux**	**celles**

Rewrite the following sentences replacing the words in italics with the corresponding demonstrative pronouns.

EXAMPLE: Le palais du roi et **le palais de la Bête.**

Le palais du roi et ***celui*** *de la Bête.*

1. La figure de la Belle est différente de *la figure* de la Bête.
2. Vous donnez votre vie pour sauver *la vie* de votre père.
3. La tête du père est plus chère que *les têtes* des deux sœurs.
4. Le clavecin de la Bête était plus beau que *le clavecin* de son père.
5. Les grimaces des sœurs sont aussi laides que *les grimaces* d'un cœur faux.

WRITING PRACTICE

Write a short paragraph on how well the Beast treats the Beauty. Your paragraph will be evaluated for grammatical accuracy and vocabulary usage. It should be at least fifty-five words in length.

COMMUNICATIVE ACTIVITY

Prepare one of the statements listed below to be discussed in class. You should be ready to quote lines from the text in support of the view expressed.

1. La Belle domine sa peur et aime de plus en plus son séjour au château.
2. La Bête n'est pas vraiment une bête.

La Belle et la Bête (suite)

7

La Belle passa trois mois dans ce palais avec assez de tranquillité.
Tous les soirs, la Bête lui rendait visite. Chaque fois, la Belle
découvrait de nouvelles bontés dans ce monstre; l'habitude[67] de
le voir l'avait accoutumée[68] à sa laideur et elle regardait souvent
sa montre[69] pour voir s'il était bientôt neuf heures, s'il allait bientôt venir.

Il n'y avait qu'une chose que faisait de la peine[70] à la Belle,
c'est que le monstre, avant de se coucher, lui demandait toujours
si elle voulait être sa femme, et paraissait pleine de douleur
lorsqu'elle lui disait que non. Elle lui dit un jour:

«Vous me faites du chagrin, la Bête; je voudrais pouvoir vous
épouser, mais je suis trop sincère pour vous faire croire que cela
arrivera un jour; je serai toujours votre amie, essayez de vous
contenter de[71] cela.

—Il le faut bien,[72] continua la Bête. Je sais que je suis bien
horrible; mais je vous aime beaucoup. Promettez-moi que vous
ne me quitterez jamais.»

La Belle rougit[73] en l'entendant; elle avait vu que son père
était malade du chagrin de l'avoir perdue, et elle souhaitait le
revoir.

«J'ai tant envie de revoir mon père, dit-elle, que je mourrai
de douleur si vous me refusez ce plaisir.

—J'aime mieux mourir moi-même, dit le monstre, que de
vous donner du chagrin; je vous enverrai chez votre père, vous y
resterez, et votre pauvre Bête en mourra de douleur.

—Non, lui dit la Belle en pleurant; je vous aime trop pour
vouloir causer votre mort: je vous promets de revenir dans une
semaine. Vous m'avez fait voir que mes sœurs sont mariées et
que mes frères sont partis pour l'armée; mon père est tout seul,
permettez-moi de rester chez lui une semaine.

---

[67]**habitude** habit. [68]**accoutumer** to accustom. [69]**montre** watch. [70]**faisait de la
peine** grieved. [71]**se contenter de** to be happy with. [72]**il le faut bien** I have no
choice. [73]**rougit** blushed.

—Vous y serez demain matin, lui dit la Bête; mais souvenez-vous de votre promesse. Vous n'aurez qu'à mettre votre bague[74] sur une table en vous couchant quand vous voudrez revenir. Adieu, la Belle.»

Quand elle se réveilla le matin, elle se trouva dans la maison ⁵ de son père. Le marchand et sa fille se tinrent embrassés plus d'un quart d'heure, tellement leur joie était grande.

La servante lui dit qu'elle venait de trouver dans la chambre un grand coffre plein de robes d'or, avec des diamants. La Belle remercia la Bête de ses attentions; elle prit la moins riche de ces ¹⁰ robes, voulant donner les autres à ses sœurs. Le coffre disparut alors et son père lui dit que la Bête voulait que la Belle garde tout pour elle; et aussitôt les robes revinrent à la même place.

La Belle s'habilla[75] et, pendant ce temps, ses sœurs arrivèrent avec leurs maris. L'aînée avait épousé un jeune gentilhomme beau ¹⁵ comme l'amour;[76] mais il était si amoureux de sa propre figure qu'il se regardait dans le miroir du matin au soir. La seconde avait épousé un homme qui avait beaucoup d'esprit; mais il s'en servait[77] pour critiquer tout le monde, à commencer par sa femme. ²⁰

Elles furent pleines de jalousie en voyant leur sœur habillée comme une princesse et en apprenant qu'elle était heureuse au palais du monstre.

Pour se venger d'elle, elles décidèrent de la faire rester plus d'une semaine. Elles lui firent tant de caresses que la Belle promit ²⁵ de rester encore une semaine. La dixième nuit qu'elle passa chez son père, elle rêva qu'elle était dans le jardin du palais, et qu'elle voyait la Bête couchée sur l'herbe, et près de mourir, qui lui reprochait son ingratitude.

La Belle se réveilla en pleurant. ³⁰

«Ne suis-je pas bien méchante, disait-elle, de donner du chagrin à une bête qui a pour moi tant de bontés?[78] Est-ce sa faute si elle est laide et si elle a peu d'esprit? Elle est bonne, cela vaut mieux[79] que tout le reste. Pourquoi n'ai-je pas voulu l'épouser? Je serais plus heureuse avec elle que mes sœurs avec leurs maris. ³⁵

---

[74]**bague** ring. [75]**s'habiller** to get dressed. [76]**beau comme l'amour** as handsome as can be. [77]**s'en servait de** used it. [78]**a des bontés** is good. [79]**cela vaut mieux** it is worth more.

Ce n'est ni la beauté ni l'esprit d'un mari qui rendent une femme contente; c'est la bonté du caractère.»

À ces mots, la Belle se leva, mit la bague sur la table, et se coucha. Quand elle se réveilla le matin, elle vit avec joie qu'elle
5 était dans le palais de la Bête. Elle s'habilla magnifiquement pour lui plaire et attendit neuf heures du soir avec impatience; la Bête ne parut pas.

Craignant d'avoir causé sa mort, elle courut partout, pleine de désespoir. Dans le jardin, elle trouva la pauvre Bête couchée
10 dans l'herbe, inanimée. Elle prit de l'eau dans un canal à côté et lui en jeta sur la tête.

La Bête ouvrit les yeux et dit à la Belle:

«Vous avez oublié votre promesse et j'ai voulu me laisser mourir de faim; mais je meurs content, puisque j'ai le plaisir de
15 vous revoir encore une fois.»

—Non, ma chère Bête, vous ne mourrez pas, lui dit la Belle; vous vivrez pour devenir mon époux:[80] je vous donne ma main; je ne pourrais pas vivre sans vous voir.»

Après avoir dit cela, la Belle vit le château brillant de lumière,
20 tout lui annonçait une fête. Elle se retourna vers sa chère Bête, dont le danger la faisait trembler. Quelle fut sa surprise! La Bête avait disparu, et elle ne vit plus à ses pieds qu'un prince plus beau que l'amour, qui la remerciait d'avoir fini son enchantement.[81]

«Une méchante fée m'avait condamné à rester sous la figure
25 d'une bête, expliqua-t-il, jusqu'à ce qu'une belle fille consente à m'épouser. Il n'y avait que vous dans le monde assez bonne pour vous laisser toucher par la bonté de mon caractère. En vous offrant ma couronne, je ne peux m'acquitter des obligations que je vous ai.»[82]

30 La Belle donna la main à ce beau prince et ils allèrent ensemble au château. Elle y retrouva son père et toute sa famille que la belle dame qui lui était apparue dans les rêves avait transportés au château.

«La Belle, lui dit cette dame qui était une grande fée, venez

---

[80]**époux** husband.   [81]**enchantement** bewitchment.   [82]**En vous offrant ma couronne...** By offering you my crown, I cannot really repay you for what I owe you.

recevoir la récompense de votre bon choix: vous avez préféré la vertu à la beauté et à l'esprit, vous méritez de trouver toutes ces qualités réunies en une même personne. Vous allez devenir une grande reine: j'espère que le trône ne détruira pas vos vertus. Pour vous, dit la fée aux deux sœurs de la Belle, je connais votre 5 cœur et votre malice. Devenez des statues; mais conservez toute votre raison sous la pierre qui vous enveloppera. Vous resterez à la porte du palais de votre sœur et vous verrez son bonheur.»

Dans le moment, la fée donna un coup de baguette[83] qui transporta tous ceux qui étaient dans cette salle dans le royaume 10 du prince. Ses sujets le virent avec joie et il épousa la Belle, qui vécut avec lui très longtemps et dans un bonheur parfait, parce qu'il était fondé sur la vertu.

EXERCISES

7

READING COMPREHENSION

Answer the following questions.

1. Pourquoi la Belle regardait-elle souvent sa montre?
2. Pourquoi a-t-elle rougi?
3. Quelle promesse a-t-elle dû faire à la Bête avant de partir?
4. Comment pouvait-elle revenir au palais?
5. Qu'y avait-il dans le coffre?
6. Qui les deux sœurs avaient-elles épousé?
7. Comment se sont-elles vengées de leur sœur cadette?
8. Pourquoi la Belle était-elle désespérée en retournant au palais?
9. Qu'a-t-elle dit à la Bête en la revoyant?
10. Comment le prince a-t-il expliqué sa transformation?
11. Quelle a été l'intervention de la fée?
12. Comment se termine ce conte de fée?

---

[83]**donna un coup de baguette** waved her wand.

Vocabulary Study

Write sentences of your own with each of the following phrases.

aimer mieux faire une chose que de faire une autre chose
préférer une personne ou une chose à une personne ou à une
  chose
cela vaut mieux que
je ne pourrais pas vivre sans
essayer de se contenter de
avoir le plaisir de faire quelque chose
permettre à quelqu'un de faire quelque chose
mériter de faire
remercier quelqu'un d'avoir fait quelque chose
avoir envie de

Structures

A. The Use of the Imperfect

The imperfect is used to describe:

1. a condition

   Il **était** sept heures. La Belle **avait** faim.

2. an action in progress or continuing

   Pendant que la Belle **dormait,** elle fut transportée chez son
   père.

3. a repeated or habitual action

   Tous les soirs la Bête lui **demandait** de l'épouser.

4. indirect discourse

   La Belle lui dit qu'elle **voulait** rendre visite à son père.

Rewrite the following sentences in the imperfect. Indicate the reason for using the imperfect by noting the appropriate number corresponding to the reasons as they are given above.

EXAMPLE: La Bête est bonne.

   *La Bête **était** bonne. (1)*

1. Tous les soirs la Bête vient voir la Belle.
2. La Belle regarde souvent sa montre.
3. Le monstre lui demande toujours de devenir sa femme.
4. Il lui dit qu'il l'aime.
5. La Belle souhaite revoir son père.
6. Son père est seul.
7. Il y a un coffre dans la chambre.
8. Pendant que la Belle s'habille, ses sœurs arrivèrent.
9. Le mari de la sœur se regarde dans le miroir du matin au soir.

B. *The Use of the* passé simple

To describe completed events or actions, the **passé simple** is used in written French, while the **passé composé** is used in spoken French.

Le marchand **est entré** dans la grande salle. (*spoken French*)
Le marchand **entra** dans la grande salle. (*written French*)

Rewrite the following sentences choosing the form of the verb that best suits the context.

La Belle _____ (**passa** / **passait**) trois mois dans le palais. La Bête _____ (**vint** / **venait**) la regarder manger tous les jours. Avant de se coucher, il lui _____ (**demanda** / **demandait**) toujours si elle _____ (**voulut** / **voulait**) être sa femme. Elle lui _____ (**dit/disait**) chaque fois que non. Un jour, elle _____ (**voulut** / **voulait**) partir. Son père _____ (**fut** / **était**) malade de chagrin. Quand elle se _____ (**réveilla** / **réveillait**) le matin, elle _____ (**revit** / **revoyait**) son père et elle _____ (**l'embrassa** / **l'embrassait**). Bientôt ses sœurs _____ (**arrivèrent** / **arrivaient**). Elles _____ (**décidèrent** / **décidaient**) de la faire rester trop longtemps. La dixième nuit, la Belle _____ (**rêva** / **rêvait**) que la Bête _____ (**fut** / **était**) près de mourir. Elle _____ (**mit** / **mettait**) sa bague et _____ (**se réveilla** / **se réveillait**) dans le palais. Elle _____ (**trouva** / **trouvait**) la Bête couchée dans l'herbe. Elle lui _____ (**dit** / **disait**) qu'elle _____ (**l'aima** / **l'aimait**). La Bête _____ (**disparut** / **disparaissait**). À sa place, il y _____ (**eut** / **avait**) un beau prince. Ils _____ (**allèrent** / **allaient**) au château qui (**fut** / **était**) brillant de lumière. Les deux sœurs _____ (**devinrent** / **devenaient**) des statues. Le prince _____ (**épousa** / **épousait**) la Belle.

C. *The Formation of Stress Pronouns* + même

> The construction *stress pronoun* + **même** is used to emphasize the pronoun.
>
> J'aime mieux mourir **moi-même.**
> *I myself would rather die.*
>
> Its forms are:
>
> | | |
> |---|---|
> | **moi-même** | **nous-mêmes** |
> | **toi-même** | **vous-mêmes** |
> | **lui-même** | **eux-mêmes** |
> | **elle-même** | **elles-mêmes** |

Complete the following sentences, using the contruction *pronoun* + **même** as it corresponds to the words in italics.

EXAMPLE: *Nous* aimons mieux vivre _____.

*Nous aimons mieux vivre **nous-mêmes.***

1. *Il* aimait mieux mourir _____.
2. La Belle a vu *son père* _____.
3. *Les deux sœurs* étaient _____ déjà mariées.
4. *Vous* me faites _____ du chagrin.
5. *Mes frères* sont _____ partis pour l'armée.
6. *Tu* vas devenir _____ une grande reine.
7. *Nous* voulons _____ que tu restes une semaine de plus.
8. *La Bête* savait _____ qu'elle était horrible.

D. *The Moods Used with* souhaiter / espérer

Rewrite the following sentences using the subjunctive first with **souhaiter** and then the indicative with **espérer.**

EXAMPLE: Vous revenez.

Je souhaite que vous **reveniez.**
J'espère que vous **reviendrez.**

1. Nous revenons.
2. Vous tenez votre promesse.
3. Elle peut revenir.
4. Vous devenez une grande reine.
5. Les sœurs sont punies.

6. Tu n'as pas de chagrin.
7. Le prince et la princesse vivent heureux.
8. La Bête ne meurt pas.

Writing Practice

Write a paragraph in French on the lesson contained in this fairy tale using the elements provided in the text. Your paragraph will be evaluated for grammatical accuracy and vocabulary usage. It should be at least sixty words in length.

Communicative Activity

Choose one of the following parts: **la Belle, la Bête, le père, les deux sœurs, la fée.** After preparing the corresponding lines, perform one of the following scenes with other classmates.

1. La Bête rend visite à la Belle tous les soirs et lui demande de l'épouser.
2. La Belle retourne chez son père. Elle est victime de la jalousie et de la vengeance de ses sœurs.
3. Le monologue de la Belle après son rêve.
4. La Belle retrouve la Bête au jardin. Il lui explique ce qui s'est passé.
5. La fée annonce la récompense de la Belle et la punition des deux sœurs.

REVIEW EXERCISE

Review the grammar points covered in the exercises following *La Belle et la Bête*. Then complete each sentence in the passage using the correct form of the words in parentheses.

Pendant que la cadette _____ (**lit / lisait**) de bons livres, ses deux sœurs _____ (**allèrent / allaient**) au bal. Elles disaient qu'elles ne se _____ (**marieront / marieraient**) jamais, sauf avec un duc. Un jour, le marchand dit **en** + _____ (**pleurer**) qu'ils allaient demeurer dans une maison de campagne et qu'il fallait travailler dans la maison (*a pronoun to refer to* **dans un maison de campagne**). Les gens disaient: Les aînées ne méritent pas qu'on les _____ (*form of* **plaindre**) mais c'est dommage que la Belle _____ (*form of* **être**) malheureuse. Mais la Belle se disait: Je _____ (*immediate future of* **travailler**). Sa vie était dure; au contraire, _____ (*replace* **la vie** *with demonstrative pronoun*) de ses sœurs était facile. Pendant que le marchand traversait la forêt, il _____ (**neigea / neigeait**). Il mourait _____ (*preposition*) froid et _____ (*preposition*) faim. Arrivé au château, il _____ (**mangea / mangeait**) du poulet et _____ (**s'endormit / s'endormait**). Le lendemain, il trouva un habit propre à la place du _____ (*possessive pronoun*). En passant sous les roses, il en _____ (**cueillit / cueillait**) une pour _____ (*possessive adjective*) fille. La Bête lui pardonna cela à condition qu'une de _____ (*possessive adjective*) filles _____ (*form of* **mourir**) à sa place. Le marchand accepta, (*preposition*) se disant à _____ _____ (*personal pronoun* + **même**):

«J'espère que je _____ (*form of* **revoir**) mes enfants mais je ne souhaite pas qu'ils _____ (*form of* **mourir**) à ma place.»

Le Chat botté

CHARLES PERRAULT

Un meunier[1] ne laissa pas beaucoup de biens aux trois enfants qu'il avait: son moulin,[2] son âne[3] et son chat.[4] L'aîné eut le moulin, le second eut l'âne, et le cadet n'eut que le chat. Ce dernier ne pouvait pas se consoler d'avoir un si pauvre lot.

5 «Mes frères, disait-il, pourront gagner leur vie en se mettant ensemble; pour moi, lorsque j'aurai mangé mon chat, il faudra que je meure de faim.»

Le chat, qui l'entendit, lui dit alors d'un air sérieux:

«Ne craignez rien, mon maître, vous n'avez qu'à me donner 10 un sac et me faire faire des bottes pour aller dans la forêt, et vous verrez que votre lot n'est pas si mauvais.»

Le maître du chat l'écouta avec un certain scepticisme; mais il l'avait vu faire tant de stratagèmes pour prendre des rats et des souris,[5] comme quand il se pendait[6] par les pieds, ou qu'il se 15 cachait dans la farine[7] pour faire le mort,[8] qu'il accepta sa demande. Lorsque le chat eut ce qu'il avait demandé, il mit ses bottes, et mettant son sac à son cou, il alla dans un endroit de la forêt où il y avait beaucoup de lapins.[9] Il mit de la salade verte dans son sac, et restant couché et parfaitement immobile, il at-20 tendit qu'un jeune lapin encore innocent entre dans le sac pour manger ce qu'il y avait mis. Quelques instants après, un jeune lapin sans expérience s'approcha pour manger la salade. Aussitôt le chat le prit et le tua sans pitié.

Tout glorieux,[10] il alla chez le roi et demanda à lui parler. On 25 le fit monter à l'appartement de sa Majesté, où étant entré il fit une grande révérence[11] au roi, et lui dit:

«Voilà, Sire, un lapin que Monsieur le Marquis de Carabas (c'était le nom qu'il avait inventé pour son maître) vous envoie comme présent.

30 —Dis à ton maître, répondit le roi, que je le remercie, et qu'il me fait plaisir.»

Une autre fois, il alla se cacher dans un champ de blé,[12] tenant toujours son sac ouvert; et lorsque deux perdrix[13] y furent entrées, il ferma le sac et les prit toutes deux. Il alla ensuite les

---

[1]**meunier** miller. [2]**moulin** mill. [3]**âne** donkey. [4]**chat** cat. [5]**souris** mouse. [6]**se pendait** suspended himself. [7]**farine** flour. [8]**faire le mort** to play 'possum. [9]**lapin** rabbit. [10]**Tout glorieux** Filled with pride. [11]**révérence** bow. [12]**champ de blé** wheat field. [13]**perdrix** partridge.

présenter au roi, comme il avait fait avec le lapin. Le roi reçut encore avec plaisir les deux perdrix et lui fit donner un présent. Le chat continua ainsi pendant deux ou trois mois à porter de temps en temps au roi du gibier[14] de la chasse de son maître.

Un jour que le roi devait aller à la promenade sur le bord de 5 la rivière avec sa fille, la plus belle princesse du monde, le chat dit à son maître:

«Si vous voulez suivre mon conseil, votre fortune est faite: vous n'avez qu'à vous baigner dans la rivière à l'endroit que je vous montrerai et ensuite me laisser faire.» 10

Le marquis de Carabas fit ce que son chat lui conseillait, sans savoir à quoi cela serait bon. Dans le temps qu'il se baignait, le roi passait, et le chat commença à crier de toutes ses forces:[15]

«Au secours,[16] au secours, voilà Monsieur le Marquis de Carabas qui se noie!»[17] 15

À ce cri le roi mit la tête à la portière,[18] et reconnaissant le chat qui lui avait apporté tant de fois du gibier, il ordonna à ses gardes d'aller vite au secours de Monsieur le Marquis de Carabas.

Pendant qu'on retirait le pauvre marquis de la rivière, le chat s'approcha du carrosse[19] et dit au roi que dans le temps que son 20 maître se baignait, des voleurs avaient emporté ses habits (en réalité, le chat les avait cachés sous une grosse pierre). Le roi ordonna aussitôt à ses officiers d'aller chercher un de ses plus beaux habits pour Monsieur le Marquis de Carabas. Le roi lui fit mille compliments, et comme les beaux habits qu'on venait de lui donner 25 ajoutaient à sa distinction naturelle (car il était beau et bien fait), la fille du roi tomba follement amoureuse de lui après deux ou trois regards un peu tendres qu'il lui jeta. Le roi voulut qu'il monte dans son carrosse, et qu'il les accompagne à la promenade.

Le chat, ravi de voir que son plan commençait à réussir, partit 30 devant,[20] et ayant rencontré des paysans dans un pré,[21] il leur dit:

«Bonnes gens, si vous ne dites pas au roi que ce pré appartient à Monsieur le Marquis de Carabas, vous serez tous coupés en petits morceaux.»

Le roi demanda à qui était le pré. 35

---

[14]**gibier** game. [15]**de toutes ses forces** as loud as he could.
[16]**Au secours!** Help! [17]**se noie** is drowning. [18]**portière** door. [19]**carrosse** carriage. [20]**partit devant** went ahead. [21]**pré** meadow.

«C'est à Monsieur le Marquis de Carabas,» dirent-ils tous ensemble, car la menace du chat leur avait fait peur.

«Vous avez là une belle terre, dit le roi au marquis.

—Vous voyez, Sire, répondit le marquis, c'est un pré qui me
5 rapporte[22] beaucoup d'argent tous les ans.»

Le chat, qui allait toujours devant, rencontra d'autres paysans, et leur dit:

«Bonnes gens, si vous ne dites pas que tous ces champs de blé appartiennent à Monsieur le Marquis de Carabas, vous serez
10 tous coupés en petits morceaux.»

Le roi, qui passa un moment après, voulut savoir à qui appartenaient tous les champs de blé qu'il voyait.

«C'est à Monsieur le Marquis de Carabas,» répondirent les paysans, et le roi s'en réjouit[23] encore avec le marquis.

15 Le chat, qui allait devant le carrosse, disait toujours la même chose à tous ceux qu'il rencontrait; et le roi était étonné des grands biens du marquis.

Le chat arriva enfin dans un beau château dont le maître était un ogre, le plus riche de la région, car toutes les terres par où le
20 roi avait passé appartenaient à ce château. Après s'être bien informé qui était cet ogre, et ce qu'il savait faire, le chat demanda à lui parler, disant qu'il n'avait pas voulu passer si près de son château sans avoir l'honneur de lui faire la révérence. L'ogre le reçut poliment.

25 «On m'a assuré, dit le chat, que vous aviez le don[24] de vous changer en toutes sortes d'animaux, que vous pouviez par exemple vous transformer en lion, en éléphant?

—Cela est vrai, répondit l'ogre, et pour vous le montrer, vous allez me voir devenir lion.»

30 Le chat fut si effrayé[25] de voir un lion devant lui, qu'il grimpa[26] aussitôt sur le toit du château, non sans peine et sans péril, à cause de ses bottes qui n'étaient pas très bonnes pour marcher dessus. Quelque temps après, le chat, ayant vu que l'ogre avait de nouveau sa forme ordinaire, descendit et avoua[27] qu'il
35 avait eu bien peur.

«On m'a assuré encore, dit le chat, mais je ne peux pas le

---

[22]**rapporter** to bring in. [23]**s'en réjouit** rejoiced in it. [24]**don** gift.
[25]**effrayé** frightened. [26]**grimpa** climbed. [27]**avoua** confessed.

croire, que vous aviez aussi le pouvoir[28] de prendre la forme des plus petits animaux, par exemple, de vous changer en un rat, en une souris; je vous avoue que je trouve cela tout à fait impossible.

—Impossible? continua l'ogre, vous allez voir.»

Et en même temps il se changea en une souris, qui se mit à courir sur le plancher.[29] Aussitôt le chat se jeta dessus, et la mangea.

Cependant le roi, qui vit en passant le beau château de l'ogre, voulut entrer dedans. Le chat, qui entendit le bruit du carrosse qui arrivait, courut au-devant[30] et dit au roi:

«Que votre Majesté soit la bienvenue dans le château de monsieur le Marquis de Carabas.

—Comment, Monsieur le Marquis, s'écria le roi, ce château est encore à vous!»

Le marquis donna la main à la jeune princesse, et suivant le roi qui montait le premier, ils entrèrent dans une grande salle où ils trouvèrent un magnifique repas que l'ogre avait fait préparer pour ses amis qui devaient venir le voir ce même jour-là, mais qui n'avaient pas osé entrer, sachant que le roi y était. Le roi, charmé des bonnes qualités du marquis, de même que sa fille qui était folle de lui, et voyant les grands biens qu'il possédait, lui dit, après avoir bu quelques verres de vin.

«Voulez-vous épouser ma fille?»

Le marquis, faisant de grandes révérences, accepta l'honneur que lui faisait le roi, et épousa la princesse. Le chat devint un grand seigneur, et ne courut plus après les souris, sauf pour s'amuser.

EXERCISES

READING COMPREHENSION

Answer the following questions.

1. Quels biens reçurent l'aîné des enfants, le second et le cadet?
2. Que dit le cadet à propos du chat qu'il avait reçu?

---

[28]**pouvoir** power, capacity.   [29]**plancher** floor.   [30]**courut au-devant** ran out to meet them.

3. Que demanda le chat à son maître?
4. Quels étaient les stratagèmes du chat pour prendre des souris?
5. Quel était son stratagème pour prendre le lapin?
6. Que fit-il après avoir pris le lapin?
7. De quelle façon prit-il les perdrix et à qui les donna-t-il?
8. Que devait faire le cadet pour que sa fortune soit faite?
9. Que cria le chat botté en voyant arriver le roi et la princesse?
10. Comment le chat expliqua-t-il la disparition des habits de son maître?
11. Quelle fut la réaction de la princesse en voyant le marquis?
12. Que devaient dire les paysans qui travaillaient dans un pré?
13. Pourquoi le roi était-il étonné?
14. À qui appartenait le beau château?
15. Que demanda le chat à l'ogre?
16. Que fit le chat en voyant l'ogre transformé en lion?
17. Et que fit-il quand l'ogre se transforma en souris?
18. Que décida le roi au repas?
19. Comment finit ce conte de fée?

VOCABULARY STUDY

A. Vocabulary Usage

Study the following words, then select the appropriate word from the list to replace the near-equivalents in parentheses in the sentences below.

un lapin	le gibier	la farine
une perdrix	se noyer	un pré
une souris	un moulin	se baigner
un âne	un paysan	le blé

1. Les _____ (hommes qui cultivent) cultivent du _____ (céréale).
2. _____ (l'animal domestique) porte les sacs de blé.
3. Le meunier demeure au _____ (maison du meunier).
4. Il fait de la _____ (substance blanche) avec le blé.
5. Il y a beaucoup d'herbe dans un _____ (surface couverte d'herbe).
6. Dans une rivière, on peut se _____ (entrer dans l'eau).
7. Si on ne sait pas nager, on se _____ (mourir).
8. Après la chasse, on mange le _____ (animaux sauvages tués à la chasse).

9. Le _____ (animal sauvage à longues oreilles) aime la salade.
10. La _____ (oiseau sauvage) est un oiseau.
11. Les chats aiment beaucoup courir après les _____ (animaux plus petits que les rats).

Study the following expressions, then select the expression that corresponds to each of the situations presented below.

Au secours!
Impossible? Vous allez voir!
Soyez le bienvenu!
Ne craignez rien.
Bonnes gens, vous serez tous coupés en petits morceaux.
Vous avez là une belle terre.
J'ai eu bien peur.
C'est à Monsieur le Marquis de Carabas.

1. On veut inviter quelqu'un à entrer.
2. Le chat veut menacer des paysans.
3. Le roi fait des compliments sur un pré.
4. Le chat avoue sa peur.
5. Le chat dit à son maître de ne pas avoir peur.
6. Quelqu'un se noie dans la rivière.
7. Le roi demande à qui appartient la terre.
8. Le chat dit à l'ogre que c'est impossible.

B. *The Meanings of* faire

Translate the following sentences after studying the uses of **faire** in the story. Remember that **faire** + *infinitive* is usually translated by: *to make (have) someone do something* or *to have (get) something done or made.*

EXAMPLES: Le roi faisait travailler les paysans.

The king made the peasants work.

Le jeune meunier a fait faire des bottes.

The young miller had boots made.

1. Le chat faisait le mort pour attraper les souris.
2. On a fait monter le chat à l'appartement du roi.
3. L'ogre a fait monter le chat sur le toit quand il est devenu un lion.

4. Le marquis a fait plaisir au roi.
5. Le chat a donné les perdrix au roi comme il avait fait avec le lapin.
6. Le roi a fait donner un présent au chat.
7. La fortune de son maître était faite.
8. L'ogre a fait préparer un repas.
9. Le marquis a fait de grandes révérences.
10. Le roi lui faisait beaucoup d'honneur.
11. Le roi lui a fait mille compliments.
12. Le chat a fait dire aux paysans que les champs appartenaient au marquis de Carabas.
13. Sa menace a fait peur aux paysans.
14. Le chat a entendu le carrosse qui faisait du bruit.

STRUCTURES

A. *The Construction* n'avoir qu'à

The construction **n'avoir qu'à** is followed by the infinitive.

Vous **n'avez qu'à me donner** des bottes.
All you have to do is give me boots.

Rewrite the following sentences according to the example.

EXAMPLES: Donnez-moi un sac.

Vous n'avez qu'à me donner un sac.

Baignez-vous.

Vous n'avez qu'à vous baigner.

1. Laissez-moi faire.
2. Écoutez-moi.
3. Dites-moi pourquoi.
4. Changez-vous en une souris.
5. Cachez-vous.
6. Faites-moi des bottes.
7. Approchez-vous.
8. Suivez-moi.

B. *The Use of the Past Infinitive*

> The past infinitive is formed with **avoir** or **être,** followed by the past participle.
>
> Il a mangé. → **Après avoir mangé...**
> Il est monté. → **Après être monté...**
> Il s'est baigné. → **Après s'être baigné...**

Rewrite the following sentences changing the words in italics to past infinitives as in the example.

EXAMPLE: *Il a couru* devant. Il est arrivé au château.

  *Après **avoir couru** devant, il est arrivé au château.*

1. *Il est descendu.* Il avoua qu'il avait eu peur.
2. *Il s'est transformé* en souris. Il a été mangé par le chat.
3. *Il a compris* le plan du chat. Il a consenti à se baigner dans la rivière.
4. *Il s'est informé* sur les talents de l'ogre. Il lui a rendu visite.
5. *Il a parlé* au roi. Il est revenu chez lui.
6. *Il s'est marié* avec la princesse. Le marquis est devenu extrêmement riche.

C. *The Use of* de *after a Superlative Construction*

> The preposition **de** is used after a superlative construction, even if the reference group describes a place. *Note:* In this construction, **du** is translated *in.*
>
> C'est la plus belle princesse **du** monde.
> *She is the most beautiful princess **in** the world.*

Rewrite the following sentences according to the examples, then translate them.

EXAMPLES: La belle princess **dans** le royaume.

  *La plus belle princesse **du** royaume.*

  Le château magnifique **dans** la région.

  *Le château le plus magnifique **de** la région.*

1. Le jeune fils dans le moulin.

2. Le chat intelligent dans le monde.
3. Le lapin innocent dans la forêt.
4. Les belles perdrix dans le pré.
5. Les beaux habits de l'appartement.
6. Les beaux champs de blé dans le pays.

D. *The Use of the Relative Pronouns* ce qui *and* ce que

Compare these sentences:

Ce qui montre l'intelligence du chat, c'est...
What shows the cat's intelligence is . . .

Ce que le chat montre, c'est...
What the cat shows is . . .

Ce qui is the subject of **montre**, whereas **ce que** is its object.

Complete the following sentences, using **ce qui** or **ce que** and make all necessary changes.

1. Le maître ne savait pas _____ le chat voulait faire.
2. Le chat n'a pas dit _____ il voulait faire.
3. _____ est certain, c'est que le chat a réussi.
4. L'ogre ne savait pas _____ lui arriverait.
5. Le marquis a fait _____ le chat lui conseillait.
6. Le marquis a fait _____ était naturel.
7. Les paysans ne comprenaient pas _____ se passait.
8. Les paysans ne savaient pas _____ le chat cachait.

COMMUNICATIVE ACTIVITY

Prepare one of the topics listed below to be discussed in class. You should be ready to quote lines from the text in support of the views expressed.

1. *Le Chat botté* a toutes les caractéristiques du conte de fée, mais il n'y a pas de leçon explicite. Quelles sont ces caractéristiques? Pourquoi cette histoire continue-t-elle de charmer?

(continued)

2. Donnez des exemples de l'intelligence que montre le chat en dupant d'abord le gibier animal (les souris et les rats, les lapins, les perdrix); puis en dupant le gibier humain (le roi et la princesse, les paysans, l'ogre). C'est vraiment lui, le maître.

REVIEW EXERCISE

Review the vocabulary and the grammar points covered in *Le Chat botté*. Then rewrite each sentence with the correct forms of the words in parentheses.

Le chat dit à son maître qu'il n'avait qu'____ (*preposition*) lui donner des ____ (*noun*). Le lapin est entré dans le ____ (*noun*) pour manger ____ **(ce qui / ce que)** le chat y avait mis. Après ____ (*past infinitive of* **tuer**) le lapin, le chat le porta au roi. La fille du roi était la plus belle princesse ____ (*article*) monde. Après ____ ____ (*past infinitive of* **s'approcher**) du carrosse, le chat fit une ____ (*noun*). La princesse tomba amoureuse du marquis, ____ **(ce qui / ce que)** n'est pas difficile à comprendre. L'ogre se changea ____ (*preposition*) lion, puis il se transforma ____ (*preposition*) souris. Le chat menaça les paysans de les ____ (*verb*) ____ (*preposition*) ____ (*adjective*) ____ (*noun*).

Penda

OUSMANE SOCÉ DIOP

Penda était une jeune fille belle comme les étoiles du ciel, belle à vous donner envie de l'avaler.[1]

(Son enfance fut celle d'une princesse. Au lieu de faire les gros travaux que font habituellement les femmes, elle dut seulement apprendre à com-
5 *poser des poèmes et des chants, à danser, à se parer[2] et à se bien tenir.)[3]*

À l'âge du mariage, Penda se montra difficile; elle ne voulut épouser qu'un homme qui n'eût pas de cicatrices.[4] Elle refusa Massamba, connu pour ses faits d'armes[5] mais qui portait une cicatrice, vestige glorieux d'un coup de lance reçu à la bataille.

10 Elle évinça[6] Mademba, le plus célèbre tueur[7] de lions du pays, parce que son épaule avait été marquée par le coup de griffe[8] d'une lionne blessée.

Il en vint de riches, de beaux, de nobles. Penda les repoussa.

Le bruit fit le tour du pays.

15 Un jour, il se présenta un homme qui se disait prince d'un pays situé à sept semaines de marche.

On ne pouvait le nier, à considérer les cavaliers nombreux qui l'accompagnaient.

Deux serviteurs, attachés à la personne de la princesse, af-
20 firmèrent que le prince ne portait aucune cicatrice.

Penda consentit à l'épouser.

Le jour où Penda devait rejoindre la maison de son époux, la reine-mère lui donna les conseils d'usage[9] et aussi «Nélavane», un cheval à l'aspect somnolent.[10] Penda se plaignit.

25 —Mère, je devrais monter notre plus beau cheval pour me présenter devant les sujets de mon mari.

—Ma fille, Nélavane a de la sagesse,[11] il sera ton conseiller aux moments difficiles.

---

[1]**belle à vous donner envie de l'avaler** beautiful enough to make you want to gobble her up. [2]**se parer** to adorn oneself. [3]**se bien tenir** to be well-behaved. [4]**qui n'eût pas de cicatrices** who did not have any scars. [5]**fait d'armes** feat of arms. [6]**évinça** turned down. [7]**tueur** slayer. [8]**par le coup de griffe** by the claws. [9]**conseils d'usage** customary advice. [10]**somnolent** sleepy. [11]**sagesse** wisdom.

Penda fit endosser[12] à son cheval le plus riche caparaçon[13] de l'écurie royale pour masquer sa laideur.[14] Elle chevaucha de longues journées à côté de son mari qui conduisait un pur-sang[15] d'une finesse et d'une nervosité extraordinaires. 5
Suivaient cavaliers et griots.[16] Penda, dressée sur ses étriers de fer, admirait la perspective houleuse des têtes altières, nimbées du voile de poussière que soulevait le pas cadencé des coursiers.[17] Il lui sembla que leur nombre diminuait, que les files[18] devenaient creuses à chaque tournant de sentier.[19] Était-ce le voile de pous- 10 sière qui lui cachait les derniers rangs de cavaliers? Il semblait que les arbres qui bordaient[20] le chemin augmentaient de nombre quand on les avait dépassés.[21] Ces interrogations fourmillaient[22] dans l'esprit de Penda. Elle crispa les doigts sur les rênes.[23]
Le cheval s'arrêta sous la morsure de fer meurtrissant sa 15 bouche.[24] Penda fut tirée de sa méditation. Elle demanda explication, d'autant que[25] le dernier rang venait de s'éclipser.
—Où sont passés, mon époux, les hommes qui formaient notre escorte?
—Ils sont redevenus, sous mon charme, ce qu'ils étaient, des 20 arbres.
—D'où vous vient ce pouvoir?
—Je suis Lion-fée. J'ai su qu'il existait une jeune fille capricieuse qui ne voulait pas épouser d'homme qui eût une cicatrice.
Les bras s'étaient transformés en pattes velues[26] de lion. 25
Le cheval disparut. Elle vit, devant elle, un lion à queue nerveuse et agitée.
—Suis-moi, dit-il.
Penda, terrifiée, avait la gorge sèche; sa respiration était sur le point de s'arrêter, tout son corps était pris de frémissements.[27] 30

---

[12]**endosser** to put on. [13]**caparaçon** ornamental harness. [14]**laideur** ugliness.
[15]**pur-sang** thoroughbred. [16]**griot** *griot (a folk poet and singer in Africa)*.
[17]**dressée sur... coursiers** standing on her stirrups, admired the sight of bobbing proud heads, amidst the veil of dust stirred up rhythmically by the coursers. [18]**file** line. [19]**tournant de sentier** turn in the path. [20]**bordaient** lined. [21]**dépassé** passed. [22]**fourmillaient** teemed. [23]**crispa... rênes** clutched the reins with her fingers. [24]**sous la morsure... bouche** because of the sharp pain of the iron bit in its mouth. [25]**d'autant que** particularly as. [26]**velu** hairy.
[27]**frémissement** shiver.

—◆◆✖◆✖◆•—

Penda ne put jamais s'accommoder[28] de la viande crue[29] qui était de rigueur[30] aux repas du lion. Quand son époux partait à la chasse, elle allait dans la brousse alentour déterrer quelques tubercules d'igname.[31]

5 L'hivernage[32] survint; jour et nuit de lourds nuages, monstres pleins d'eau, crachèrent le liquide de leur ventre.[33] Lion fouilla[34] les sous-bois,[35] surveilla[36] les carrefours de la brousse; il ne rencontra ni sanglier[37] ni antilope.

Un jour, Nélavane dit à Penda:

10 —Si votre mari ne trouve rien à la chasse, il vous mangera en rentrant, fuyons,[38] vite...

L'inquiétude de Penda se laissa bercer,[39] du matin au soir, par la chute précipitée[40] des gouttes de pluie sur les feuilles des arbres et sur le sol détrempé.[41] Nélavane hennissait[42] d'impa-
15 tience, sans arrêt; à Penda qui s'en étonna, il dit:

—Maîtresse, fuyons, votre mari est sur le chemin du retour. Avant de partir, déposez trois crachats,[43] un dans l'antre,[44] un autre derrière le fromager[45] de la cour et le troisième dans le grenier.[46]

20 Cela fait, Penda sella Nélavane et, brides abattues,[47] elle courut vers le pays natal.

Lion rentra fatigué et aigri[48] par les courses inutiles.

En chemin, il s'était décidé à manger sa femme.

Il fut étonné de trouver l'antre vide et appela d'une voix per-
25 plexe:

—Penda! Penda!...

—Ici, répondit-on du grenier.

—Viens...

Penda ne se montra pas.

---

[28]**s'accommoder** to get used. [29]**cru** raw. [30]**était de rigueur** was the rule. [31]**elle allait... d'igname** she would go in the surrounding brush to dig up some yam roots. [32]**hivernage** winter season. [33]**ventre** belly. [34]**fouilla** searched. [35]**sous-bois** undergrowth. [36]**surveilla** watched. [37]**sanglier** boar. [38]**fuyons** let's flee. [39]**L'inquiétude... bercer** Penda let her worries be lulled. [40]**chute précipitée** fast patter. [41]**détrempé** soaked. [42]**hennissait** neighed. [43]**crachat** spit. [44]**antre** den. [45]**fromager** silk-cotton tree. [46]**grenier** granary. [47]**sella... abattues** saddled Nélavane and, letting the reins loose. [48]**aigri** soured.

Lion s'impatienta.

—Penda, voyons... qu'est-ce que tu attends?

—J'arrive, répondit le crachat du fromager.

Lion sortit et, sur un ton coléreux:[49]

—Penda, où es-tu? Penda, Penda?

Des voix répondirent:

«Me voici, je suis ici. Je viens dans un moment...»

Il comprit qu'il était dupe d'une farce magique; il se mit sur la route de la poursuite.

Il courut du lever de soleil à son coucher et du soir jusqu'à l'heure où le soleil est au milieu du ciel.

Il atteignit un premier village:

—Avez-vous vu passer, dit-il, une jeune fille belle comme les étoiles du ciel, belle à vous donner envie de l'avaler?

—Elle a traversé notre pays à l'aube,[50] répondit-on.

Il passa des fleuves à la nage,[51] se faufila à travers les fourrés[52] et atteignit un deuxième village.

—Avez-vous vu une jeune fille belle comme les étoiles du ciel, belle à vous donner envie de la croquer?

—Ce voile de poussière, là-bas, lui répondit-on, est soulevé par son coursier.

Penda aperçut son mari; de peur, elle fouetta[53] le flanc de son cheval.

—Ne me frappez pas, conseilla Nélavane, en se cabrant de douleur,[54] ayez confiance, je vous sauverai.

Lion était à trois bonds[55] d'eux, il franchit[56] les trois en un seul, Nélavane frappa d'un sabot le sol,[57] il en jaillit[58] un lac immense. Lion mit une journée à le traverser.

Le matin du troisième jour de sa fuite, on apercevait les toits de chaume[59] et les arbres du village natal.

Lion les rejoignit de nouveau: et, poussant un grand rugissement,[60] il empoigna[61] la queue de Nélavane. Penda éperonna vigoureusement sa monture.[62]

---

[49]**coléreux** angry. [50]**aube** dawn. [51]**passer à la nage** to swim across. [52]**se faufila... fourrés** made his way through the thickets. [53]**fouetta** whipped. [54]**se cabrant de douleur** rearing up in pain. [55]**bond** leap. [56]**franchit** covered. [57]**frappa... le sol** hit the ground with his hoof. [58]**jaillit** sprung up. [59]**chaume** thatch. [60]**rugissement** roar. [61]**empoigna** grabbed. [62]**éperonna sa monture** spurred her mount.

Nélavane fit un saut terrible qui le transporta au-delà du septième ciel, dans un monde insoupçonné[63] de ceux qui vivent sur la terre noire.

—Penda, reprocha Nélavane, par votre faute, nous voici sur
5 une planète où il n'existe pas de femmes. Si l'on découvre votre sexe vous serez mise à mort.»

Nélavane habilla Penda en homme; il lui apprit à simuler une démarche d'homme,[64] à donner à sa voix des inflexions mâles.

Un jour qu'il faisait très chaud, elle se mit à son aise[65] pour
10 dormir.

Un Maure de la cour royale découvrit que l'«étranger» portait deux seins à la peau satinée.[66] Or les Maures ne gardent pas les secrets.

Il s'en fut trouver le roi et dit.

15 —En vérité, Majesté, l'étranger du pays est femme!...

—Si c'est un mensonge, répondit le monarque, je te ferai décapiter!

—J'en suis aussi sûr que je m'appelle Ahmed, assura le Maure.

20 Le lendemain, le crieur public[67] de la capitale promulga au son du tam-tam que le roi invitait ses sujets à venir, nus, se baigner sur les rives du fleuve.

—La baignade[68] est organisée pour vous confondre,[69] expliqua Nélavane à Penda; pendant votre sommeil, je vous transfor-
25 merai en homme.

Penda se réveilla transformée en homme, le plus beau, lorsqu'on se rendit[70] sur la berge de fleuve.

L'espion maure fut décapité.

—C'est au prix de ma vie, Penda, que les mages[71] m'ont
30 donné le pouvoir de transformer votre sexe, lui dit Nélavane,

---

[63]**insoupçonné** unsuspected. [64]**démarche d'homme** man's gait. [65]**se mit à son aise** made herself comfortable. [66]**seins à la peau satinée** satin-skinned breasts. [67]**crieur public** town crier. [68]**baignade** bathing. [69]**confondre** to expose. [70]**se rendit** went. [71]**mage** magician.

au retour de la baignade; demain à l'aube je mourrai; vous rassemblerez mes os et les calcinerez.[72] À minuit, tournée vers le levant,[73] enveloppez-vous d'un voile blanc, et les yeux fermés soufflez sur ma cendre.[74]

Penda pleura des larmes[75] de sang en hommage funéraire à   5
son dévoué[76] serviteur.

À minuit elle s'enveloppa d'un voile blanc et, les yeux fermés, souffla sur les cendres; elle se sentit transportée, à une vitesse inouïe,[77] à travers l'espace. Elle perdit connaissance.

À son réveil,[78] elle était dans sa famille, entourée de la reine-   10
mère et des courtisans. Elle raconta son histoire qui se répandit[79] dans le pays, franchit toutes les frontières.

Depuis ce jour, les jeunes filles se montrent moins capricieuses à l'âge du mariage.

EXERCISES

READING COMPREHENSION

Answer the following questions.

1. Qu'a fait Penda pendant son enfance?
2. Quelle sorte d'homme ne voulait-elle pas épouser?
3. Pourquoi n'a-t-elle pas d'abord aimé Nélavane?
4. Qu'est-il arrivé à l'escorte?
5. En quoi s'était transformé l'époux de Penda?
6. Quel danger courait Penda pendant l'hiver?
7. Quelle a été la fonction des trois crachats?
8. Comment Nélavane a-t-il mis de la distance entre Penda et le lion?
9. Pourquoi la planète était-elle dangereuse pour Penda?
10. Comment Nélavane a-t-il sauvé sa maîtresse?
11. Que devait-elle faire pour retourner dans sa famille?
12. Quelle influence a eu son histoire?

---

[72]**calcinerez** will incinerate. [73]**levant** East. [74]**cendre** ashes. [75]**larme** tear.
[76]**dévoué** devoted. [77]**inouï** incredible. [78]**À son réveil** when she woke. [79]**se répandit** spread.

VOCABULARY STUDY

A. Vocabulary Usage

Write sentences of your own with each of the following words and expressions:

Le cheval:

une monture	monter un cheval
un pur-sang	chevaucher
un coursier	seller un cheval
l'épaule	la bride
le ventre	galoper (courir) à brides abat-
le flanc	tues
la queue	les rênes
le sabot	le fer
se cabrer	les étriers
hennir	les éperons
le hennissement	éperonner
le cavalier	fouetter

La chasse:

le lion (la lionne)	rugir
l'antilope	faire un bond (saut)
le sanglier	l'antre du lion
la patte velue	le bois, le sous-bois
la griffe	le fourré
donner un coup de griffe	la brousse
la cicatrice	se faufiler à travers
le rugissement (du lion)	

B. Word Formation

The following words appear in the story. Write another French word that is based on each one.

EXAMPLE: arrêt

arrêter

se baigner	cracher	retourner
cheval	épouser	traverser
conseil	impatient	vite
courir	nerveux	

STRUCTURES

A. *The Use of the Imperfect with Progressive Actions*

The imperfect is used to describe actions that were in progress when a specific action or event took place.

Un jour qu'il **faisait** très chaud, Penda **s'est mise** à son aise.
*One day when it **was** very hot, Penda **made** herself comfortable.*

Rewrite the following sentences in the past, using the imperfect for the progressive action and the **passé composé** for the specific, completed action.

1. Il fait très chaud quand Penda se déshabille.
2. Le jour où Penda doit rejoindre la maison, la reine-mère lui donne des conseils.
3. Penda chevauche quand les hommes de l'escorte redeviennent des arbres.
4. Pendant que son mari lui explique la chose, ses bras se transforment en pattes de lion.
5. Penda dort quand Nélavane la change en homme.
6. Pendant que Penda est couchée, un Maure découvre son sexe.

B. *The Use of the Imperfect with Progressive Actions*

The imperfect is used to describe progressive actions in the past that were going on at the same time.

Pendant que Penda **chevauchait,** le nombre des hommes **diminuait.**
*While Penda **was riding** her horse, the number of men **was decreasing**.*

Rewrite the following sentences, using the imperfect.

1. Le jour où Penda va quitter sa famille, il y a beaucoup d'hommes à cheval.
2. Pendant que sa mère la conseille, Penda se prépare à partir.
3. Pendant qu'elle avance à cheval, elle admire le beau spectacle des coursiers.

4. Quand son mari chasse, elle va chercher des tubercules.
5. Pendant que Nélavane hennit d'impatience, Penda écoute la pluie.
6. Pendant qu'ils fuient, il pleut.

Rewrite the following sentences, using the imperfect for progressive actions and the **passé composé** for actions that occurred at a specific point in time.

1. Tous les jours, pendant que le lion chasse les antilopes, Penda cherche des légumes.
2. Un jour qu'il pleut, Penda est inquiète.
3. Pendant que le lion rentre, fatigué, il se décide à manger sa femme.
4. Le lion est sur le chemin du retour quand Penda et Nélavane s'enfuient.
5. Le lion veut manger Penda quand il revient dans l'antre.
6. Pendant que le lion court, Penda fuit, brides abattues.
7. Le lion est tout près d'eux quand un lac jaillit devant lui.
8. On aperçoit le village natal quand le lion prend la queue du cheval.

C. The Use of en + Gerund

When **en** is followed by a gerund (form of the present participle), the construction describes:

1. an action that takes place at the same time as another.

   En chevauchant, Penda **admirait** la perspective houleuse des têtes.
   While riding her horse, Penda was admiring the long line of bobbing heads

2. an action that immediately precedes another.

   Votre mari vous **mangera en rentrant.**
   Your husband will eat you upon returning (when he returns).

3. an action that is necessary to complete another.

   Le lion **chassait** les sangliers **en fouillant** les sous-bois.
   The lion hunted boars by searching the undergrowth.

Rewrite the following sentences according to the example.

EXAMPLE: Le lion mangera Penda. Il revient de la chasse.

Le lion mangera Penda en revenant de la chasse.

The lion will eat Penda upon coming back from the hunt.

1. Le lion a appelé Penda. Il est entré.
2. Penda se préparait pour son mariage. Elle se parait.
3. Penda a refusé Massamba. Elle a vu sa cicatrice.
4. Penda écoutait sa mère. Elle sellait son cheval.
5. Penda se posait des questions. Elle chevauchait.
6. Penda était terrifiée. Elle suivait le lion.
7. Penda se croyait sauvée. Elle apercevait son village.
8. Nélavane pouvait sauver Penda. Il la transformait en homme.
9. Penda a été transformée en homme. Elle dormait.
10. Nélavane a éloigné le lion. Il a fait jaillir un lac.

COMMUNICATIVE ACTIVITY

Prepare one of the topics listed below to be discussed in class. You should be ready to quote sentences or parts of sentences in support of the views expressed. In your presentation you may wish to compare this African tale to the European fairy tales with which you are familiar, pointing out main differences and similarities.

1. Description du personnage de Penda.
2. Le cadre (*background*) africain de l'histoire.
3. Les actions magiques.
4. La répétition de certains détails.
5. La morale: transformation d'une jeune fille capricieuse en une jeune fille moins difficile au moment du mariage.

REVIEW EXERCISE

Review the vocabulary and the grammar points covered in *Penda*. Then rewrite each sentence with the correct forms of the words in parentheses.

Il y avait une fois une jeune princesse belle comme _____ (*appropriate comparison*). À l'âge du mariage, elle s'est montrée difficile, refusant tout homme qui _____ (*appropriate tense of* **porter**) des cicatrices. Finalement elle _____ (*appropriate tense of* **accepter**) d'épouser un prince venu de loin et elle l'a suivi sur son cheval Nélavane. Pendant le voyage, les hommes de l'escorte ont disparu car, a expliqué le prince, ils _____ (*appropriate tense of* **redevenir**) ce qu'ils _____ (*appropriate tense of* **être**), des arbres. Le prince était en réalité un lion-fée et Penda n'a pas pu s'habituer aux repas de viande _____ (*synonym for* **non cuit**). Tous les jours, quand le lion _____ (*appropriate tense of* **partir**) à la chasse, elle _____ (*appropriate tense of* **aller**) chercher des _____ (*synonym for* **racines comestibles**) à manger. Puis, l'hiver est arrivé. Un jour, Nélavane a dit: «Si le lion ne trouve pas de _____ (*nom d'animal sauvage*), il vous mangera en _____ (*gerund of* **rentrer**). Fuyons.» Et ils _____ (*appropriate tense of* **partir**) tous les deux. Une fois de retour, en _____ (*gerund of* **entendre**) les voix des trois crachats, le lion _____ (*appropriate tense of* **comprendre**) qu'il _____ (*appropriate tense of* **être**) dupe d'une farce magique. Après trois jours de poursuite, juste au moment où il _____ (*appropriate tense of* **aller**) rejoindre Penda, Nélavane a transporté sa maîtresse dans une planète ou il y _____ (*appropriate tense of* **avoir**) seulement des hommes. Après avoir transformé Penda en homme, par prudence, le cheval _____ (*appropriate tense of* **mourir**) en _____ (*gerund of* **laisser**) des instructions pour retourner sur terre. Pendant son voyage à travers l'espace, Penda _____ (*appropriate tense of* **perdre**) connaissance. En _____ (*gerund of* **se réveiller**), elle _____ (*appropriate tense of* **être**) de nouveau dans son village.

VOCABULARY

To facilitate very early reading, this vocabulary includes all irregular verb forms and nearly identical cognates. Identical cognates have been excluded. Idioms are listed under the key words.

Abbreviations

adj.	adjective	*m.*	masculine
adv.	adverb	*n.*	noun
art.	article	*p.p.*	past participle
cond.	conditional	*p.c.*	**passé composé**
conj.	conjunction	*p.s.*	**passé simple**
f.	feminine	*pl.*	plural
fut.	future	*prep.*	preposition
imperf.	imperfect	*pres. ind.*	present indicative
imperf. subj.	imperfect subjunctive	*pres. part.*	present participle
imper.	imperative	*pres. subj.*	present subjunctive
inf.	infinitive	*pron.*	pronoun
inter.	interrogative	*rel. pron.*	relative pronoun
inv.	invariable	*sing.*	singular

a *pres. ind.* **avoir**

à to, at, on, with, in, into, by, of, for, from

abaisser to lower; **s'abaisser** to be lowered, decrease

abbé *m.* priest, abbé

abîme *m.* abyss

aboiement *m.* bark

abord: d'abord (at) first

aboyer to bark

abri *m.* shelter

absolument absolutely, entirely

accomplir to accomplish, carry out; **s'accomplir** to be accomplished

accorder to grant, allow, accord

accourir (*for forms, see* **courir**) to come running

accoutumer: s'accoutumer to get accustomed

accrocher: s'accrocher to cling

accueillir to greet, welcome, receive

acheter to buy; **acheter à** to buy from

actuel present

adieu good-bye; **faire ses adieux** to say good-bye

adroit(e) clever

affaiblissement *m.* weakening

affaire *f.* affair; *pl.* dealings, business; **raconter son affaire** to tell one's story

affectueusement affectionately

affirmer to swear to, assert

âgé(e) aged, old; **âgé de cent ans** a hundred years old

agent *m.* agent; **agent de police** policeman

agir to act; **il s'agit de** (*impersonal*) it is about, concerns

agneau *m.* lamb

agréable pleasant, agreeable

ai, as, a *pres. ind.* **avoir**

aie, ait *pres. subj.* **avoir**

aigu, aiguë sharp, keen, piercing

aiguille *f.* needle

aile *f.* wing

aille *pres. subj.* **aller**

ailleurs elsewhere; **d'ailleurs** besides

aimer to like, love; **aimer mieux** to prefer, like better

aîné *m.*, **aînée** *f.* elder; eldest brother (sister)

ainsi thus, so, consequently

air *m.* air, look, appearance; **avoir l'air** to seem, look like, resemble

ajouter to add

allée *f.* garden path, walk

allemand German

aller (*pres. part.* **allant**; *p.p.* **allé**; *pres. ind.* **vais, vas, va, allons, allez, vont**; *pres. subj.* **aille, allions, aillent**; *imperf.* **allais**; *imper.* **va, allez, allons**; *fut.* **irai**; *p.c. with auxiliary* **être**) to go, get along (in health); **aller au-devant de** to go to meet; **aller chercher** to fetch, go for (get); **allons!** come now! well! nonsense!; **allons bon!** all right; **allons donc!** come now; **allons-y** let's go; **s'en aller** to go away, leave; **aller** + *inf.* to be about to + *inf.*

allumer to light

alors so, then, at that time

alors que while

amant *m.*, **amante** *f.* lover (in sexual relationship)

âme *f.* soul

amener to bring

Amérique *f.* America

ami *m.*, **amie** *f.* friend

amitié *f.* friendship

amour *m.* love

amoureux, amoureuse in love; *n.m. and f.* lover, sweetheart; **devenir (tomber) amoureux de** fall in love with

an *m.* year

ancien, ancienne old, former

âne *m.* donkey

anglais English

année *f.* year

annonce *f.* announcement

annuaire *m.* directory

anxieux, anxieuse uneasy, anxious

août *m.* August

apercevait *imperf.* **apercevoir**

apercevoir (*pres. part.*
apercevant; *p.p.* aperçu; *pres.
ind.* aperçois, aperçoit,
apercevons, apercevez,
aperçoivent; *pres. subj.*
aperçoive, apercevions,
aperçoivent; *imperf.*
apercevais; *imper.* aperçois,
apercevez, apercevons; *fut.*
apercevrai) to see, perceive;
s'apercevoir to see, perceive,
realize
aperçut *p.s.* apercevoir
apparaître (*for forms, see*
paraître) to appear
appareil *m.* telephone,
apparatus, instrument, set
appartenir (*for forms, see*
tenir) to belong
appartient *pres. ind.* appartenir
apparut *p.s.* apparaître
appel *m.* call
appeler (*pres. part.* appelant; *p.p.*
appelé; *pres. ind.* appelle,
appelles, appelle, appelons,
appelez, appellent; *pres. subj.*
appelle, appelions, appeliez,
appellent; *imperf.* appelais;
imper. appelle, appelez,
appelons; *fut.* appellerai; *p.s.*
appelai) to call; **s'appeler** to
be named
apporter to bring
apprendre (*for forms, see*
prendre) to learn, teach,
inform
appris *p.p.* appendre
approcher to approach, bring
near; **s'approcher de** to
approach
appuyer to press, push;
s'appuyer à (sur) lean against
(on)

après after, afterward; **d'après**
according to
après-midi *m.* afternoon
argent *m.* silver, money; **argent
massif** solid silver
argenterie *f.* silver plate,
silverware
arme *f.* weapon, arm
armée *f.* army
armoire *f.* wardrobe
arracher to tear, wrest away
arrêter to stop, arrest; **s'arrêter**
to stop
arrière *m.* rear, stern
arrivée *f.* arrival
arriver (*p.c. with auxiliary*
être) to arrive, happen
ascenseur *m.* elevator
asseoir (*pres. part.* asseyant
(assoyant); *p.p.* assis; *pres. ind.*
assieds (assois), assieds
(assois), assied (assoit),
asseyons (assoyons), asseyez
(assoyez), asseyent (assoient);
pres. subj. asseye (assoie),
asseyions (assoyions), asseyiez
(assoyiez), asseyent (assoient);
imperf. asseyais (assoyais);
imper. assieds (assois), asseyez
(assoyez), asseyons (assoyons);
fut. assiérai (assoirai)) to sit;
s'asseoir to sit (down)
asseyent *pres. ind.* asseoir
assez enough, rather
assieds-toi *imper.* s'asseoir
assiette *f.* plate
assis *p.p.* asseoir; *adj.* seated,
sitting
assister to attend; **assister à** to
be present at, witness
assit *p.s.* asseoir
attacher to attach, fasten, tie
atteindre to reach, attain

attendre (*for forms, see*
  descendre) to wait (for),
  expect; **s'attendre à** to expect,
  await
attente *f.* wait, waiting
attirer to attract, draw
au = **à** + **le**
auberge *f.* inn
aubergiste *m.* innkeeper
aucun(e) no, not any; *pron.*
  none
au-devant ahead
aujourd'hui today
auprès de beside, near, close to
auquel = **à** + **lequel** *pron.*
aurai, auras, aura *fut.* avoir
aurais, aurait *cond.* avoir
aussi also, too, as, and so,
  therefore (*at the beginning of a
  sentence*); **aussi... que** as. . . as
aussitôt at once, immediately;
  aussitôt que as soon as, no
  sooner
autant as much; **autant que** as
  much (many) as
auteur *m.* author
autour around, round; **autour
  de** around
autre other, another; **je n'ai
  rien d'autre** I have nothing
  else
autrefois formerly
aux = **à** + **les**
avait *imperf.* avoir
avaler to swallow
avant before; **avant de** before;
  avant que before
avant *m.* bow (of a ship)
avec with
avenir *m.* future
avertir to warn
avoir (*pres. part.* **ayant;** *p.p.* **eu;**
  pres. ind. **ai, as, a, avons, avez,
  ont;** *pres. subj.* **aie, aies, ait,**

ayons, ayez, aient; *imperf.*
  avais; *imper.* **aie, ayez, ayons;**
  fut. **aurai;** *p.s.* **eus**) to have,
  get, possess; **avoir l'air de** to
  look like, resemble, appear,
  have the appearance of; **avoir
  besoin de** to need; **avoir faim**
  to be hungry; **avoir froid** to be
  cold; **avoir honte** to be
  ashamed; **avoir raison** to be
  right; **avoir tort** to be wrong;
  il y a (**avait,** *etc.*) there is, are
  (was, were); **il y a** ago; **il y
  avait** + *word expressing time* +
  que since, for; **qu'avez-vous
  donc?** what's the matter with
  you? **qu'est-ce qu'il y a?** what
  is the matter? **quel âge
  avez-vous?** how old are you?
  avoir huit ans to be eight
  years old
avouer to confess
avril *m.* April
ayant *pres. part.* avoir
ayez *imper.* and *pres. subj.* avoir

bague *f.* ring
baguette *f.* wand
bâiller yawn
bain *m.* bath; **salle de bain**
  bathroom
baiser to kiss
baiser *m.* kiss
baisser to lower, bend down,
  bow, get low
bal *m.* ball (dance)
balancer to balance, sway,
  flutter, swing
balle *f.* bullet, ball
banc *m.* bench
bande *f.* strip, tape
barbarie *f.* barbarism
barbe *f.* beard

barre *f.* bar, rung, line
barreau *m.* bar
bas, basse low; *n.m.* bottom; *adv.* low; **à voix basse** in a low voice; **en bas** below, downstairs; **là-bas** yonder, over there, down there; **de bas en haut** from top to bottom, **tout bas** very softly
bassin *m.* basin
bataille *f.* battle
bateau *m.* boat, ship
bâtiment *m.* building, structure
bâtir to build, construct
bâton *m.* stick, club
battement *m.* beating, beat
battre to beat, strike; **se battre** to fight, struggle
beau, bel, belle fine, beautiful, handsome; **beau-père** *m.* father-in-law
beaucoup much, many, a good deal, greatly
bel, belle see **beau**
bercer to rock, lull
berger *m.* shepherd
besoin *m.* need; **avoir besoin** to need
bête *f.* beast, animal
bête stupid
bibliothèque *f.* library, bookcase
bien *adv.* quite, very, indeed, thoroughly, very willingly; **eh bien!** well! very well!; **bien que** although; **être bien** be comfortable
bien *m.* good, land; **faire le bien** to do good
bienfaiteur *m.* benefactor
bientôt soon; **à bientôt!** see you soon!
bienvenu *m.* welcome; **soyez le bienvenu!** welcome!
bijou *m.* jewel

blanc, blanche white
blé *m.* wheat
blesser to wound, hurt
blessure *f.* wound, injury
bleu(e) blue
blouse *f.* smock
bœuf *m.* ox, beef
boire (*pres. part.* **buvant;** *p.p.* **bu;** *pres. ind.* **bois, bois, boit, buvons, buvez, boivent;** *pres. subj.* **boive, buvions, boivent;** *imperf.* **buvais;** *imper.* **bois, buvez, buvons;** *fut.* **boirai,** *p.s.* **bus**) to drink
bois *imper. and pres. ind.* **boire**
bois *m.* wood; *pl.* woods
boîte *f.* box
bon, bonne good, kind; **à quoi bon?** what is the good (of)? what use is it?
bonheur *m.* happiness, good luck
bonjour *m.* good morning, good day, how do you do
bonsoir *m.* good evening
bonté *f.* goodness, kindness, good will
bord *m.* board, edge, side; **à bord** on board (ship)
botte *f.* boot
bouche *f.* mouth
bouchée *f.* mouthful
bouclé(e) wavy
bouger to move, budge, stir
boulet *m.* cannon ball
bourse *f.* purse
bout *m.* end, tip, hem; **au bout de** after
bouton *m.* button
bras *m.* arm
brave brave; **un brave homme** a good man
brigadier *m.* sergeant
brillant(e) shining, gleaming

briller to shine, gleam, glisten, sparkle

briser to break; **se briser** to break

brûlant(e) burning

brûler to burn

brun(e) brown

brusque sudden

brusquement suddenly

bu *p.p.* **boire**

bûcher *m.* stake

buisson *m.* bush

bureau *m.* study, desk, department, office

but *p.s.* **boire**

buvais *imperf.* **boire**

buvant *pres. part.* **boire**

ça = cela; ah ça! I say! here!; **comme ça** that way

çà *adv.* here; **çà et là** here and there

cabinet *m.* private study, office

cacher to hide; **se cacher** to hide

cachot *m.* dungeon, dark cell

cadavre *m.* corpse

cadet *m.*, **cadette** *f.* younger brother (sister)

caisse *f.* cash, cashier's desk, box

caissière *f.* cashier

campagne *f.* country

canot *m.* boat

capitaine *m.* captain; **capitaine de gendarmerie** police captain

car for, because

caresse *f.* caress; **faire des caresses** to show affection

carnet *m.* notebook

carrosse *m.* carriage

carte *f.* map, chart

cas *m.* case; **en tout cas** at any rate

casier *m.* set of pigeonholes

casquette *f.* cap

casser to break; **se casser** to break

casserole *f.* saucepan

cause *f.* cause; **à cause de** because of

causer to talk, chat

cave *f.* basement

ce *pron.* it, that, he, she, they

ce, cet, cette *adj.* this, that; **ces** *pl.* those

ceci *pron.* this

cela *pron.* that

celle, celui *pron.* he, she, this (one), that (one), the one; **celui-ci** this one, the latter; **ceux, celles** *pl.* those, these

cent hundred

centaine *f.* about a hundred

centime *m.* coin, one hundreth of a franc

cependant however, still, yet, nevertheless, meanwhile

cercueil *m.* coffin

cesse: sans cesse continually

cesser to cease, stop

ceux *pl.* **celui**

chacun *m.*, **chacune** *f.* *pron.* each, each one, everybody

chagrin *m.* grief; **faire du chagrin** to hurt

chair *f.* flesh, meat

chaise *f.* chair

chaleur *f.* heat, warmth

chambre *f.* room

champ *m.* field

chandelier *m.* candlestick

changement *m.* change

chanson *f.* song

chant *m.* song

chanter to sing

chanteur *m.* singer

chapeau *m.* hat
chaque each, every
charbon *m.* coal
charge *f.* load, burden
charger to load, burden, entrust; **se charger de** to take care of
charmant(e) charming
chasser to hunt, drive away (out, off), discharge, dismiss
chat *m.* cat
château *m.* castle
chaud(e) warm
chauffé(e) heated
chef *m.* chief, head
chef-d'œuvre *m.* masterpiece
chemin *m.* way, path; **chemin de fer** railroad; **passez votre chemin!** go on your way!
cheminée *f.* chimney, fireplace
chemise *f.* shirt
cher, chère dear
chercher to look for, seek, search; **chercher à** + *inf.* to try to; **aller chercher** to fetch; **faire chercher** to go and get; **venir chercher** to come for
cheval *m.* horse
chevaucher to ride
cheveu *m.* hair (*pl.* **cheveux**)
chez *prep.* at, in, into or to the house or office of; **chez vous** at home, in your home (house)
chic *inv.* with class, swell, nice
chien *m.,* **chienne** *f.* dog
chiffre *m.* figure, number
choisir to choose, select
choix *m.* choice
choquer to shock, offend
chose *f.* thing; **autre chose** something else; **quelque chose** *m.* something
-ci *distinguishes between "this" and "that"* (**-là**); **en ce moment-ci**

at this moment; **à ce moment-là** at that moment
ciel *m.* sky, heaven
cimetière *m.* churchyard, cemetery
cinq five
cinquantaine *f.* about fifty
cinquante fifty
cirque *m.* circus
citoyen *m.* citizen
civière *f.* litter, stretcher
clair(e) clear, light
claquer: faire claquer to bang, crack
clavecin *m.* harpsichord
clef, clé *f.* key; **fermer à clef** to lock
cloche *f.* bell
cochon *m.* pig
cœur *m.* heart; **de tout son cœur** heartily
coffre *m.* chest
coi: se tenir coi to keep still
coin *m.* corner
colère *f.* anger; **être en colère** to be angry; **mettre en colère** to make angry
colline *f.* hill
colon *m.* settler
combat *m.* fight, struggle
combien how much (many)
comédie *f.* comedy; **aller à la comédie** to go to the play
comme as, like, how; **comme ci, comme ça** so-so; **comme pour** as though to
commencement *m.* beginning
commencer to begin
comment how; **comment!** what!
commettre (*for forms, see* **mettre**) to commit
commis *p.p.* **commettre**
communication *f.* communication, connection,

paper; **couper la communication** to hang up the receiver

compagnie *f.* company

compagnon *m.* companion

compatriote *m.* or *f.* compatriot, fellow citizen

complice *m.* or *f.* accomplice

compliment *m.* compliment; **compliments!** congratulations!

composé(e) compound

composer to compose; **se composer** to be composed, consist

comprendre (*for forms, see* **prendre**) to understand

compris *p.p.* **comprendre**

comprit *p.s.* **comprendre**

compte: au compte at the expense

compter to count, expect

comptoir *m.* counter

concevoir (*pres. part.* **concevant**; *p.p.* **conçu**; *pres. ind.* **conçois, conçois, conçoit, concevons, concevez, conçoivent**; *pres. subj.* **conçoive, concevions, conçoivent**; *imperf.* **concevais**; *imper.* **conçois, concevez, concevons**; *fut.* **concevrai**; *p.s.* **conçus**) to conceive, understand, devise

conducteur *m.* driver (private)

conduire (*pres. part.* **conduisant**; *p.p.* **conduit**; *pres. ind.* **conduis, conduis, conduit, conduisons, conduisez, conduisent**; *pres. subj.* **conduise, conduisions, conduisent**; *imperf.* **conduisais**; *imper.* **conduis, conduisez, conduisons**; *fut.* **conduirai**) to lead, take, conduct, drive (a vehicle)

conduise *pres. subj.* **conduire**

conduisit *p.s.* **conduire**

conduit *p.p.* **conduire**

confiance *f.* faith, trust; **avoir confiance** to trust

confier to entrust, confide; **se confier** to confide

connaissait *imperf.* **connaître**

connaissance *f.* knowledge, acquaintance, consciousness

connaître (*pres. part.* **connaissant**; *p.p.* **connu**; *pres. ind.* **connais, connais, connaît, connaissons, connaissez, connaissent**; *pres. subj.* **connaisse, connaissions, connaissent**; *imperf.* **connaissais**; *imper.* **connais, connaissez, connaissons**; *fut.* **connaîtrai**; *p.s.* **connus**) to know

connu *p.p.* **connaître**

conscience *f.* conscience, consciousness

conseil *m.* advice

conseiller advise

consens *pres. ind.* **consentir**

consentir (*for forms, see* **sentir**) to consent

conservation *f.* conservation, preservation

conspirer to plot

contenir (for forms, see **tenir**) to contain

content(e) pleased, happy, satisfied

continu(e) continuous

contraire *m.* contrary

contravention *f.* violation; **dresser une contravention** to serve a summons

contre against, close to

contribution *f.* contribution, tax assessment

convenir (*for forms, see* **venir**) to suit, be proper

corde *f.* rope

corps *m.* body
corrompu(e) corrupt
cortège *m.* procession
côte *f.* coast
côté *m.* side, direction; **à côté de** next to, beside; **de ce côté-là** in that direction; **de l'autre côté** on the other side; **du côté de** in the direction of; **de son côté** on his side, as for him
cou *m.* neck
couche *f.* layer
coucher to lay; **se coucher** to lie (down), go to bed, set (sun, moon)
coucou *m.* cuckoo
couler to run
couleur *f.* color
couloir *m.* hall, corridor; **couloir d'entrée** entrance hall
coup *m.* blow, slap, kick, stroke, knock, shot, clap (thunder), trick; **tout à coup** suddenly; **coup sur coup** one after another; **coup d'œil** glance
coupable guilty
coupe *f.* shallow cup, champagne glass
couper to cut
cour *f.* court, yard, courtyard
courageux, courageuse courageous, brave
courant *adj.* running; *n.m.* current, stream
coure *pres. subj.* **courir**
courir (*pres. part.* **courant**; *p.p.* **couru**; *pres. ind.* **cours, cours, court, courons, courez, courent**; *pres. subj.* **coure, courions, courent**; *imperf.* **courais**; *imper.* **cours, courez, courons**; *fut.* **courrai**; *p.s.* **courus**) to run
couronne *f.* crown

courrait *cond.* **courir**
courrier *m.* mail, correspondence, mail boat
cours *m.* course, stream
course *f.* errand, race
court(e) short
courut *p.s.* **courir**
couteau *m.* knife
coûteux, couteuse costly
couvert *p.p.* **couvrir**
couvert *m.* place setting (knife and fork); **mettez un couvert de plus** set another place
couvrir (*pres. part.* **couvrant**; *p.p.* **couvert**; *pres. ind.* **couvre, couvres, couvre, couvrons, couvrez, couvrent**; *pres. subj.* **couvre, couvrions, couvrent**; *imperf.* **couvrais**; *imper.* **couvre, couvrez, couvrons**; *fut.* **couvrirai**; *p.s.* **couvris**) cover, drown
craindre (*pres. part.* **craignant**; *p.p.* **craint**; *pres. ind.* **crains, crains, craint, craignons, craignez, craignent**; *pres. subj.* **craigne, craignions, craignent**; *imperf.* **craignais**; *imper.* **crains, craignez, craignons**; *fut.* **craindrai**; *p.s.* **craignis**) to fear, be afraid
craquer to crack, groan
creuser to dig
crier to cry, exclaim
croire (*pres. part.* **croyant**; *p.p.* **cru**; *pres. ind.* **crois, crois, croit, croyons, croyez, croient**; *pres. subj.* **croie, croies, croie, croyions, croyiez, croient**; *imperf.* **croyais**; *imper.* **crois, croyez, croyons**; *fut.* **croirai**; *p.s.* **crus**) to believe, think
croiser to cross; **se croiser** to pass each other
croix *f.* cross

croquer to eat
croyant *pres. part.* **croire**
croyons *pres. ind.* **croire**
cru *p.p.* **croire**
cruche *f.* jug
crut *p.s.* **croire**
cueillir to pick
cuillère *f.* spoon
cuire to cook; **faire cuire** cook
cuisine *f.* kitchen
cuisinier *f.* cook
cuisse *f.* thigh
cuivre *m.* copper
culot *m.* impudence; **avoir du culot** to be impudent
culotte *f.* breeches, shorts
culture *f.* culture, crop, cultivation
curé *m.* parish priest

dame *f.* lady; **faire les dames** to put on airs
dans in, within, into
de of, from, by, with, in, to, than, some, any; **de l', de la, des, du** of (from) the, some, any
débarquement *m.* landing
débattre: se débattre to struggle
debout standing, upright; **debout!** get up!; **se tenir debout** to stand up
débris *m.* debris, wreckage, remnant, rubbish
déchirer to tear, rend
décidé(e) resolved
décidément! (*interjection*) to be sure! one thing is sure!
décider to decide
découverte *f.* discovery
découvrir (*for forms, see* **couvrir**) to discover

décrocher to unhook, lift off
dedans within, inside
défaut *m.* fault
défendre (*pres. part.* **défendant;** *p.p.* **défendu;** *pres. ind.* **défends, défends, défend, défendons, défendez, défendent;** *pres. subj.* **défende, défendions; défendent;** *imperf.* **défendais;** *imper.* **défends, défendez, défendons;** *fut.* **défendrai;** *p.s.* **défendis**) to defend, forbid
dégager: se dégager to disentangle oneself
dégât *m.* damage
dégoûtant(e) disgusting
dehors outside
déjà already
déjeuner to have lunch (breakfast)
déjeuner *m.* lunch, breakfast; **petit déjeuner** breakfast
dégonfler: se dégonfler to deflate
délier to unfasten
délire *m.* delirium
délivrer to free, liberate
demain tomorrow
demande *f.* request
demander to ask (for)
demeure *f.* home, house
demeurer to live, inhabit, remain, stay
demi(e) half
demoiselle *f.* young (or unmarried) lady, miss
dent *f.* tooth
départ *m.* departure, leaving
département *m.* administrative division, about as big as a county
dépêcher: se dépêcher to hurry
dépenser to spend

dépoli(e) frosted, ground (glass)
déposer to set down
depuis since, for; **depuis que** since
déranger: se déranger to take the trouble
dernier, dernière last
derrière *adv.* and *prep.* behind, rear
des = de + les
dès: dès que as soon as
descendre (*pres. part.* **descendant;** *p.p.* **descendu;** *pres. ind.* **descends, descends, descend, descendons, descendez, descendent;** *pres. subj.* **descende, descendions, descendent;** *imperf.* **descendais;** *imper.* **descends, descendez, descendons;** *fut.* **descendrai;** *p.s.* **descendis**) to go down, descend
désert(e) deserted
désespoir *m.* despair
déshabiller: se déshabiller to undress
désirer to desire, wish
désormais henceforth
desséché(e) dried, withered
dessous under, underneath, beneath; **au-dessous de** underneath
dessus above, on top; **au-dessus de** above, on top of, over
détruire (*pres. part.* **détruisant;** *p.p.* **détruit;** *pres. ind.* **détruis, détruis, détruit, détruisons, détruisez, détruisent;** *pres. subj.* **détruise, détruisions, détruisent;** *imperf.* **détruisais;** *imper.* **détruis, détruisez, détruisons;** *fut.* **détruirai;** *p.s.* **détruisis**) to destroy

deux two
deuxième second
devant in front of, before; **partir devant** to go ahead
devenir (*for forms, see* **venir**) to become, grow
deviendra *fut.* **devenir**
devienne *pres. subj.* **devenir**
deviens *pres. ind.* **devenir**
devint *p.s.* **devenir**
devise *f.* motto
devoir (*pres. part.* **devant;** *p.p.* **dû;** *pres. ind.* **dois, dois, doit, devons, devez, doivent;** *pres. subj.* **doive, devions, doivent;** *imperf.* **devais;** *fut.* **devrai;** *p.s.* **dus**) must, to have to, expect to, owe (money, etc.)
devoir *m.* duty
dévouer to devote
devriez *cond.* **devoir**
diable *m.* devil
diamant *m.* diamond
dictée *f.* dictation
dicter to dictate
Dieu God; **mon Dieu!** my goodness! Heavens!
difficile difficult, hard to please
digne worthy
dimanche *m.* Sunday
diminuer to decrease, diminish, lessen
dire (*pres. part.* **disant;** *p.p.* **dit;** *pres. ind.* **dis, dis, dit, disons, dites, disent;** *pres. subj.* **dise, disions, disent;** *imperf.* **disais;** *imper.* **dis, dites, disons;** *fut.* **dirai;** *p.s.* **dis**) to say, tell; **dites donc!** listen, tell me; **vouloir dire** to mean
diriger to direct; **se diriger** to make one's way, go in the direction

dis *pres. ind.* and *p.s.* **dire**
disait *imperf.* **dire**
disant *pres. part.* **dire**
discours *m.* speech
discuter to discuss; **inutile de discuter** no use arguing
dise *pres. subj.* **dire**
disparaissent *pres. ind.* and *subj.* **disparaître**
disparaître (*for forms, see* **paraître**) to disappear, vanish
disparu *p.p.* **disparaître**
distinguer to distinguish, make out
distraction *f.* amusement, pastime
dit *pres. ind.* and *p.s.* **dire**
divan *m.* sofa
dix ten
dixième tenth
doigt *m.* finger
dois *pres. ind.* **devoir**
domestique *m.* or *f.* servant
dommage *m.* damage, shame, pity; **c'est dommage!** it's a pity
don *m.* gift
donc therefore, indeed, so
donner to give, strike, deal (a blow), devote; **donner sur** to face, look out upon
dont of whom (which), whose, with which
dormeur *m.* sleeper
dormir (*pres. part.* **dormant**; *p.p.* **dormi**; *pres. ind.* **dors, dors, dort, dormons, dormez, dorment**; *pres. subj.* **dorme, dormions, dorment**; *imperf.* **dormais**; *imper.* **dors, dormez, dormons**; *fut.* **dormirai**; *p.s.* **dormis**) sleep
dort *pres. ind.* **dormir**
dos *m.* back
dot *f.* dowry

douanier *m.* customs officer
doucement *adv.* gently, quietly
douceur *f.* sweetness, softness, gentleness
douleur *f.* pain, grief, suffering
douloureux, douloureuse painful, agonizing, sorrowful
doute *m.* doubt; **sans doute** no doubt, probably
doux, douce sweet, gentle, soft; **douce amie** sweetheart
douzaine *f.* dozen
drap *m.* sheet
dresser to set up, erect, raise, set (a table); **dresser une contravention** to serve a summons
droit(e) straight, right; **tout droit devant lui** straight ahead of him
droit *m.* right, law; **licence en droit** law degree
droite *f.* right hand, right side; **à droite** at (on) the right
du = de + le
dû *pp.* **devoir**
dur(e) hard
durement *adv.* hard
durer to last
dut, durent *p.s.* **devoir**

eau *f.* water
ébloui(e) dazzled
écarter: s'écarter to bend back
échange *m.* exchange
échapper to escape; **échapper à quelqu'un** to escape somebody; **s'échapper** to escape; **s'échapper de prison** to escape from prison
échelle *f.* ladder
échouer to fail
éclairer to light (up)

éclat *m.* burst, sound, sparkle
éclater to burst, break out, ring
école *f.* school
écolier *m.* schoolboy, student
économie *f.* economy;
économies *pl.* savings
écorce *f.* bark
écouter to listen
écran *m.* screen
écraser to crush
écrier: s'écrier to exclaim, cry out
écrire (*pres. part.* **écrivant;** *p.p.* **écrit;** *pres. ind.* **écris, écris, écrit, écrivons, écrivez, écrivent;** *pres. subj.* **écrive, écrivions, écrivent;** *imperf.* **écrivais;** *imper.* **écris, écrivez, écrivons;** *fut.* **écrirai;** *p.s.* **écrivis**) to write
écrit *pres. ind.* and *p.p.* **écrire**
écrivait *imperf.* **écrire**
écrivit *p.s.* **écrire**
écurie *f.* stable
effet *m.* effect; **en effet** indeed
efficace efficient
effleurer to graze
effrayé(e) frightened
église *f.* church
élève *m.* or *f.* pupil, student
élevé(e): bien élevé(e) well-mannered
élever to raise; **s'élever** to arise, rise
elle she
éloigner to take away
emballer to pack away
embrasser to kiss, embrace
émerveillé(e) amazed
émetteur, émettrice *adj.* sending, transmitting
emmener to take away
empêcher to prevent, keep (from)

emploi *m.* use, employment, occupation
employer (*pres. part,* **employant;** *p.p.* **employé;** *pres. ind.* **emploie, emploies, emploie, employons, employez, emploient;** *pres. subj.* **emploie, employions, emploient;** *imperf.* **employais;** *imper.* **emploie, employez, employons;** *fut.* **emploierai;** *p.s.* **employai**) to use, utilize, employ
emporter to carry away
emprunter to borrow
en *prep.* in, into, at, to, by, while, on, off; *pron.* of her (him, it, them), with it, from there, some, any; + *gerund* (= *pres. part.*) by, while, in doing something
enchantement *m.* spell
encore again, yet, still; **encore un** another
encre *f.* ink
endormi *p.p.* **endormir**
endormir (*for forms, see* **dormir**) to put to sleep, make sleep; **s'endormir** to go to sleep, fall asleep
endroit *m.* place, spot; **à l'endroit** frontwards
enfant *m.* or *f.* child
enfer *m.* hell
enfermer to lock in, shut up (in)
enfin finally, at last, well; **mais enfin** come now
enfoncer: s'enfoncer to sink (in), go deep into
enfuir (*for forms, see* **fuir**) to flee; **s'enfuir** to flee
engager to pledge, commit; **s'engager** to enter
enlever to take away, remove

ennemi *m.* enemy
ennuyer (*pres. part.* **ennuyant;**
  p.p. **ennuyé;** *pres. ind.* **ennuie,**
  ennuies, ennuie, ennuyons,
  ennuyez, ennuient; *pres. subj.*
  ennuie, ennuyions, ennuient;
  imperf. **ennuyais;** *imper.* **ennuie,**
  ennuyez, ennuyons; *fut.*
  ennuierai) to bore, tire,
  bother; **s'ennuyer** to be bored
ennuyeux, ennuyeuse boring,
  tedious, dull
énorme huge, enormous
ensemble together
ensuite then, afterward, next
entendre (*for forms, see* **descendre**)
  to hear; **c'est entendu** of
  course, O.K.; **se faire entendre**
  to make oneself heard
enterrement *m.* burial
entourer to surround
entraîner to carry along
entre between, among; **un**
  d'entre eux one of them
entrée *f.* entrance, entry; **porte**
  d'entrée entrance way, gateway
entrer to enter, go in (into);
  faire entrer to show in
entretenir to support, keep up
entr'ouvert(e) half open, ajar
envers toward; **à l'envers**
  backwards
envie *f.* envy, longing, desire;
  avoir envie de to long for, feel like
environ about
envoler: s'envoler to fly away,
  take off
envoyer (*pres. part.* **envoyant;** *p.p.*
  envoyé; *pres. ind.* **envoie,**
  envoies, envoie, envoyons,
  envoyez, envoient; *pres. subj.*
  envoie, envoyions, envoient;
  imperf. **envoyais;** *imper.* **envoie,**
  envoyez, envoyons; *fut.*
  enverrai) to send

épais, épaisse thick, dense
épaisseur *f.* thickness
épaule *f.* shoulder
épave *f.* shipwreck
epée *f.* sword
épouser to marry
épouvantable frightful
époux *m.* husband
épreuve *f.* test, trial
es, est *pres. ind.* **être**
escalier *m.* staircase, stairs
espèce *f.* sort, kind
espérer to hope
espoir *m.* hope
esprit *m.* mind, spirit, wit; **avoir**
  l'esprit tranquille to rest
  assured
essayer to try
essuyer: s'essuyer to wipe
  (oneself)
estomac *m.* stomach
estrade *f.* platform, stand
et and
étage *m.* story, floor
étaient *imperf.* **être**
état *m.* state
été *p.p.* **être**
été *m.* summer
éteignit *p.s.* **éteindre**
éteindre (*pres. part.* **éteignant;**
  p.p. **éteint;** *pres. ind.* **éteins,**
  éteins, éteint, éteignons,
  éteignez, éteignent; *pres. subj.*
  éteigne, éteignions, éteignent;
  imperf. **éteignais;** *imper.* **éteins,**
  éteignez, éteignons; *fut.*
  éteindrai; *p.s.* **éteignis**) to
  extinguish, put out; **s'éteindre**
  to go out, die
éteint *p.p.* **éteindre**
étendre (*for forms, see*
  descendre) to stretch;
  s'étendre to stretch out,
  extend
étendue *f.* expanse, extent

êtes *pres. ind.* **être**
étoile *f.* star
étoilé(e) starlit
étonnant(e) astonishing
étonnement *m.* astonishment
étonner to astonish
étouffer to stifle, suppress, choke
étrange strange
étranger *m.,* **étrangère** *f.* stranger, foreigner; *adj.* foreign
être (*pres. part.* **étant;** *p.p.* **été;** *pres. ind.* **suis, es, est, sommes, êtes, sont;** *pres. subj.* **sois, sois, soit, soyons, soyez, soient;** *imperf.* **étais;** *imper.* **sois, soyez, soyons;** *fut.* **serai;** *p.s.* **fus**) to be; **être à** to belong to; **être** *m.* being
étroit(e) narrow
étude *f.* study
étudier to study
eu *p.p.* **avoir**
eut *p.s.* **avoir**
eût *imperf. subj.* **avoir**
eux they, them; **eux-mêmes** themselves
évader: s'évader to escape
évanoui(e) unconscious
évasion *f.* escape
éveiller to wake up; **s'éveiller** to wake up
évêque *m.* bishop
éviter to avoid
examen *m.* examination, test
expédier to send
expérience *f.* experiment
expier to atone for
expirer to die
expliquer to explain

fabrication *f.* make, manufacture

fabrique *f.* factory
fabriquer to make, manufacture
face *f.* face; **en face de** opposite, in front of
fâché(e) angry
fâcher: se fâcher to get (become) angry; **se fâcher contre** to be angry with (at)
facile easy
façon *f.* way, manner; **à sa façon** in one's own manner
faible weak, feeble
faiblesse *f.* weakness, yielding
faillir to nearly do something; **elle faillit l'emporter** she nearly carried it off
faim *f.* hunger; **avoir faim** to be hungry
faire (*pres. part.* **faisant;** *p.p.* **fait;** *pres. ind.* **fais, fais, fait, faisons, faites, font;** *pres. subj.* **fasse, fassions, fassent;** *imperf.* **faisais;** *imper.* **fais, faites, faisons;** *fut.* **ferai;** *p.s.* **fis**) make, do; **faire + *inf.*** to cause (have, make) someone do something, or something be done; **faire attention** to pay attention; **faire de son mieux** to do one's best; **faire des kilomètres** to walk miles; **faire entrer** to show in; **faire mal** to hurt, injure, do harm; **faire du mal à quelqu'un** to injure, do harm (to); **faire le mal** to do evil; **faire marcher** to set going, start; **faire mourir** to kill, put to death; **faire une bonne nuit** to have a good night's sleep; **faire peur** to frighten, scare; **faire de la peine** to hurt; **faire de la place** to make room; **faire plaisir** to give pleasure; **faire une**

promenade to take a walk;
faire des questions to ask
questions; **faire savoir** to
inform; **faire semblant** to
pretend; **faire un somme** to
take a nap; **faire venir** to send
for; **faire voir** to show; **se faire**
to take place, happen, become,
come about; **se faire entendre**
to be heard; **ça ne vous fait
rien** it does not matter to you;
comment se fait-il? how
come?; **faites-vous arrêter** get
yourself arrested; **il fait chaud**
it is warm; **il fait froid** it is
cold; **il fait mauvais temps** the
weather is bad; **le mariage se
fait** the wedding takes place;
pourquoi faire what for; **que
faire?** what is to be done?;
qu'est-ce que ça me fait? what
difference does that make to
me?; **s'il se peut faire** if it can
be done; **il se fait tard** it is
getting late
faisais, faisait *imperf.* **faire**
faisant *pres. part.* **faire**
fait *p.p.* and *pres. ind.* **faire**
faites *pres. ind.* **faire**
falloir (*impersonal*) to be
necessary, must
fasse *pres. subj.* **faire**
fatigué(e) tired, weary
fatiguer to tire; **se fatiguer** to
get (become) tired
faudra *fut.* **falloir**
faudrait *cond.* **falloir**
faut *pres. ind.* **falloir**
faute *f.* mistake, fault
fauteuil *m.* armchair
faux, fausse false, wrong
femme *f.* woman, wife
fenêtre *f.* window
fente *f.* crack

fer *m.* iron; **chemin de fer**
railroad
ferai *fut.* **faire**
ferme *f.* farm
ferme fast, firmly
fermer to close, shut
festin *m.* feast
fête *f.* holiday, feast, celebration
feu *m.* fire
feuille *f.* leaf, sheet, page
février *m.* February
fiancé *m.*, **fiancée** *f.* betrothed
fiancer to engage, betroth; **se
fiancer** to get engaged
fidèle faithful, loyal
fidèlement faithfully
fier, fière proud
figure *f.* face
fil *m.* thread; wire
filer to spin
filet *m.* net
fille *f.* girl, daughter
filleul *m.*, **filleule** *f.* godson
(goddaughter)
fils *m.* son
fin *f.* *end;* **à la fin!** after all!
finir to finish, end; **finir de
parler** to finish speaking; **finir
par** + *inf.* to finally do
something, end up doing
something; **en finir avec** to
have done with, put an end to;
finissons-en! let's put an end
to it!
finissait *imperf.* **finir**
fit, firent *p.s.* **faire**
fixe fixed, staring
fleur *f.* flower
fleuve *m.* river
flotter to float
fois *f.* time; **une fois** once; **à la
fois** at a time, at the same
time
fol, folle *see* **fou**

fonction *f.* function, duty, office; **relever de ses fonctions** to relieve someone of their duties

fonctionnaire *m.* official, state employee

fond *m.* bottom, back; **au fond** in the back; **gagner le fond** to go backstage

fonder to found

fondre to melt

fontaine *f.* fountain

force *f.* force, strength, might; **de toutes ses forces** with all his might

forêt *f.* forest

formidable dreadful, formidable

fort(e) strong; **être fort en** be good at; **ça, c'est trop fort** that's too much

fossé *m.* ditch

fou, fol, folle mad, insane; **fou de** crazy about; **fou de joie** overcome with joy

fou *m.* lunatic

foule *f.* crowd

fraîcheur *f.* freshness, coolness

frais, fraîche fresh, cool

frais *m.pl.* expenditure, cost

franc, franche frank

franc *m.* franc (French currency)

français French

franchir to get over, cover

frapper to hit, strike, knock; **frapper la vue** to strike one's eye

frère *m.* brother

froid *m.* cold; **avoir froid** to be cold; **il fait froid** it is cold

froid(e) cold

front *m.* forehead

frotter to rub

fuir (*pres. part.* **fuyant;** *p.p.* **fui;** *pres. ind.* **fuis, fuis, fuit, fuyons, fuyez, fuient;** *pres. subj.* **fuie, fuyions, fuient;** *imperf.* **fuyais;** *imper.* **fuis, fuyez, fuyons;** *fut.* **fuirai;** *p.s.* **fuis**) to flee, escape

fumée *f.* smoke

fumer to smoke

fus, fut *p.s.* **être**

fuseau *m.* spindle

fût *imperf. subj.* **être**

gagner to win, gain, take possession of, reach, go; **gagner sa vie** to make a living

gaiement merrily

galères *f.pl.* galleys, hard labor

galérien *m.* convict

gant *m.* glove

garçon *m.* boy, waiter, porter

garde *m.* guard, watchman, warden

garde *f.* watch, guard, attention, heed, care; **prendre garde** to heed, to be on one's guard

garder to keep, watch over, take care of

gardien *m.* keeper, warden

gare *f.* station (railway)

garnir to furnish, fit, garnish

gâteau *m.* cake

gâter to spoil, ruin

gauche *adj.* and *n.f.* left; **à gauche** on the left

gendarme *m.* gendarme (semi-military police corps)

gendarmerie *f.* semi-military police corps; **capitaine de gendarmerie** police captain

gendre *m.* son-in-law

genou *m.* knee; **se jeter à genoux** to go down on one's knees

gens *m.* and *f. pl.* people; **jeunes gens** young people

gentil, gentille nice, kind

gentilhomme *m.* gentleman

geôlier *m.* jailer

geste *m.* gesture

gibier *m.* game

glace *f.* ice

glissement *m.* slipping, gliding

glisser to slip, glide; **se glisser** to slip

glorieux, glorieuse proud

gloussement *m.* cluck

gorge *f.* throat

goût *m.* taste

goûter to taste

goutte *f.* drop

grâce *f.* grace, thanks, mercy; **grâce à** thanks to

grade *m.* rank; **monter en grade** to be promoted

grand(e) big, large, tall, great; **grand ouvert** wide open

grandeur *f.* size

grave grave, serious

grille *f.* grid, grating

grimace *f.* face (facial expression)

grimper to climb

gris(e) grey

grommeler to grumble

gros, grosse big, stout, plump, fat, pregnant

guère hardly, scarcely (*with* **ne**)

guérir to heal, cure, become well

guerre *f.* war

gueule *f.* mouth

habiller to dress; **s'habiller** to dress, get dressed

habit *m.* coat, clothing; *pl.* clothes

habitant *m.* inhabitant, dweller

habitation *f.* dwelling, house, residence

habiter to inhabit, live in, dwell in

habitude *f.* habit

habituer to accustom; **s'habituer** to get accustomed (used) to

haie *f.* hedge

haine *f.* hatred, hate

hardi(e) bold

hasard *m.* chance

haut(e) high, tall, loud; *n.m.* top

hautbois *m.* oboe

hauteur *f.* height; **à la hauteur de** at the level of

hein! eh! what?

hélas! alas, unfortunately

herbe *f.* grass

héritage *m.* inheritance

heure *f.* hour, o'clock; **de bonne heure** early; **tout à l'heure** shortly, just now

heureusement fortunately, happily

heureux, heureuse happy, fortunate; **c'est heureux que** it is a good thing that

hier yesterday

histoire *f.* history, story

hiver *m.* winter

homme *m.* man

honnête honest, honorable

honneur *m.* honor

honte *f.* shame; **avoir honte** to be ashamed

horaire *m.* timetable

hors (de) out of, without

hors-la-loi *m.* outlaw

huit eight

humide damp, wet

hurler to howl
hutte *f.* hut, hovel

ici here; **par ici** this way
idée *f.* idea
il he, it, there; **ils** they
île *f.* island
immobile motionless
importer to matter; **que m'importe?** what does it matter to me? **n'importe** no matter; **n'importe où** anywhere
impôt *m.* tax
inanimé(e) lifeless
inattendu(e) unexpected
inconnu(e) unknown; *n.m.* stranger
indiquer to indicate
infini(e) infinite
infortuné *m.* wretch
ingrat(e) ungrateful
inquiéter to worry; **s'inquiéter** to become worried, worry
inquiétude *f.* uneasiness, worry
instant *m.* instant, moment, minute; **à l'instant** instantly; **à l'instant même** at this very moment; **par instants** now and then
instruit(e) educated, learned
intéresser to interest; **s'intéresser** to become (be) interested
intérêt *m.* interest
interroger to question
interrompre to interrupt
inutile useless
invité *m.*, **invitée** *f.* guest
irai, iras, ira *fut.* aller

jais *m.* jet (used in making beads)

jamais never, ever; **ne... jamais** never
jambe *f.* leg
janvier *m.* January
jardin *m.* garden
jaune yellow
je I
jeter to throw, hurl, cast, fling; **jeter les yeux** to glance; **jeter un cri** to utter a cry
jeune young
jeunesse *f.* youth
joie *f.* joy
joignit *p.s.* joindre
joindre to clasp, join
joint *p.p.* joindre
joli(e) pretty
jouer to play, gamble
jour *m.* day; **tous les jours** every day
journal *m.* newspaper
journée *f.* day; **toute la journée** all day long
joyeux, joyeuse joyful, happy, merry
juge *m.* judge
juger to judge
juillet *m.* July
jupe *f.* skirt
jurer to sweat, curse
jusque until; **jusqu'à** until, as far as; **jusqu'à ce que** until; **jusqu'à minuit** to midnight
jusque-là until then
juste *m.* just (upright) person; *adj.* just, correct, fair

la *art.* the; *pron.* her, it
là there; **-là** *distinguishes between "that" and "this"* (**-ci**); **ce matin-là** that morning
lâche coward
lâcher to let go

laid(e) ugly, plain, homely
laine *f.* wool
laisser to let, leave, allow;
laisser dire to let someone
talk; **laisser tomber** to drop;
laisser voir to show
lait *m.* milk
lancer to launch
langue *f.* tongue
lapin *m.* rabbit
large wide; **une large place** a
large place
larme *f.* tear
laver to wash
le *art.* the; *pron.* him, it
lecture *f.* reading
léger, légère light
léguer to bequeath
légume *m.* vegetable
lendemain *m.* next day, the day
after
lent(e) slow
lenteur *f.* slowness
lequel, lesquels, laquelle,
lesquelles *rel. pron.* who,
whom, which, that; *inter. pron.*
which one, who, whom
les *pron.* them; *art.* the
lest *m.* ballast
leur *pron.* them, to them; *adj.*
their
lever to raise, lift; **se lever** to
get up, rise
levier *m.* lever
lèvre *f.* lip
libérer to free
liberté *f.* freedom; **rendre la**
liberté to set free
libre free; **pas libre** the line is
busy
lier to bind, tie
lierre *m.* ivy
lieu *m.* place, spot; **au lieu de**
instead of

lièvre *m.* hare
ligne *f.* line, row
lire (*pres. part.* **lisant;** *p.p.* **lu;**
pres. ind. **lis, lis, lit, lisons,**
lisez, lisent; *pres. subj.* **lise,**
lisions, lisent; *imperf.* **lisais;**
imper. **lis, lisez, lisons;** *fut.*
lirai) to read
lisait *imperf.* **lire**
lit *pres. ind.* **lire**
lit *m.* bed
livre *m.* book
loger to house; **se loger** to
penetrate
loi *f.* law
loin far, far away; **au loin** far
off, in the distance; **de loin**
from a distance; **loin de là** far
from it
lointain *adj.* distant, far off
long, longue long; **le long de**
along, the length of
longtemps long, a long time
longueur *f.* length
louche suspicious
loup *m.* wolf
lourd(e) heavy
lourdement heavily
lui he, him, for him, to him,
from him, for her, to her,
from her; **lui-même** himself
lumière *f.* light
lune *f.* moon; **rayon de lune**
moonbeam
lunettes *f.pl.* eye glasses
lutte *f.* struggle, fight
lutter to struggle, fight

ma *see* **mon**
mâchoire *f.* jaw
madame (Mme) madame, Mrs.
+ name

magasin *m.* store, shop
mai *m.* May
maigre thin, lean
main *f.* hand; **à la main** in one's hand
maintenant now
maintenir (*for forms, see* **tenir**) to keep, maintain
maire *m.* mayor
mairie *f.* town hall
mais but, however; **mais!** why!; **mais non!** of course not!
maison *f.* house, home, firm; **maison de fous** lunatic asylum
maître *m.,* **maîtresse** *f.* master, mistress, teacher; **maître d'hôtel** butler
mal *adv.* badly, ill, wrong, bad; **avoir mal à la gorge** to have a sore throat; **avoir du mal** to find it hard (difficult); **faire mal** injure, hurt; **pas mal** quite a lot
mal *m.* evil; **faire le mal** to do evil; **mal de mer** sea sickness
malade ill, sick
maladie *f.* illness, sickness, disease
malfaiteur *m.* criminal
malheur *m.* misfortune, bad luck, unhappiness
malheureux, malheureuse unhappy, unfortunate
manche *m.* handle
manger to eat
manquer to lack, be wanting, be missing, fail; **vous me manquez** I miss you
manteau *m.* cloak
marbre *m.* marble
marchand *m.* shopkeeper, merchant
marche *f.* motion, movement, walk, progress; **mettre en marche** to start; **se mettre en marche** to start out, set out
marcher to walk, go, advance, step, pace
marée *f.* tide
mari *m.* husband
marier to marry, wed; **se marier** to get married
marin *m.* sailor
marraine *f.* godmother
massif, massive massive, solid; **argent massif** solid silver
matelas *m.* mattress
matin *m.* morning
maudire (*pres. part.* **maudissant;** *p.p.* **maudit;** *pres. ind.* **maudis, maudis, maudit, maudissons, maudissez, maudissent;** *pres. subj.* **maudisse, maudissions, maudissent;** *imperf.* **maudissais;** *imper.* **maudis, maudissez, maudissons;** *fut.* **maudirai;** *p.s.* **maudis**) to curse
maudit *p.p.* **maudire**
mauvais(e) bad, wretched
me me, to me, from me, myself, to myself
mécontent(e) displeased
médecin *m.* physician, doctor
médicament *m.* medicine
meilleur(e) better, best
même *adj.* same, very; *pron.* -self (**moi-même,** *etc.*); *adv.* even; **de même que** *conj.* as well as; **tout de même** just the same
mener to lead
mentir (*pres. part.* **mentant;** *p.p.* **menti;** *pres. ind.* **mens, mens, ment, mentons, mentez, mentent;** *pres. subj.* **mente, mentions, mentent;** *imperf.* **mentais;** *imper.* **mens, mentez,**

mentons; *fut.* **mentirai)** to lie,
tell a lie
mépriser to despise
mer *f.* sea
merci thanks, thank you
mère *f.* mother
mériter to deserve
merveille *f.* wonder
mes *see* **mon**
messieurs *m. pl. (sing.*
monsieur) gentlemen
métier *m.* trade, profession
mètre *m.* meter
mets *m.* dish, food
mettre (*pres. part.* **mettant;** *p.p.*
mis; *pres. ind.* **mets, mets, met,**
mettons, mettez, mettent; *pres.*
subj. **mette, mettions, mettent;**
imperf. **mettais;** *imper.* **mets,**
mettez, mettons; *fut.* **mettrai;**
p.s. **mis)** to put, put on,
place, set; **mettre un couvert**
to set a place; **se mettre** + *inf.*
to begin (start) to + *inf.;* **se**
mettre au lit to go to bed; **se**
mettre en route to start out; **se**
mettre à table to sit down to
table
meuble *m.* piece of furniture
meublé(e) furnished
meunier *m.* miller
meurs *pres. ind.* and *imper.*
mourir
meurt, meurent *pres. ind.*
mourir
midi noon
mien, mienne mine
mieux better, best; **le mieux**
(*n.m.*) the best; **faire de son**
mieux to do one's best
milieu *m.* middle, midst,
environment; **au milieu de** in
the middle of
mille thousand

mine *f.* appearance, air; **de**
belle mine good-looking
minuit *m.* midnight
minutieux, minutieuse
thorough
mis *p.p.* **mettre**
mis, mit, mirent *p.s.* **mettre**
misérable wretched; *n.m.*
wretch, scoundrel
misère *f.* misery, poverty,
distress
mît *imperf. subj.* **mettre**
mode *f.* style, fashion; **à la**
mode in style
moi I, me
moindre *adj.* less, least
moins *adv.* less, least; **au moins**
at least; **de moins en moins**
less and less
mois *m.* month
moitié *f.* half; **à moitié** partly,
half
moment *m.* moment; **du**
moment que seeing that
mon, ma, mes my
monde *m.* world, crowd; **tout le**
monde everybody
monnaie *f.* currency
monseigneur *m.* your or his
Grace (*to a bishop*)
monsieur *m.* sir, Mr. + name
montagne *f.* mountain
montant *m.* amount
montant *m.* door post
monter to go up, rise, mount,
ascend; **monter à bord** to
board
montre *f.* watch
montrer to show, point out (at)
morceau *m.* piece, morsel
mort *p.p.* **mourir**
mort *m.* dead man; **faire le**
mort to pretend to be dead,
play 'possum

mort *f.* death
mot *m.* word; **sans mot dire**
without saying a word
mouchoir *m.* handkerchief
mouiller to wet, moisten,
dampen
moulin *m.* mill
mourant *pres. part.* **mourir**
mourant *m.* dying person
mourir (*pres. part.* **mourant;** *p.p.*
mort; *pres. ind.* **meurs, meurs,**
meurt, mourons, mourez,
meurent; *pres. subj.* **meure,**
mourions, meurent; *imperf.*
mourais; *imper.* **meurs,**
mourez, mourons; *fut.*
mourrai) to die
mourrai *fut.* **mourir**
mouton *m.* sheep
moyen *m.* means, way,
measure; **au moyen de** by
means of
moyen, moyenne average,
middle
mur *m.* wall
muraille *f.* wall

nacelle *f.* basket
nager to swim
naître to be born
navire *m.* ship, boat
ne: ne... pas no, not; **ne...**
jamais never; **ne... plus** no
more, no longer; **ne... que**
only; **ne... pas non plus** not
either; **ne... personne** no one,
nobody; **ne... rien** nothing, not
anything; **ne... ni... ni**
neither... nor; **ne... guère**
scarcely, hardly, barely
né *p.p.* **naître**
neige *f.* snow

neiger to snow
nettoyer to clean
neuf nine
nez *m.* nose
ni nor; **ne... ni... ni...**
neither . . . nor
nigaud *m.* idiot, fool
niveau *m.* level; **niveau de vie**
standard of living
noce *f.* wedding
noir(e) black
noix *f.* nut, walnut
nom *m.* name
nombreux, nombreuse
numerous, many
nommer to call, name, appoint
non no
nord *m.* north
notice *f.* written notice
notre (*pl.* **nos**) *adj.* our
nôtre (le nôtre) *pron.* ours
nourrir to feed, nourish; **se**
nourrir to feed (oneself)
nourriture *f.* food, nourishment
nous we, us, ourselves, to
ourselves, each other, to each
other, one another;
nous-mêmes ourselves
nouveau, nouvelle new; **de**
nouveau again
nouvel *see* **nouveau**
nouvelle *f.* piece of news; **de**
leurs nouvelles news of them
noyer: se noyer to drown
nu(e) naked
nuage *m.* cloud
nuire to hurt, be harmful
nuit *f.* night
numéro *m.* number

obéir to obey
objet *m.* object, thing
obscur(e) obscure, dark

obtenir (*for forms, see* **tenir**)   to obtain, get, achieve

occuper   to occupy; **s'occuper de** to occupy (busy, trouble) oneself with, take care of

odeur *f.*   smell, odor

œil *m.*   eye; **donner des coups d'œil** look at

œuvre *f.*   work

offert *p.p.* **offrir**

offrir (*for forms, see* **couvrir**)   to offer

oignon *m.*   onion

oiseau *m.*   bird

ombre *f.*   shade, shadow, darkness

on   one, someone, we, you, they, people

ont *pres. ind.* **avoir**

onze   eleven

opposition *f.*   opposition; **faire opposition** to stop payment

or *m.*   gold; **rouler sur l'or** to be rolling in money

orage *m.*   storm

ordinaire   ordinary, common, usual; **d'ordinaire** usually

oreille *f.*   ear

orgue *m.*   organ

orgueil *m.*   pride

orné(e)   decorated

orthographe *f.*   spelling

oser   to dare

ôter   to remove, take away

ou   or

où   where, when; *rel. pron.* in (to) which, to which, whither; **d'où** from where

oublier   to forget

ouest *m.*   west

oui   yes

ouragan *m.*   hurricane

outil *m.*   tool, instrument

ouvert *p.p.* **ouvrir**

ouverture *f.*   opening

ouvrage *m.*   work

ouvrier *m.*   workman

ouvrir (*for forms, see* **couvrir**)   to open

pain *m.*   bread

paisible   peaceful

paix *f.*   peace

palais *m.*   palace

panneau *m.*   panel

papier *m.*   paper

paquebot *m.*   liner

par   by, through, in, on, out, of; **par jour** a day; **par la fenêtre** out of the window; **par là** that way; **par semaine** weekly

paradis *m.*   Paradise

paraissait *imperf.* **paraître**

paraître (*pres. part.* **paraissant**; *p.p.* **paru**; *pres. ind.* **parais, parais, paraît, paraissons, paraissez, paraissent**; *pres. subj.* **paraisse, paraissions, paraissent**; *imperf.* **paraissais**; *imper.* **parais, paraissez, paraissons**; *fut.* **paraîtrai**; *p.s.* **parus**)   to appear, seem; **il paraît que** apparently

parce que   because

pareil, pareille   such, like, similar, the same

parent *m.*   parent, relative

paresseux, paresseuse   lazy

parfait(e)   perfect

parler   to speak, talk

parmi   among

parole *f.*   word, speech; **reprendre la parole** to speak again

parrain *m.*   godfather

part *f.*   part, share; **à part** aside; **quelque part** somewhere

parti: prendre son parti to make up one's mind

partie *f.* part, portion; **la plus grande partie** most

partir (*pres. part.* **partant;** *p.p.* **parti;** *pres. ind.* **pars, pars, part, partons, partez, partent;** *pres. subj.* **parte, partions, partent;** *imperf.* **partais;** *imper.* **pars, partez, partons;** *fut.* **partirai;** *p.s.* **partis;** *p.c. with auxiliary* **être**) to leave; **partir devant** to start ahead

partout everywhere

paru *p.p.* **paraître**

parut *p.s.* **paraître**

pas *m.* step, pace

pas no, not; see **ne**

passager *m.* passenger

passant *m.* passer-by

passé *m.* past

passer to pass, spend (time); **passer un examen** to take an exam; **se passer** to take place, happen; **se passer de** to do without; **passez votre chemin** to go on your way

patois *m.* local dialect

patrie *f.* homeland, fatherland

patron *m.* boss

pâturage *m.* pasture

pauvre poor, wretched; *n.m.* poor person, beggar

payer to pay (for)

pays *m.* country

paysage *m.* landscape

paysan *m.* peasant

peau *f.* skin

pêche *f.* fishing

pêcher to fish

peine *f.* difficulty; **à peine** hardly, scarcely, barely; **faire de la peine** to hurt

peint(e) painted

peinture *f.* painting

pendant during, for; **pendant que** while

pendre (*pres. part.* **pendant;** *p.p.* **pendu;** *pres. ind.* **pends, pends, pend, pendons, pendez, pendent;** *pres. subj.* **pende, pendions, pendent;** *imperf.* **pendais;** *imper.* **pends, pendez, pendons;** *fut.* **pendrai;** *p.s.* **pendis**) to hang; **se pendre** to hang oneself

pénible painful, distressing

pensée *f.* thought

penser to think, reflect

percer: se percer to pierce

perdre (*pres. part.* **perdant;** *p.p.* **perdu;** *pres. ind.* **perds, perds, perd, perdons, perdez, perdent;** *pres. subj.* **perde, perdions, perdent;** *imperf.* **perdais;** *imper.* **perds, perdez, perdons;** *fut.* **perdrai;** *p.s.* **perdis**) to lose, undo, ruin; **perdre de vue** to lose sight of; **se perdre** to get lost; **se perdre en** to waste time in

perdrix *f.* partridge

père *m.* father

périr to perish

perle *f.* pearl

personne *f.* person; **ne... personne** nobody, no one

perte *f.* loss

peser to weigh

petit(e) small, little

pétrole *m.* oil

peu little, few, not very

peuplier *m.* poplar tree

peur *f.* fear; **avoir peur** to be afraid; **faire peur** to frighten

peut-être perhaps, maybe

peux *pres. ind.* **pouvoir**

phare *f.* lighthouse

phrase *f.* sentence
pièce *f.* piece, coin, room; **pièce de théâtre** play
pied *m.* foot; **à pied** on foot
pierre *f.* stone
piller to ransack
pilule *f.* pill
pincer to nab
piquer to prick, stitch
piqûre *f.* injection, shot
pire worse, worst
pis worse, worst; **tant pis** too bad
pitié *f.* pity; **avoir pitié** to pity, have pity
placard *m.* closet
place *f.* place, square, job; **en bonne place** well placed
plafond *m.* ceiling
plaignait *imperf.* **plaindre**
plaindre (*pres. part.* **plaignant;** *p.p.* **plaint;** *pres. ind.* **plains, plains, plaint, plaignons, plaignez, plaignent;** *pres. subj.* **plaigne, plaignions, plaignent;** *imperf.* **plaignais;** *imper.* **plains, plaignez, plaignons;** *fut.* **plaindrai;** *p.s.* **plaignis**) to pity; **se plaindre** to complain, groan
plaine *f.* plain
plaint *pres. ind.* and *p.p.* **plaindre**
plaire (*pres. part.* **plaisant;** *p.p.* **plu;** *pres. ind.* **plais, plais, plaît, plaisons, plaisez, plaisent;** *pres. subj.* **plaise, plaisions, plaisent;** *imperf.* **plaisais;** *imper.* **plais, plaisez, plaisons;** *fut.* **plairai;** *p.s.* **plus**) to please; **s'il vous plaît** (if you) please
plaise *pres. subj.* **plaire**
plaisir *m.* pleasure

plan: au premier plan in the foreground
planche *f.* board, plank
plancher *m.* floor
plaque *f.* plate, sheet
plâtre *m.* plaster
plein(e) full
pleur *m.* tear
pleurer to weep, cry
plongé(e) submerged
pluie *f.* rain
plupart: la plupart most
plus more; **le plus** most; **plus que** more than; **plus de** more than; **de plus, en plus** in addition, more, besides, moreover; **de plus en plus** more and more; **non plus** either, neither; **ne... plus** no longer, no more
plusieurs several
poche *f.* pocket
point *m.* point; **point du jour** daybreak
poisson *m.* fish
poitrine *f.* chest
politique *f.* politics
pont *m.* bridge, deck
porte *f.* door
porte-clefs *m.* turnkey, jailer
portefeuille *m.* wallet
porter to carry, bear, wear, bring
porteur *m.* bearer
portière *f.* door
poser to lay, put, place; **poser une question** to ask a question; **se poser** to land
posséder to possess
poudre *f.* powder
poulet *m.* chicken
pour for, to, in order to; **pour que** in order that, so that
pourquoi why

pourrai *fut.* **pouvoir**
pourrais *cond.* **pouvoir**
pourtant however
pousser to push, grow, drive;
pousser un cri to scream, utter
a cry
poussière *f.* dust
pouvoir (*pres. part.* **pouvant;** *p.p.*
pu; *pres. ind.* **peux (puis),**
peux, peut, pouvons, pouvez,
peuvent; *pres. subj.* **puisse,**
puissions, puissent; *imperf.*
pouvais; *fut.* **pourrai;** *p.s.*
pus) can, may, be able; **il se**
peut it may be
pouvoir *m.* power, might
pratique practical
pré *m.* meadow
précédent(e) preceding, before
précipité(e) thrown
précis(e) precise, exact; **à six**
heures précises at exactly six
o'clock
prédire to predict
préfecture *f.*: **préfecture de**
police police headquarters
premier, première first
prenais *imperf.* **prendre**
prendre (*pres. part.* **prenant;** *p.p.*
pris; *pres. ind.* **prends, prends,**
prend, prenons, prenez,
prennent; *pres. subj.* **prenne,**
prenions, prennent; *imperf.*
prenais; *imper.* **prends, prenez,**
prenons; *fut.* **prendrai;** *p.s.*
pris) to take (up, on), seize,
catch, capture; **prendre garde**
to take care, beware, heed;
prendre au mot to take at
one's word; **prendre au**
sérieux to take seriously; **se**
prendre au sérieux to take
oneself seriously
prenne *pres. subj.* **prendre**

prénom *m.* first name
près near, nearly; **près de** near,
almost, close
présenter to present, introduce;
se présenter to introduce
oneself
presque almost
pressé(e) in a hurry
presser to press, squeeze; **se**
presser to hurry
pression *f.* pressure
prêt(e) ready
prétendre to claim, assert
prêtre *m.* priest
preuve *f.* proof
prier to pray, beg, ask
prière *f.* prayer
pris *p.p.* **prendre**
prisonnier *m.* prisoner
prit *p.s.* **prendre**
prix *m.* price, value; **à bas prix**
at a low price, cheap
procès *m.* law suit
prochain(e) next
produire (*pres. part.* **produisant;**
p.p. **produit;** *pres. ind.* **produis,**
produis, produit, produisons,
produisez, produisent; *pres.*
subj. **produise, produisions,**
produisent; *imperf.* **produisais;**
imper. **produis, produisez,**
produisons; *fut.* **produirai;** *p.s.*
produisis) produce, create,
cause
produisit *p.s.* **produire**
profiter to take advantage
profond(e) deep, profound
profondeur *f.* depth
projet *m.* project
promenade *f.* walk, promenade;
faire une promenade to take a
walk
promener: se promener to take
a walk

promesse *f.* promise
promettre (*for forms, see*
  mettre) to promise
promis, promit *p.s.* **promettre**
propager to spread, propagate
proposition *f.* proposal
propre own (preceding *n.*);
  clean (following *n.*)
prostration *f.* prostrate state
protéger to protect
pu *p.p.* **pouvoir**
puis then, after
puis *pres. ind.* **pouvoir**
puisque since
puissant(e) powerful
pluisse *pres. subj.* **pouvoir**
put *p.s.* **pouvoir**
pût *imperf. subj.* **pouvoir**

qu' = **que**
quand when; **quand même**
  anyway
quarantaine *f.* about forty
quarante forty
quart *m.* quarter, one fourth
quartier *m.* district, quarter
quatorze fourteen
quatre four
quatrième fourth
que *rel. pron.* whom, which,
  that; *inter. pron.* what?; *adv.*
  how! what! (*in exclamations*);
  conj. that, than, as, whether,
  so, that; **ce que** what, that
  which, which; **ne... que** only
quel, quelle *adj.* what, which,
  what! what a...! (*in exclamations*)
quelque *adj.* some, a few, any
quelquefois sometimes
quelqu'un someone, somebody,
  anybody, anyone;
  quelques-uns some

qui *rel. pron.* who, whom,
  which, that; *inter. pron.* who?,
  whom? **ce qui** what, which,
  that which
quinze fifteen
quitter to leave
quoi *pron.* what, which; **quoi!**
  what!
quoique although, though

raconter to tell, relate
rage *f.* rage, fury, madness;
  mettre en rage to enrage,
  madden
raide stiff
raison *f.* reason; **avoir raison** to
  be right; **perdre la raison** to
  lose one's mind; become
  insane
ralentir to slow down, reduce,
  lessen
rallumer to light again
ramasser to pick up
ramener to bring back
rang *m.* rank, row, line
rangée *f.* row, line
rappeler to recall, call back; **se
  rappeler** to remember
rapporter to bring in
rassembler to gather
rassurer to reassure
ravi(e) delighted
rayon *m.* radius, ray; **rayon de
  lune** moonbeam
réaliser to carry out
récepteur *adj.* receiving; *n.m.*
  receiver (telephone)
recevoir (*pres. part.* **recevant;** *p.p.*
  reçu; *pres. ind.* **reçois, reçois,
  reçoit, recevons, recevez,
  reçoivent;** *pres. subj.* **reçoive,
  recevions, reçoivent;** *imperf.*

recevais; *imper.* **reçois,**
recevez, recevons; *fut.*
recevrai; *p.s.* **reçus)**   to
receive
recharger   to recharge, reload,
load again
recherche *f.*   search
rechercher   to search, seek
reçois, reçoit, reçoivent   *pres.*
ind. **recevoir**
recommencer   to start again,
begin again
récompense *f.*   reward
récompenser   to reward
reconnaissable   recognizable
reconnaissance *f.*   gratitude
reconnaissant(e)   grateful
reconnaissent   *pres. ind.*
reconnaître
reconnaissiez   *imperf.* and *pres.*
subj. **reconnaître**
reconnaître (*for forms, see*
connaître)   to recognize,
admit
reconnu   *p.p.* **reconnaître**
reconnut   *p.s.* **reconnaître**
reçu   *p.p.* **recevoir**
recueillir   to pick up, collect
reculer   to back up
reçut   *p.s.* **recevoir**
redescendre   to come (go) down
again
redevenir (*for forms, see*
devenir)   to become again
redire (*for forms, see* **dire**)   to
repeat, say (tell) again
réduire   to reduce
refermer   to close again; **se**
refermer to close up again
réfléchir   to think about
refroidir   to cool, get cold
regagner   to go back, regain,
recover

regard *m.*   look, glance
regarder   to look, concern; **cela**
me regarde that concerns me
région *f.*   region, area
règlement *m.*   rule, regulation
régler   to regulate, settle, adjust
regretter   to regret, be sorry
reine *f.*   queen
rejeté: rejeté en arrière   swept
back
réjouir: se réjouir   to rejoice
relever   to pick up again;
relever de ses fonctions to
relieve from one's duties; **se**
relever to rise again
relire   to reread, read again
remarquer   to notice, remark; **se**
faire remarquer to get noticed
remède *m.*   remedy, medicine
remerciements *m.pl.*   thanks
remercier   to thank
remettre (*for forms, see*
mettre)   to put back again,
replace, hand over; **remettre à**
l'endroit put back on
frontwards; **remettre en liberté**
to set free
remis   *p.p.* **remettre**
remit   *p.s.* **remettre**
remonter   to climb (up) again,
go back up, come up again
remplacer   to replace
remplir   to fill
remuer   to stir, move
rencontre *f.*   meeting; **aller à la**
rencontre to go to meet
rencontrer   to meet, encounter,
hit (an obstacle)
rendez-vous *m.*   appointment,
meeting
rendormir: se rendormir (*for*
forms, see **dormir**)   to go back
to sleep

rendre to give back, return, render, make

renoncer to give up

renseigné(e) informed

renseignement *m.* information

rentré(e) sunken

rentrée *f.* return

rentrer to go back in, come back, return, go back home

renvoyer to send back, dismiss

reparaître (*for forms, see* **paraître**) to reappear, appear again

répartir to distribute

reparu *p.p.* **reparaître**

repas *m.* meal

repasser pass again; **passer et repasser** go back and forth

repêcher rescue

répondre (*pres. part.* **répondant;** *p.p.* **répondu;** *pres. ind.* **réponds, réponds, répond, répondons, répondez, répondent;** *pres. subj.* **réponde, répondions, répondent;** *imperf.* **répondais;** *imper.* **réponds, répondez, répondons;** *fut.* **répondrai;** *p.s.* **répondis**) to answer, reply; **répondre de** to answer for

réponse *f.* answer, reply

repos *m.* rest

reposer to rest, lie; **se reposer** rest

reprendre (*for forms, see* **prendre**) to take back, take (up) again, seize again, recapture, go on, regain

représentation *f.* performance

reprirent *p.s.* **reprendre**

reprît (*imperf. subj.*) **reprendre**

respiration *f.* breathing

respirer to breathe

rester to remain, stay (*p.c.* with auxiliary **être**)

retard *m.* delay; **être en retard** to be late

retenir (*for forms, see* **tenir**) to keep back, retain, hold back; **se retenir** to control oneself

retentir to sound, ring

retient *pres. ind.* **retenir**

retint *p.s.* **retenir**

retirer to withdraw; **se retirer** to withdraw

retomber to fall back, fall back again, fall again

retour *m.* return

retourner to return, turn (again), go back; **se retourner** to turn round

retrouver to find again, recover; **se retrouver** to be again, find oneself

réunion *f.* meeting, gathering

réussir to succeed

rêve *m.* dream

réveil *m.* awakening

réveiller to awaken; **se réveiller** to awake, wake up

revenir (*for forms, see* **venir**) to come back, return

rêver to dream

reverrai *fut.* **revoir**

reviendrait *cond.* **revenir**

reviendriez *cond.* **revenir**

revient, reviennent *pres. ind.* **revenir**

revins, revint *p.s.* **revenir**

revivre come to life again

revoir (*for forms, see* **voir**) to see again; **au revoir** good-bye, see you

revu *p.p.* **revoir**

richesse *f.* wealth

rideau *m.* curtain, screen
rien nothing, anything; **ne...**
  rien nothing
rieur, rieuse smiling
rire (*pres. part.* **riant;** *p.p.* **ri;** *pres.*
  ind. **ris, ris, rit, rions, riez,**
  rient; *pres. subj.* **rie, ries, rie,**
  riions, riiez, rient; *imperf.*
  riais; *imper.* **ris, riez, rions;** *fut.*
  rirai; *p.s.* **ris**) to laugh; **rire**
  de tout son cœur to laugh
  heartily; *n.m.* laugh
rivage *m.* shore
rive *f.* bank
robe *f.* dress, gown
robinet *m.* faucet
roc *m.* rock
rocher *m.* rock
roi *m.* king
roman *m.* novel
rond(e) round
rose pink
rose *f.* rose
rôti(e) roasted; **poulet rôti**
  roasted chicken
roue *f.* wheel
rouge red
rougir to blush
rouler to roll
rouvrir (*for forms, see*
  couvrir) to open again
royaume *m.* kingdom
rue *f.* street

sa *see* **son**
sable *m.* sand
sac *m.* bag; knapsack
sachant *pres. part.* **savoir**
sache *pres. subj.* **savoir**
sain(e) healthy
sais *pres. ind.* **savoir**

saisir to seize
sale dirty
salle *f.* room, hall; **salle à**
  manger dining room; **salle de**
  bain bathroom
salon *m.* living room
saluer to greet
sang *m.* blood
sanglier *m.* boar
sans without; **sans que** without
santé *f.* health
satisfaire (*for forms, see* **faire**) to
  satisfy
satisfait *p.p.* **satisfaire**
sauf except
saura *fut.* **savoir**
sauter to jump
sauvage wild
sauver to save, rescue; **se**
  sauver to escape, run off
savant *m.* scientist
savant(e) learned
savoir (*pres. part.* **sachant;** *p.p.*
  su; *pres. ind.* **sais, sais, sait,**
  savons, savez, savent; *pres.*
  subj. **sache, sachions, sachent;**
  imperf. **savais;** *imper.* **sache,**
  sachez, sachons; *fut.* **saurai;**
  p.s. **sus**) to know, know how,
  can, be able; **ne savoir que**
  dire (faire) not to know what
  to say (do); **faire savoir** to
  inform
scène *f.* stage
se himself, herself, itself,
  oneself, themselves, to himself, *etc.*, to each other, to one
  another
sec, sèche dry
sèchement curtly
sécher to dry; **se sécher** to dry
  oneself
secouer to shake

secours *m.* help; **au secours!** help!

seigneur *m.* lord

seize sixteen

séjour *m.* stay, sojourn

sel *m.* salt

selon according to

semaine *f.* week

semblable similar, like; *n.m.* fellow creature

semblant *m.* semblance; **faire semblant** to pretend

sembler to seem

semer to sow, spread

sentiment *m.* feeling

sentir (*pres. part.* **sentant;** *p.p.* **senti;** *pres. ind.* **sens, sens, sent, sentons, sentez, sentent;** *pres. subj.* **sente, sentions, sentent;** *imperf.* **sentais;** *imper.* **sens, sentez, sentons;** *fut.* **sentirai;** *p.s.* **sentis**) to feel, smell

sept seven

serai *fut.* **être**

serait *cond.* **être**

serrer to clasp, press, squeeze, clutch; **serrer la main** to shake hands

serrure *f.* lock

serviette *f.* napkin, towel

servir (*pres. part.* **servant;** *p.p.* **servi;** *pres. ind.* **sers, sers, sert, servons, servez, servent;** *pres. subj.* **serve, servions, servent;** *imperf.* **servais;** *imper.* **sers, servez, servons;** *fut.* **servirai;** *p.s.* **servis**) to serve, be useful; **servir de** to serve as; **se servir** to help oneself; **se servir de** to use, make use of

serviteur *m.* servant

ses *see* **son**

seuil *m.* doorstep, threshold

seul(e) alone, single, only

seulement only, however, but

si if, whether, so

siècle *m.* century

sien, sienne (le sien, la sienne, *etc.*) his, hers, its

sifflement *m.* hiss

siffler to whistle; to hiss

silencieux, silencieuse silent, quiet

sixième sixth

sœur *f.* sister

soie *f.* silk

soif *f.* thirst; **avoir soif** to be thirsty

soigner to care for, look after, attend to

soin *m.* care, attention

soir *m.* evening

soirée *f.* evening

sois *pres. subj.* and *imper.* **être**

soixante sixty

sol *m.* floor

solaire solar

soldat *m.* soldier

soleil *m.* sun

solide strong, solid

sombre dark, somber, gloomy, dismal

somme *m.* nap; **faire un somme** to take a nap

sommeil *m.* sleep; **avoir sommeil** to be sleepy

sommes *pres. ind.* **être**

son, sa, ses his, hers, its

son *m.* sound

sonner to ring, strike, sound

sonnerie *f.* ringing, ring, sound of a bell

sonore loud, sonorous

sont *pres. ind.* **être**

sorcier *m.*, **sorcière** *f.* sorcerer (witch)

sort *m.* lot

sorte: en sorte que so that
sortir (*pres. part.* **sortant;** *p.p.*
sorti; *pres. ind.* **sors, sors, sort,**
sortons, sortez, sortent; *pres.*
subj. **sorte, sortions, sortent;**
imperf. **sortais;** *imper.* **sors,**
sortez, sortons; *fut.* **sortirai;**
p.s. **sortis;** *p.c.* *with auxiliary*
être) to go out, come out,
leave, issue
sot *m.* idiot
sou *m.* cent (*rough equivalent; a
sou is worth five centimes; the
word is no longer in use*)
soucier: se soucier to care,
worry about
soudain sudden
souffert *p.p.* **souffrir**
souffrir (*pres. part.* **souffrant;** *p.p.*
souffert; *pres. ind.* **souffre,**
souffres, souffre, souffrons,
souffrez, souffrent; *pres. subj.*
souffre, souffrions, souffrent;
imperf. **souffrais;** *imper.*
souffre, souffrez, souffrons;
fut. **souffrirai;** *p.s.* **souffris**)
to suffer
soulever to lift, raise up
soumettre (*for forms, see*
mettre) to submit, subject,
undergo
souper *m.* supper
soupir *m.* sigh
source *f.* spring
sourd(e) dull, muffled
sourire (*for forms, see* **rire**) to
smile; *n.m.* smile
souris *f.* mouse
sous under
sous-lieutenant *m.* second
lieutenant
sous-marin *m.* submarine
souterrain(e) underground;
n.m. underground passage

souvenir: se souvenir (*for forms,*
see **venir**) to remember, recall
souvent often
soyez *imper.* and *pres. subj.* **être**
squelette *m.* skeleton
stupéfait(e) astonished, amazed
stupeur *f.* daze, amazement
su *p.p.* **savoir**
succomber to succumb
sud *m.* south
suffire (*pres. part.* **suffisant;** *p.p.*
suffi; *pres. ind.* **suffis, suffis,**
suffit, suffisons, suffisez,
suffisent; *pres. subj.* **suffise,**
suffisions, suffisent; *imperf.*
suffisais; *imper.* **suffis,**
suffisez, suffisons; *fut.*
suffirai; *p.s.* **suffis**) to suffice,
be sufficient
suis *pres. ind.* **être**
suis, suit *pres. ind.* **suivre**
suite *f.* succession; **tout de suite**
at once, right away
suivant(e) following, according
to
suivre (*pres. part.* **suivant;** *p.p.*
suivi; *pres. ind.* **suis, suis, suit,**
suivons, suivez, suivent; *pres.*
subj. **suive, suivions, suivent;**
imperf. **suivais;** *imper.* **suis,**
suivez, suivons; *fut.* **suivrai;**
p.s. **suivis**) follow
sujet *m.* subject; **au sujet de** on
the subject of, about,
concerning
supérieur(e) higher, superior
supporter to stand
supprimer to suppress, do
away with, abolish
sur on, upon, over, above
sûr(e) sure
surprendre (*for forms, see*
prendre) to surprise
surpris *p.p.* **surprendre**

surtout above all, especially
surveiller to watch (over), keep
  an eye on
survivre to survive
sut *p.s.* **savoir**
sût *imperf. subj.* **savoir**

ta *see* **ton**
tabac *m.* tobacco
tableau *m.* painting
tache *f.* spot, stain
tant so much (many), so; **tant
  de** so many; **tant pis** too bad;
  tant que as long as
tapage *m.* racket
taper to type
tapisserie *f.* tapestry
tard late
tarder to be long
tas *m.* heap, pile
te you, to (for, from) you,
  yourself, to yourself
teinte *f.* shade, tint
teinter to tint, color
tel, telle, tels, telles as, such,
  so; **un tel** such a
téléphoniste *f.* operator
temps *m.* time, weather; **de
  temps en temps** from time to
  time; **à temps** in time; **il fait
  mauvais temps** the weather is
  bad; **en même temps** at the
  same time; **de mon temps** in
  my day
tendre (*for forms, see* **descendre**)
  to stretch, hold out, extend,
  spread; **tendre la main** to hold
  out one's hand
tenir (*pres. part.* **tenant**; *p.p.* **tenu**;
  pres. ind. **tiens, tiens, tient,
  tenons, tenez, tiennent**; *pres.
  subj.* **tienne, tenions, tiennent**;
  imperf. **tenais**; *imper.* **tiens,**

tenez, tenons; *fut.* **tiendrai;** *p.s.*
  tins) to hold, keep, have,
  remain; **tenir bon** to stand
  firm; **tenez!** look here! now
  look!; **tiens!** look here! now
  look; **se tenir coi** keep still; **se
  tenir (debout)** to stand (up); **se
  tenir tranquille** to stand still,
  keep quiet
terrain *m.* soil, ground, field
terre *f.* land, ground, earth;
  par/à terre on the ground
tes *see* **ton**
testament *m.* will
tête *f.* head
**tien, tienne (le tien, la tienne,
  les tiens, les tiennes)** yours
tiendra *fut.* **tenir**
tiens *pres. ind.* and *imper.* **tenir**
tint *p.s.* **tenir**
tirer to draw, pull out, take out
  of, fire (gun); **se tirer** to
  escape, recover
tiroir *m.* drawer
titre *m.* title
toi you; **toi-même** yourself
toit *m.* roof
tombeau *m.* tomb
tomber to fall; **tomber sur** to
  come across, hit; **laisser
  tomber** to drop, let fall; **se
  laisser tomber** to drop (*p.c.*
  with auxiliary **être**)
ton, ta, tes your
tonnerre *m.* thunder; **coup de
  tonnerre** thunderclap
tort *m.* wrong; **avoir tort** be
  wrong
tôt early
toujours always; **toujours pas**
  still not; **pas toujours** not
  always
tour *f.* tower
tournant *m.* turn, bend

tout, tous, toutes, toutes *adj.* and
pron. all, the whole, every,
everyone, everything; *adv.*
very, quite, entirely, wholly;
rien du tout nothing at all; **pas
du tout** not at all; **tout à coup**
suddenly; **tout à fait** quite,
wholly, completely; **tout à la
fois** all at once; **tout de même**
just the same; **tout le monde**
everybody; **tous les deux** both;
tout en + *gerund* while +
gerund
toux *f.* cough
trahir to betray
trahison *f.* betrayal
traîner to drag, crawl, wander,
pull
traiter to treat
tranchant(e) sharp, cutting
tranquille quiet, still; **soyez
tranquille** don't worry
tranquillité *f.* quiet, peace
travail *m.* work
travailler to work
travers: à travers across,
through
traverser to cross, go (come)
through
treize thirteen
treizième thirteen
tremblement *m.* quake
trente thirty
très very, quiet
trésor *m.* treasure
tribunal *m.* court, tribunal
triste sad
tristesse *f.* sadness
trois three
troisième third
tromper to deceive; **se tromper**
to be mistaken
tronc *m.* trunk
trône *m.* throne

trop too much (many), too
trotter: se trotter to run
trou *m.* hole
troublé(e) disturbed
troupeau *m.* flock, herd
trouver to find, judge, think; **se
trouver** to be found, be,
happen to be; **se trouver
mieux** to feel better
tu you
tuer to kill
tuyau *m.* pipe

un, une *art.* a, an; *adj.* one; **l'un
l'autre** each other; **les uns les
autres** each other, one another
unième first
unir to unite
utile useful

va *pres. ind.* and *imper.* **aller**
vague *f.* wave
vaincu(e) defeated
vais *pres. ind.* **aller**
valeur *f.* value, worth
valoir (*pres. part.* **valant;** *p.p.*
valu; *pres. ind.* **vaux, vaux,
vaut, valons, valez, valent;**
pres. subj. **vaille, valions,
vaillent;** *imperf.* **valais;** *fut.*
vaudrai) to be worth; **il vaut
mieux** it is better, it is worth
more
vapeur *f.* steam
vase *m.* bowl, vase
vaudrait *cond.* **valoir**
vaut *pres. ind.* **valoir**
vécu *p.p.* **vivre**
vécut *p.s.* **vivre**
veille *f.* day (evening) before
veiller to watch, keep an eye
on, take care

veilleur *m.* watchman
vendre (*for forms, see*
  descendre) to sell
venir (*pres. part.* **venant;** *p.p.*
  venu; *pres. ind.* **viens, viens,**
  vient, venons, venez,
  viennent; *pres. subj.* **vienne,**
  venions, viennent; *imperf.*
  venais; *imper.* **viens, venez,**
  venons; *fut.* **viendrai;** *p.s.* **vins;**
  p.c. with auxiliary **être**) to
  come; **venir de** + *inf.* to have
  just + *p.p.*
vent *m.* wind
ventre *m.* belly
venue *f.* coming, approach
vérité *f.* truth
verrai *fut.* **voir**
verre *m.* glass
vers toward, to, about
verser to shed
vert(e) green
veste *f.* jacket
vêtement *m.* garment; *pl.*
  clothes
vêtir to clothe, dress
veuille *pres. subj. and imper.*
  vouloir
veux, veut *pres. ind.* **vouloir**
viande *f.* meat
vicomte *m.,* **vicomtesse** *f.*
  viscount (viscountess)
vide empty
vider to empty; **se vider** to
  empty
vie *f.* life; **en vie** alive
vieil *see* **vieux**
vieillesse *f.* old age
vieillir to get old
viendrai *fut.* **venir**
viendrais, viendrait *cond.* **venir**
vienne, viennes *pres. subj.* **venir**
vieux, vieil, vieille old, former;
  mon vieux old chap, pal

vif, vive alive, quick, lively
ville *f.* town, city
vin *m.* wine
vingt twenty
vint *p.s.* **venir**
vis *imper.* **vivre**
vis, vit, virent *p.s.* **voir**
vis, vit, vivent *pres. ind.* **vivre**
visage *m.* face
vite quick, fast
vitesse *f.* speed; **à toute vitesse**
  at full speed; **à grande vitesse**
  at a great speed
vivant(e) alive, living
vivement quickly
vivre (*pres. part.* **vivant;** *p.p.*
  vécu; *pres. ind.* **vis, vis, vit,**
  vivons, vivez, vivent; *pres. subj.*
  vive, vivions, vivent; *imperf.*
  vivais; *imper.* **vis, vivez,**
  vivons; *fut.* **vivrai;** *p.s.*
  vécus) to live, be alive
vivres *m. pl.* food
voici here is (are), that is, those
  are
voilier *m.* sailboat
voir (*pres. part.* **voyant;** *p.p.* **vu;**
  pres. ind. **vois, vois, voit,**
  voyons, voyez, voient; *pres.*
  subj. **voie, voies, voie, voyions,**
  voyiez, voient; *imperf.* **voyais;**
  imper. **vois, voyez, voyons;** *fut.*
  verrai) to see; **faire voir** to
  show
voisin(e) next, near-by,
  neighboring; *n.m.* neighbor
  (*f.* **voisine**)
voiture *f.* car, cart
voix *f.* voice; **à/d'une voix**
  basse in a low voice
vol *m.* theft
vol *m.* flight
voler to steal
voler to fly

volet *m.* shutter
voleur *m.* thief
volonté *f.* will power, will
vont *pres. ind.* **aller**
votre your
vôtre (le vôtre, la vôtre, les vôtres) yours
voudrai *fut.* **vouloir**
voudrais *cond.* **vouloir**
vouloir (*pres. part.* **voulant;** *p.p.* **voulu;** *pres. ind.* **veux, veux, veut, voulons, voulez, veulent;** *pres. subj.* **veuille, voulions, veuillent;** *imperf.* **voulais;** *imper.* **veuille, veuillez, veuillons;** *fut.* **voudrai**) to will, want, wish, like; **vouloir bien** be willing; **vouloir dire** to mean; **je veux bien!** with pleasure!; **que voulez-vous!** what do you expect! what can you do!
voulut *p.s.* **vouloir**
vous you; **vous-même (vous-mêmes)** yourself (yourselves)

voyage *m.* trip, travel
voyageur *m.* traveler
voyant *pres. part.* **voir**
voyons *pres. ind.* **voir**
vrai(e) true, real
vu *p.p.* **voir**
vue *f.* view, sight; **frapper la vue** to strike the eye; **perdre de vue** lose sight

y there, at it, in it, to it, at them, to them; **il y a** there is (are); **il y a deux mois** two months ago; **il y a deux mois que je suis ici** I have been here two months
yeux *m. pl.* (**œil** *sing.*) eyes; **jeter les yeux** to glance; **ouvrir de grands yeux** open one's eyes wide, stare in astonishment

zut! (*interjection*) darn!